¡Alégrense las naciones!

La Supremacía de Dios en las misiones

¡Alégrense las naciones!

La Supremacía de Dios en las misiones

John Piper

editorial clie

EDITORIAL CLIE
CLIE, E.R. n.º 2.910-SE/A
C/ Ferrocarril, 8
08232 VILADECAVALLS (Barcelona) ESPAÑA
E-mail: libros@clie.es
Internet: http:// www.clie.es

¡ALÉGRENSE LAS NACIONES!
La Supremacía de Dios en las misiones
John Piper

Publicado originalmente en inglés con el título *Let The Nations Be Glad*

Director de la colección: Dr. Matt Williams

Traducción:
Dorcas González Bataller

Equipo editorial (revisión y corrección):
Anabel Fernández Ortiz
Dorcas González Bataller

Diseño de cubiertas: Ismael López Medel

ISBN: 978-84-8267-514-5

Clasifíquese: 510 IGLECRECIMIENTO: Misiones
C.T.C. 01-06-0510-15

Referencia: 22.46.64

COLECCIÓN TEOLÓGICA CONTEMPORÁNEA
Libros Publicados

Estudios bíblicos

Michael J. Wilkins & J.P. Moreland (editores), *Jesús bajo sospecha*

F.F. Bruce, *Comentario de la Epístola a los Gálatas*

Peter H. Davids, *La Primera Epístola de Pedro*

Gordon Fee, *Comentario de la Epístola a los Filipenses*

Murray J. Harris, *3 preguntas clave sobre Jesús*

Leon Morris, *El Evangelio de Juan, 2 volúmenes*

Robert H. Mounce, *Comentario al Libro del Apocalipsis*

Robert H. Stein, *Jesús, el Mesías: Un estudio de la vida de Cristo*

Estudios teológicos

Richard Bauckham, *Dios Crucificado: Monoteísmo y Cristología en el Nuevo Testamento*

G.E. Ladd, *Teología del Nuevo Testamento*

Leon Morris, *Jesús es el Cristo: Estudios sobre la teología joánica*

N.T. Wright, *El verdadero pensamiento de Pablo*

Clark H. Pinnock, *Revelación bíblica: el fundamento de la teología cristiana*

Estudios ministeriales

Bonnidell Clouse & Robert G. Clouse, eds., *Mujeres en el ministerio. Cuatro puntos de vista*

Michael Green & Alister McGrath, *¿Cómo llegar a ellos? Defendamos y comuniquemos la fe cristiana a los no creyentes*

Wayne. A. Grudem, ed., *¿Son vigentes los dones milagrosos? Cuatro puntos de vista*

J. Matthew Pinson, ed., *La Seguridad de la Salvación. Cuatro puntos de vista*

John Piper, *¡Alégrense las Naciones!: La Supremacía de Dios en las Misiones*

Dallas Willard, *Renueva tu Corazón: Sé como Cristo*

Gregory J. Ogden, *Discipulado que transforma: el modelo de Jesús*

Gregory J. Ogden, *Manual del discipulado: creciendo y ayudando a otros a crecer*

Índice

Presentación de la Colección Teológica Contemporánea

Cualquier estudiante de la Biblia sabe que hoy en día la literatura cristiana evangélica en lengua castellana aún tiene muchos huecos que cubrir. En consecuencia, los creyentes españoles muchas veces no cuentan con las herramientas necesarias para tratar el texto bíblico, para conocer el contexto teológico de la Biblia, y para reflexionar sobre cómo aplicar todo lo anterior en el transcurrir de la vida cristiana.

Esta convicción fue el principio de un sueño: la "Colección Teológica Contemporánea." Necesitamos más y mejores libros para formar a nuestros estudiantes y pastores para su ministerio. Y no solo en el campo bíblico y teológico, sino también en el práctico - si es que se puede distinguir entre lo teológico y lo práctico -, pues nuestra experiencia nos dice que por práctica que sea una teología, no aportará ningún beneficio a la Iglesia si no es una teología correcta.

Sería magnífico contar con el tiempo y los expertos necesarios para escribir libros sobre las áreas que aún faltan por cubrir. Pero como éste no es un proyecto viable por el momento, hemos decidido traducir una serie de libros escritos originalmente en inglés.

Queremos destacar que además de trabajar en la traducción de estos libros, en muchos de ellos hemos añadido preguntas de estudio al final de cada capítulo para ayudar a que tanto alumnos como profesores de seminarios bíblicos, como el público en general, descubran cuáles son las enseñanzas básicas, puedan estudiar de manera más profunda, y puedan reflexionar de forma actual y relevante sobre las aplicaciones de los temas tratados. También hemos añadido en la mayoría de los libros una bibliografía en castellano, para facilitar la tarea de un estudio más profundo del tema en cuestión.

En esta "Colección Teológica Contemporánea," el lector encontrará una variedad de autores y tradiciones evangélicos de reconocida trayectoria.

Algunos de ellos ya son conocidos en el mundo de habla hispana (como F.F. Bruce, G.E. Ladd y L.L. Morris). Otros no tanto, ya que aún no han sido traducidos a nuestra lengua (como N.T. Wright y R. Bauckham); no obstante, son mundialmente conocidos por su experiencia y conocimiento.

Todos los autores elegidos son de una seriedad rigurosa y tratan los diferentes temas de forma profunda y comprometida. Así, todos los libros son el reflejo de los objetivos que esta colección se ha propuesto:

1. Traducir y publicar buena literatura evangélica para pastores, profesores y estudiantes de la Biblia.
2. Publicar libros especializados en las áreas donde hay una mayor escasez.

La "Colección Teológica Contemporánea" es una serie de estudios bíblicos y teológicos dirigida a pastores, líderes de iglesia, profesores y estudiantes de seminarios e institutos bíblicos, y creyentes en general, interesados en el estudio serio de la Biblia. La colección se dividirá en tres áreas:

Estudios bíblicos
Estudios teológicos
Estudios ministeriales

Esperamos que estos libros sean una aportación muy positiva para el mundo de habla hispana, tal como lo han sido para el mundo anglófono y que, como consecuencia, los cristianos – bien formados en Biblia y en Teología – impactemos al mundo con el fin de que Dios, y solo Dios, reciba toda la gloria.

Queremos expresar nuestro agradecimiento a los que han hecho que esta colección sea una realidad, a través de sus donativos y oraciones. "Tu Padre... te recompensará".

Dr. MATTHEW C. WILLIAMS
Editor de la Colección Teológica Contemporánea
Profesor en IBSTE (Barcelona) y Talbot School of Theology (Los Angeles, CA., EEUU)

Lista de títulos

A continuación presentamos los títulos de los libros que publicaremos, DM, en los próximos tres años, y la temática de las publicaciones donde queda pendiente asignar un libro de texto. Es posible que haya algún cambio, según las obras que publiquen otras editoriales, y según también las necesidades de los pastores y de los estudiantes de la Biblia. Pero el lector puede estar seguro de que vamos a continuar en esta línea, interesándonos por libros evangélicos serios y de peso.

Estudios bíblicos

Nuevo Testamento

D.A. Carson, Douglas J. Moo, Leon Morris, *Una introducción al Nuevo Testamento* [An Introduction to the New Testament, rev. ed., Grand Rapids, Zondervan, 2005]. Se trata de un libro de texto imprescindible para los estudiantes de la Biblia, que recoge el trasfondo, la historia, la canonicidad, la autoría, la estructura literaria y la fecha de todos los libros del Nuevo Testamento. También incluye un bosquejo de todos los documentos neotestamentarios, junto con su contribución teológica al Canon de las Escrituras. Gracias a ello, el lector podrá entender e interpretar los libros del Nuevo Testamento a partir de una acertada contextualización histórica.

Jesús

Murray J. Harris, *3 preguntas clave sobre Jesús [Three Crucial Questions about Jesus*, Grand Rapids: Baker, 1994]. ¿Existió Jesús? ¿Resucitó Jesús de los muertos? ¿Es Jesús Dios? Jesús es uno de los personajes más intrigantes de la Historia. Pero, ¿es verdad lo que se dice de Él? *3 preguntas clave sobre Jesús* se adentra en las evidencias históricas y bíblicas que prueban que la fe cristiana auténtica no es un invento ni una locura. Jesús no es un invento, ni fue un loco. ¡Descubre su verdadera identidad!

Robert H. Stein, Jesús, el Mesías: *Un estudio de la vida de Cristo [Jesus the Messiah: A Survey of the Life of Christ*, Downers Grove, IL; Leicester, England: InterVarsity Press, 1996]. Hoy en día hay muchos escritores que están adaptando el personaje y la historia de Jesús a las demandas de la era en la que vivimos. Este libro establece un diálogo con esos escritores, presentando al Jesús bíblico. Además, nos ofrece un estudio tanto de las enseñanzas como de los acontecimientos importantes de la vida de Jesús.

Stein enseña Nuevo Testamento en Bethel Theological Seminary, St. Paul, Minnesota, EE.UU. Es autor de varios libros sobre Jesús, y ha tratado el tema de las parábolas y el problema sinóptico, entre otros.

Michael J. Wilkins & J.P. Moreland (editores), *Jesús bajo sospecha*, Terrassa: CLIE, Colección Teológica Contemporánea, vol. 4, 2003. Una defensa de la historicidad de Jesús, realizada por una serie de expertos evangélicos en respuesta a "El Seminario de Jesús," un grupo que declara que el Nuevo Testamento no es fiable y que Jesús fue tan solo un ser humano normal.

Juan

Leon Morris, *El Evangelio según San Juan [Commentary on John*, 2nd edition, New International Commentary on the New Testament; Grand Rapids, MI: Wm. B. Eerdmans Publishers, 1995]. Los comentarios de esta serie, *New International Commentary on the New Testament*, están considerados en el mundo anglófono como unos de los comentarios más serios y recomendables. Analizan el texto de forma detallada, deteniéndose a considerar temas contextuales y exegéticos, y el sentido general del texto.

Romanos

Douglas J. Moo, *Comentario de la Epístola a los Romanos [Commentary on Romans*, New International Commentary on the New Testament; Grand Rapids, MI: Wm. B. Eerdmans Publishers, 1996]. Moo es profesor de Nuevo Testamento en Wheaton College. Los comentarios de esta serie, *New International Commentary on the New Testament*, están considerados en el mundo anglófono como unos de los comentarios más serios y recomendables. Analizan el texto de forma detallada, deteniéndose a considerar temas contextuales y exegéticos, y el sentido general del texto.

Gálatas

F.F. Bruce, *Comentario de la Epístola a los Gálatas*, Terrassa: CLIE, Colección Teológica Contemporánea, vol. 7, 2004.

Filipenses

Gordon Fee, *Comentario de la Epístola a los Filipenses [Commentary on Philippians*, New International Commentary on the New Testament; Grand Rapids, MI: Wm. B. Eerdmans Publishers, 1995]. Los comentarios de esta serie, *New International Commentary on the New Testament*, están considerados en el mundo anglófono como unos de los comentarios más serios y recomendables. Analizan el texto de forma detallada, deteniéndose a considerar temas contextuales y exegéticos, y el sentido general del texto.

Pastorales

Gordon Fee, *Comentario de las Epístolas a 1ª y 2ª Timoteo, y Tito*. El comentario de Fee sobre 1ª y 2ª a Timoteo y sobre Tito está escrito de una forma accesible, pero a la vez profunda, pensando tanto en pastores y estudiantes de seminario como en un público más general. Empieza con un capítulo introductorio que trata las cuestiones de la autoría, el contexto y los temas de las epístolas, y luego ya se adentra en el comentario propiamente dicho, que incluye notas a pie de página para profundizar en los detalles textuales que necesitan mayor explicación.

Primera de Pedro

Peter H. Davids, *La Primera Epístola de Pedro*, Terrassa: CLIE, Colección Teológica Contemporánea, vol. 10, 2004. Los comentarios de esta serie, New International Commentary on the New Testament, están considerados en el mundo anglófono como unos de los comentarios más serios y recomendables. Analizan el texto de forma detallada, deteniéndose a considerar temas contextuales y exegéticos, y el sentido general del texto. Davids enseña Nuevo Testamento en Regent College, Vancouver, Canadá.

Apocalipsis

Robert H. Mounce, *Comentario al Libro de Apocalipsis [The Book of Revelation*, rev. ed., New International Commentary on the New Testament; Grand Rapids, MI: Wm. B. Eerdmans Publishers, 1998]. Los comentarios de esta serie, *New International Commentary on the New Testament*, están considerados en el mundo anglófono como unos de los comentarios más serios y recomendables. Analizan el texto de forma detallada, deteniéndose a considerar temas contextuales y exegéticos, y el sentido general del texto. Mounce es presidente emérito de Whitworth College, Spokane, Washington, EE.UU., y en la actualidad es pastor de Christ Community Church en Walnut Creek, California.

Estudios teológicos

Cristología

Richard Bauckham, *Dios Crucificado: Monoteísmo y Cristología en el Nuevo Testamento*, Terrassa: CLIE, Colección Teológica Contemporánea, vol. 6, 2003. Bauckham, profesor de Nuevo Testamento en St. Mary's College de la Universidad de St. Andrews, Escocia, conocido por sus estudios sobre el contexto de los Hechos, por su exégesis del Apocalipsis, de 2ª de Pedro y de Santiago, explica en esta obra la información contextual necesaria para comprender la cosmovisión monoteísta judía, demostrando que la idea de Jesús como Dios era perfectamente reconciliable con tal visión.

Teología del Nuevo Testamento

G.E. Ladd, *Teología del Nuevo Testamento*, Terrassa: CLIE, Colección Teológica Contemporánea, vol. 2, 2002. Ladd era profesor de Nuevo Testamento y Teología en Fuller Theological Seminary (EE.UU.); es conocido en el mundo de habla hispana por sus libros *Creo en la resurrección de Jesús, Crítica del Nuevo Testamento, Evangelio del Reino* y *Apocalipsis de Juan: Un comentario*. Presenta en esta obra una teología completa y erudita de todo el Nuevo Testamento.

Teología joánica

Leon Morris, *Jesús es el Cristo: Estudios sobre la teología joánica*, Terrassa: CLIE, Colección Teológica Contemporánea, vol. 5, 2003. Morris es muy conocido por los muchos comentarios que ha escrito, pero sobre todo por el comentario de Juan de la serie *New International Commentary of the New Testament*. Morris también es el autor de *Creo en la Revelación, Las cartas a los Tesalonicenses, El Apocalipsis, ¿Por qué murió Jesús?,* y *El salario del pecado*.

Teología paulina

N.T. Wright, *El verdadero pensamiento de Pablo*, Terrassa: CLIE, Colección Teológica Contemporánea, vol. 1, 2002. Una respuesta a aquellos que dicen que Pablo comenzó una religión diferente a la de Jesús. Se trata de una excelente introducción a la teología paulina y a la "nueva perspectiva" del estudio paulino, que propone que Pablo luchó contra el exclusivismo judío y no tanto contra el legalismo.

Teología Sistemática

Millard Erickson, *Teología sistemática [Christian Theology*, 2nd edition, Grand Rapids: Baker, 1998]. Durante quince años esta teología sistemática de Millard Erickson ha sido utilizada en muchos lugares como una introducción muy completa. Ahora se ha revisado este clásico teniendo en cuenta los cambios teológicos, igual que los muchos cambios intelectuales, políticos, económicos y sociales.

Teología Sistemática: Revelación/Inspiración

Clark H. Pinnock, *Revelación bíblica*: el fundamento de la teología cristiana, Prefacio de J.I. Packer, Terrassa: CLIE, Colección Teológica Contemporánea, vol. 8, 2004. Aunque conocemos los cambios teológicos de Pinnock en estos últimos años, este libro, de una etapa anterior, es una defensa evangélica de la infalibilidad y veracidad de las Escrituras.

Estudios ministeriales

Apologética/Evangelización

Michael Green & Alister McGrath, *¿Cómo llegar a ellos? Defendamos y comuniquemos la fe cristiana a los no creyentes*, Terrassa: CLIE, Colección Teológica Contemporánea, vol. 3, 2003. Esta obra explora la Evangelización y la Apologética en el mundo postmoderno en el que nos ha tocado vivir, escrito por expertos en Evangelización y Teología.

Discipulado

Gregory J. Ogden, *Discipulado que transforma: el modelo de Jesús [Transforming Discipleship: Making Disciples a Few at a Time*, Downers Grove, IL: InterVarsity Press, 2003]. Si en nuestra iglesia no hay crecimiento, quizá no sea porque no nos preocupemos de las personas nuevas, sino porque no estamos discipulando a nuestros miembros de forma eficaz. Muchas veces nuestras iglesias no tienen un plan coherente de discipulado y los líderes creen que les faltan los recursos para animar a sus miembros a ser verdaderos seguidores de Cristo. Greg Ogden habla de la necesidad del discipulado en las iglesias locales y recupera el modelo de Jesús: lograr un cambio de vida invirtiendo en la madurez de grupos pequeños para poder llegar a todos. La forma en la que Ogden trata este tema es bíblica, práctica e increíblemente eficaz; ya se ha usado con mucho éxito en cientos de iglesias.

Gregory J. Ogden, *Manual del discipulado: creciendo y ayudando a otros a crecer*. Cuando Jesús discipuló a sus seguidores lo hizo compartiendo su vida con ellos. Este manual es una herramienta diseñada para ayudarte a seguir el modelo de Jesús. Te ayudará a profundizar en la fe cristiana y la de los otros creyentes que se unan a ti en este peregrinaje hacia la madurez en Cristo. Jesús tuvo la suficiente visión como para empezar por lo básico. Se limitó a discipular a unos pocos, pero eso no limitó el alcance de sus enseñanzas. *El Manual del discipulado* está diseñado para ayudarte a influir en otros de la forma en que Jesús lo hizo: invirtiendo en unos pocos.

Dones/Pneumatología

Wayne. A. Grudem, ed., *¿Son vigentes los dones milagrosos? Cuatro puntos de vista*, Terrassa: CLIE, Colección Teológica Contemporánea, vol. 9, 2004. Este libro pertenece a una serie que se dedica a exponer las diferentes posiciones que hay sobre diversos temas. Esta obra nos ofrece los argumentos de la perspectiva cesacionista, abierta pero cautelosa, la de la Tercera Ola, y la del movimiento carismático; cada una de ellas acompañadas de los comentarios y la crítica de las perspectivas opuestas.

Hermenéutica/Interpretación

J. Scott Duvall & J. Daniel Hays, *Entendiendo la Palabra de Dios [Grasping God's Word*, rev. ed., Grand Rapids: Zondervan, 2005]. ¿Cómo leer la Biblia? ¿Cómo interpretarla? ¿Cómo aplicarla? Este libro salva las distancias entre los acercamientos que son demasiado simples y los que son demasiado técnicos. Empieza recogiendo los principios generales de interpretación y, luego, aplica esos principios a los diferentes géneros y contextos para que el lector pueda entender el texto bíblico y aplicarlo a su situación.

La Homosexualidad

Thomas E. Schmidt, *La homosexualidad: compasión y claridad en el debate*. Escribiendo desde una perspectiva cristiana evangélica y con una profunda empatía, Schmidt trata el debate actual sobre la homosexualidad: La definición bíblica de la homosexualidad; Lo que la Biblia dice sobre la homosexualidad; ¿Se puede nacer con orientación homosexual?; Las recientes reconstrucciones pro-gay de la Historia y de la Biblia; Los efectos sobre la salud del comportamiento homosexual. Debido a toda la investigación que el autor ha realizado y a todos los argumentos que presenta, este libro es la respuesta cristiana actual más convincente y completa que existe en cuanto al tema de la homosexualidad.

Misiones

John Piper, *¡Alégrense las naciones!: La Supremacía de Dios en las misiones*. Usando textos del Antiguo y del Nuevo Testamento, Piper demuestra que la adoración es el fin último de la Iglesia, y que una adoración correcta nos lleva a la acción misionera. Según él, la *oración* es el combustible de la obra misionera porque se centra en una relación con Dios y no tanto en las necesidades del mundo. También habla del *sufrimiento* que se ha de pagar en el mundo de las misiones. No se olvida de tratar el debate sobre si Jesús es el *único camino* a la Salvación.

Mujeres en la Iglesia

Bonnidell Clouse & Robert G. Clouse, eds., *Mujeres en el ministerio. Cuatro puntos de vista [Women in Ministry: Four Views*, Downers Grove: IVP, 1989]. Este libro pertenece a una serie que se dedica a exponer las diferentes posiciones que hay sobre diversos temas. Esta obra nos ofrece los argumentos de la perspectiva tradicionalista, la que aboga en pro del liderazgo masculino, en pro del ministerio plural, y la de la aproximación igualitaria; todas ellas acompañadas de los comentarios y la crítica de las perspectivas opuestas.

Predicación

Bill Hybels, Stuart Briscoe, Haddon Robinson, *Predicando a personas del s. XXI* [Mastering Contemporary Preaching, Multnomah Publications, 1990]. Éste es un libro muy útil para cualquier persona con ministerio. Su lectura le ayudará a entender el hecho en sí de la predicación, las tentaciones a las que el predicador se tiene que enfrentar, y cómo resistirlas. Le ayudará a conocer mejor a las personas para quienes predica semana tras semana, y a ver cuáles son sus necesidades. Este libro está escrito en lenguaje claro y cita ejemplos reales de las experiencias de estos tres grandes predicadores: Bill Hybels es pastor de Willow Creek Community Church, Stuart Briscoe es pastor de Elmbrook Church, y Haddon Robinson es presidente del Denver Seminary y autor de *La predicación bíblica*.

Soteriología

J. Matthew Pinson, ed., *La Seguridad de la Salvación. Cuatro puntos de vista [Four Views on Eternal Security*, Grand Rapids: Zondervan, 2002]. ¿Puede alguien perder la salvación? ¿Cómo presentan las Escrituras la compleja interacción entre la Gracia y el Libre albedrío? Este libro pertenece a una serie que se dedica a exponer las diferentes posiciones que hay sobre diversos temas. En él encontraremos los argumentos de la perspectiva del calvinismo clásico, la del calvinismo moderado, la del arminianismo reformado, y la del arminianismo wesleyano; todas ellas acompañadas de los comentarios y la crítica de las posiciones opuestas.

Vida cristiana

Dallas Willard, *Renueva tu corazón: Sé como Cristo*, Terrassa: CLIE, Colección Teológica Contemporánea, vol. 13, 2004. No "nacemos de nuevo" para seguir siendo como antes. Pero: ¿Cuántas veces, al mirar a nuestro alrededor, nos decepcionamos al ver la poca madurez espiritual de muchos creyentes? Tenemos una buena noticia: es posible crecer espiritualmente, deshacerse de hábitos pecaminosos, y parecerse cada vez más a Cristo. Este *bestseller* nos cuenta cómo transformar nuestro corazón, para que cada elemento de nuestro ser esté en armonía con el reino de Dios.

Prefacio

Mi pasión es ver que las personas, las iglesias, las organizaciones misioneras y los ministerios sociales están cada vez más centrados en Dios, exaltan más a Cristo, experimentan más el poder del Espíritu, están más llenos de la Palabra, se movilizan más para las misiones, ganan a más almas, y buscan más la justicia. Aquello con lo que estoy comprometido, el mayor deseo de mi vida, es la Supremacía de Dios sobre todas las cosas para el gozo de todos los pueblos, a través de Jesucristo. Ahora esta visión es mucho más clara para mí que cuando publiqué este libro por primera vez, en 1993. Estoy muy agradecido de que Dios haya usado este libro para que el mundo de las misiones se centre más en Él. Y doy muchas gracias a Baker Book House por permitirme revisarlo y hacer una nueva edición.

John Stott dijo algo que suscribo totalmente:

> *El motivo más elevado para la obra misionera no es ni la obediencia a la Gran Comisión (por importante que ésta sea), ni el amor por los pecadores que se pierden (por fuerte que sea este incentivo, sobre todo cuando entendemos la ira de Dios…), sino el celo, un celo fogoso y apasionado por la gloria de Jesucristo… Solo hay un imperialismo que sea cristiano… y ése es el interés por su Majestad Imperial, el Señor Jesucristo, y por la Gloria de su Imperio.*[1]

Dijo esto hablando de Romanos 1:5. En ese versículo el apóstol resume su llamamiento a ser misionero: "[He sido llamado] para conducir a todas las naciones a la obediencia de la fe *por amor de su nombre*". Stott nos anima a tener esta gran pasión paulina: "Tendríamos que desear… la honra de su nombre: preocuparnos cuando éste no se conoce, estar dolidos cuando es ignorado, indignarnos cuando es blasfemado. Y, en todo momento, anhelar y trabajar para que se le dé el honor y la gloria

---

[1] John Stott, Romans: *God's Good News for the World* (Downers Grover, Ill.: Inter-Varsity, 1994), 53.

que le corresponden".[2] ¡Oh, ansío ver el día en que más pastores y académicos y misioneros no solo pronuncien estas palabras, sino que las sientan como la fuerza motora de sus vidas!

El apóstol Juan aplica este deseo de exaltar a Cristo a todos los misioneros cuando dice: "Ellos salieron por amor del nombre de Él" (3ª Juan 1:7). Tom Steller, mi amigo y colega en esta gran causa durante más de veinte años, ha escrito un apéndice a este libro. Dedico este libro a Tom con mi más profundo afecto. Juntos queremos entregar nuestras vidas a desarrollar, enviar y sostener a los cristianos de todo el mundo que viven y mueren "por amor del Nombre". Cada vez más, la pregunta que nos arde en el interior es la siguiente: "¿De dónde vienen las personas centradas en Dios, que quieren exaltar a Cristo y se sienten llamadas a servir en las misiones? Creemos que vienen de hogares, iglesias, escuelas y ministerios que están enamorados de Dios, que están apegadas a Cristo y están sumergidas en la Biblia. Y esto es lo que este libro quiere promover.

Hay un amor que todo lo soporta, un amor hacia ese Dios que nos ha cautivado, hacia ese Cristo tan preciado, que busca alcanzar la plenitud de Dios en el alma y en el servicio a Jesús. Ese amor no está absorto en la Antropología o la Metodología, ni tan siquiera en la Teología, sino que está completamente centrado en Dios. Clama con el salmista: "Te den gracias los pueblos, oh Dios, todos los pueblos te den gracias. Alégrense y canten con júbilo las naciones… cantad alabanzas a nuestro Rey, cantad alabanzas. Porque Dios es Rey de toda la Tierra" (Salmos 67:3-4; 47:6-7). Vemos aquí una clara actitud de que Dios sea engrandecido. El deseo de ese amor es presentar a Dios una y otra vez. Su objetivo es que Dios sea el centro de la Antropología, la Metodología y de la Teología. Y no está en paz cuando nuestra planificación, predicación o activismo le ignora o le relega a un segundo plano.

Necesitamos a más personas con ese tipo de amor por Dios. Por ejemplo, este libro es como un pequeño bote que navega tras la estela que ha dejado la enorme empresa de Patrick Johnstone y Jason Mandryk, el libro *Operación Mundo*. ¡Cómo me gustaría que todos los cristianos usaran este libro para conocer a las naciones y orar por ellas! Miro el libro, que tiene por objetivo el avance de la obra misionera, el despertar de las iglesias, y me pregunto: "¿Qué tipo de actitud desencadena un libro así?". Escucha:

---

[2] Ibíd.

Todas las imponentes fuerzas desatadas sobre el mundo son soltadas por el Señor Jesucristo. Él reina hoy. Él está al mando del Universo. Él es la única "Causa Final". Todos los pecados del Hombre y las maquinaciones de Satanás tienen, en última instancia, que engrandecer la gloria y el reino de nuestro Salvador. Esto se aplica a nuestro mundo actual con sus guerras, hambres, terremotos, y la maldad que aparentemente impera hoy. El proceder divino es justo y amante. Nos hemos vuelto excesivamente conscientes del enemigo, y podemos enfatizar demasiado el aspecto combativo de nuestra intercesión, pero necesitamos tener más conciencia de Dios, para poder reír la risa de la fe sabiendo que tenemos potestad sobre toda fuerza del enemigo (Lucas 10:19). Él ya ha perdido el control, gracias al Calvario donde fue inmolado el Cordero de Dios. ¡Qué confianza y seguridad nos da esto al enfrentar un mundo tan convulsionado y necesitado![3]

¿Hay maestros, predicadores, misioneros y presidentes de seminario que hablen así? Cada vez hay más. Yo quiero ser uno de ellos. Yo quiero transmitir al lector ese deseo de apuntar hacia Dios en todo momento. Tómate la libertad de leer este libro en el orden que quieras, pero sea como sea, deja que te contagie esa visión.

Vamos a dejarlo bien claro: este libro no es solo para misioneros. Es para pastores que (como yo) quieren vincular su trabajo local, frágil y momentáneo, a los propósitos invencibles y eternos de Dios. Es para los miembros de las iglesias que quieren tener una mayor concienciación por el mundo que se pierde. Es para los estudiantes de seminario y misionología que quieran acercarse al tema de las misiones no solo de forma antropológica, metodológica y tecnológica, sino también *teo*lógica. Y es para líderes que necesitan reavivar su vocación y ser conscientes de la Supremacía de Dios en todas las cosas.

Tom Steller y un servidor amamos a Jesucristo, amamos a la Iglesia y amamos a los misioneros. Nuestra oración, desde nuestra iglesia local que trabaja para potenciar la obra misionera, es que Dios tenga misericordia de nosotros y que haga que nuestro trabajo para el "Reino Imperial" de Jesucristo dé fruto. Que Él levante generaciones de cristianos dispuestos a dar sus vidas para que las naciones se alegren en la gloria de Dios a través de Jesucristo.

---

[3] Patrick Johnstone, *Operación Mundo* (Bogotá: CLC, 1995), p. 17.

Agradecimientos

Estoy rodeado de personas que me animan porque tienen la misma visión de transmitir la pasión por la Supremacía de Dios en todas las cosas para el gozo de todos los pueblos, a través de Jesucristo.

Gracias a Bethlehem Baptist Church pues, bajo el liderazgo de sus ancianos, grandes hombres de Dios, visionarios preocupados por las gentes de este mundo, me liberaron del ministerio de la predicación durante todo un mes para que pudiera acabar esta nueva edición.

Gracias a Justin Taylor, por trabajar en la antigua edición, hacer un sinfín de valiosísimas sugerencias, y ofrecerme su ayuda en todo momento.

Gracias a Noël, pues incluso cuando me sentía débil me fortaleciste y me liberaste para que pudiera escribir.

Gracias, por encima de todas las cosas, a Jesús. Gracias por reforzar el mandamiento "enseñadles a guardar todo lo que os he mandado" con la doble promesa de que "toda autoridad te ha sido dada en el cielo y en la tierra" y de que estarás con nosotros "todos los días, hasta el fin del mundo" (Mateo 28-18-20).

Parte 1

LA SUPREMACÍA DE DIOS EN LAS MISIONES

El propósito, el poder y el precio

1
La Supremacía de Dios en las misiones a través de la adoración

Las misiones no son el objetivo último de la Iglesia. El objetivo último es la adoración. Las misiones existen porque no hay adoración. La adoración es el objetivo último, y no las misiones, porque Dios es la realidad última, no el Hombre. Cuando esta era se acabe, y los millones de redimidos se postren ante el trono de Dios, las misiones dejarán de existir. Es una necesidad temporal. Pero la adoración permanece para siempre.[1]

Por tanto, la adoración es el motor y el objetivo de las misiones. Es el objetivo de las misiones porque la obra misionera busca que las naciones puedan disfrutar de la gloria de Dios. El objetivo de las misiones es que los pueblos se alegren en la grandeza de Dios: "El Señor reina; *regocíjese* la Tierra; *alégrense* las muchas islas" (Salmo 97:1). "Te den gracias los pueblos, oh Dios, todos los pueblos te den gracias. *Alégrense y canten con júbilo* las naciones" (Salmo 67:3-4).

Pero la adoración también es el combustible de las misiones. La adoración, esa pasión por Dios, precede a la predicación que ofrece a ese Dios que es digno de adorar. No puedes recomendar algo que no has probado. Ningún misionero podrá decir "¡*Alégrense* las naciones!" si no puede decir de corazón "Yo me alegraré en el Señor... en Ti *me*

---

[1] En esta nueva edición (aunque es la primera edición en castellano), he añadido un capítulo para explicar lo que quiero decir con "adoración" y qué tiene que ver este concepto con los "cultos de adoración" y la adoración de obediencia práctica (Ro. 12:1-2). Se titula "Adoración: sencillez interior y libertad de expresión". La tesis de ese capítulo es que el Nuevo Testamento guarda un silencio sorprendente sobre las formas externas de la adoración y se centra en la experiencia interior de amar a Dios, porque es un libro sobre la misión en todas las culturas, y no un manual de cómo "adorar" en nuestra propia cultura.

alegraré y me regocijaré, cantaré alabanzas a tu nombre, oh Altísimo" (Salmos 104:34; 9:2). Las misiones empiezan y acaban con adoración.

Si la búsqueda de la gloria de Dios no está por encima de la búsqueda del bien del hombre en cuanto a los deseos del corazón y las prioridades de la Iglesia, el hombre no estará bien servido, y Dios no estará recibiendo la honra que Él merece. No estoy predicando que hay que rebajar la importancia de las misiones, sino que estoy defendiendo que hay que magnificar a Dios. Cuando la llama de la adoración arda con el calor que provoca en nosotros la belleza de Dios, la luz de las misiones iluminará en medio de los lugares más oscuros de esta tierra. ¡Y yo anhelo que llegue ese día!

Cuando la pasión por Dios es débil, el celo por las misiones será débil. Las iglesias que no están centradas en la exaltación de la majestad y la belleza de Dios no tendrán un deseo ferviente de "contar *su gloria* entre las naciones" (Salmo 96:3).

La crítica de Albert Einstein

Por ejemplo, Charles Mister, un científico especialista en la teoría de la relatividad, explicó el escepticismo con el que Albert Einstein miraba a la Iglesia; y lo hizo con unas palabras que deberían despertarnos y mostrarnos lo superficial que a veces es nuestra experiencia de adoración a Dios:

> *El diseño del Universo… es algo magnífico y no deberíamos pasarla por alto. De hecho, creo que eso es por lo que Albert Einstein no se fiaba de la religión organizada, aunque es cierto que sí era un hombre religioso.* Seguro que debió de fijarse en lo que los predicadores decían sobre Dios, y le pareció que estaban blasfemando. Él había visto mucha más majestad de la que ellos nunca habían imaginado… *No hablaban de la realidad que él había conocido. Es muy probable que Einstein llegara a la conclusión de que las religiones que había conocido no respetaban ni rendían un homenaje adecuado… al autor del Universo.*[2]

¡La acusación de blasfemia es muy fuerte! La cuestión es que se nos acusa de que en nuestros cultos de adoración no se refleja todo lo que Él es. Lo empequeñecemos. Aquellos que están fascinados ante la

---

[2] Citado en *First Things* 18 (diciembre 1991): 63 (la cursiva es mía).

magnitud indescriptible de lo que Dios ha hecho, por no mencionar la infinita grandeza del que ha hecho la Creación, encontrarán que la dieta continua de los domingos por la mañana de explicaciones prácticas de cómo adorar, de bálsamo psicológico, terapia relacional y planificación estratégica, no tiene nada que ver con la realidad, con la abrumadora grandeza de Dios.

A veces ocurre que, aun sirviendo a Dios, desviamos nuestra mirada y Él ya no es el centro de nuestra atención. Como Marta, dejamos a un lado lo más necesario y pronto empezamos a presentar a Dios como alguien tan ocupado e intranquilo como nosotros. A.W. Tozer nos advirtió de este peligro:

> *Muchas veces representamos a Dios como un Padre frustrado, serio, ocupado, que se afana por encontrar algo de ayuda para llevar a cabo su plan de ofrecer paz y salvación de este mundo... Muchos llamamientos misioneros se hacen apelando a esta supuesta frustración del Dios Todopoderoso.*[3]

Los científicos saben que la luz viaja a la velocidad de 5,87 trillones de millas por año. También saben que la galaxia a la que pertenece nuestro sistema solar tiene un diámetro de unos 100.000 años luz. Unos 587.000 trillones de millas. Los telescopios más potentes alcanzan a ver aproximadamente un millón de galaxias como la nuestra. Se calcula que en nuestra galaxia hay más de 200.000 millones de estrellas. El Sol es una de ellas, una estrella modesta cuya temperatura superficial es de 6.000 °C, y que viaja en una órbita a 135 millas por segundo, lo que quiere decir que tarda 250 millones de años en realizar una vuelta completa a la galaxia.

Los científicos saben estas cosas y están maravillados. Muchos dicen así: "Si, como dicen los cristianos, hay un Dios personal y cercano que creó el Universo, cuando hablamos de Él y cuando le adoramos deberíamos hacerlo con cierto respeto y reverencia, con cierto asombro y con cierto pavor".

Los que creemos en la Biblia sabemos eso mejor que los científicos porque hemos oído algo mucho más maravilloso:

---

[3] Citado en Tom Wells, *A Vision for Missions* (Carlisle, Pa.: Banner of Truth Trust, 1985), 35.

"¿A quién, pues, me haréis semejante
para que yo sea su igual?, dice el Santo.
Alzad a lo alto vuestros ojos
y ved quién ha creado los astros:
el que hace salir en orden a su ejército,
y a todos llama por su nombre.
Por la grandeza de su fuerza y la fortaleza de su poder
No falta ni uno".

Isaías 40:25-26

Todas y cada una de las estrellas que hay en el Universo están donde están porque Dios las ha puesto ahí. Él sabe exactamente cuántas hay. Y lo más sorprendente de todo es que las conoce por su nombre. Ellas cumplen sus órdenes como si fueran sus agentes personales. Y aún entendiendo esa grandeza, solo hemos alcanzado a tocar el dobladillo de sus vestiduras. "He aquí, estos son los bordes de sus caminos; ¡y cuán leve es la palabra que de Él oímos!" (Job 26:14). Por eso clamamos: "¡Exaltado seas sobre los cielos, oh Dios!" (Salmo 57:5). Dios es la realidad absoluta de todo el Universo. Todo depende de su voluntad. Si ponemos las demás realidades a su lado, es como comparar una gota de agua con el océano, o un hormiguero con el monte Everest. Ignorarle o empequeñecerle es incomprensible, es una locura suicida. ¿Cómo vamos a ser emisarios de un Dios tan grande si primero no temblamos, nos asombramos y nos gozamos ante su grandeza?

La segunda gran actividad en el mundo

En el tema de las misiones, es crucial que Dios sea el centro de la vida de la Iglesia. "Porque grande es el Señor, y digno de ser alabado; temible es Él sobre todos los dioses" (Salmo 96:4). Las misiones no son nuestro fin último; pero Dios sí lo es. Esta verdad es, precisamente, la que inspira la obra misionera y la que la mantiene. William Carey, el padre de la obra misionera moderna, que salió de Inglaterra en 1973 para ir a la India, explicó la relación entre la adoración a Dios y las misiones de la siguiente manera:

Cuando me marché de Inglaterra, mi esperanza de que las personas de la India se convirtieran era muy fuerte; pero más tarde, en medio de tantos obstáculos, esa esperanza habría desaparecido si no hubiera sido porque Dios la sostuvo. Tengo a Dios, y su Palabra es verdad. Aunque las supersticiones de los inconversos eran muy fuertes y el testimonio de los europeos muy débil, aunque todos me abandonaron y todos me persiguieron, mi fe, apuntalada en la Palabra firme, se levantó por encima de todos los obstáculos y salió victoriosa de todas las pruebas. La causa de Dios triunfará.[4]

Carey y miles de hombres como él han vivido y actuado movidos por la visión de un Dios grande y triunfante. Esa visión tiene que ser el punto de partida. Antes de pensar en las misiones tenemos que habernos deleitado en adoración ante una visión así. Toda la Historia avanza hacia una gran meta: que todas las naciones de la Tierra adoren a Dios y a su Hijo. La meta no es la obra misionera. La obra misionera es el medio. Y por eso se trata de la segunda actividad humana más importante.

La pasión de Dios por sí mismo es el fundamento de nuestra pasión por Dios

Para que las personas y las iglesias interioricen esta verdad, Dios hace que entiendan que también es verdad para Dios mismo. El objetivo último *de Dios* no son las misiones, sino la adoración. Cuando entendemos esta verdad, todo cambia. ¡Todo se ve diferente! Incluso la labor misionera.

El fundamente último de nuestra pasión por ver a Dios glorificado es ver que Dios mismo también quiere ser glorificado. Para Dios, lo más importante es Él mismo y su gloria. En el corazón de Dios no hay rivales que luchen por obtener la Supremacía de su gloria. Dios no es un idólatra. Él no desobedece el primer y gran mandamiento. Él se goza en la gloria de su perfección con toda su mente, con toda su alma, con todo su cuerpo y con todas sus fuerzas.[5] El corazón más apasionado por Dios de todo el Universo es el de Dios mismo.

---

[4] Citado en Iain Murray, *The Puritan Hope* (Edimburgo: Banner of Truth Trust, 1971), 140. Encontrará una introducción a la vida de Carey en Timothy George, *Faithful Witness: The Life and Mission of William Carey* (Birmingham, Ala.: New Hope, 1991).

[5] He intentado explicar esta maravillosa verdad sobre la forma en la que el Padre se deleita en sí mismo en *The Pleasures of God: Meditations on God's Delight in Being God*, rev. Y ed. Ext. (Siters, Ore.: Multnomah, 2000), cap. 1, "The Pleasure of God in His Son" (24-45).

Esta verdad, más que cualquier otra, es la que pone en nosotros la convicción de que la adoración es el combustible y el objetivo de la obra misionera. La razón principal por la que la pasión por Dios debería potenciar la obra misionera es que la pasión de Dios por sí mismo potencia la obra misionera. Las misiones son el resultado de nuestro deleite en Dios porque las misiones son el resultado del deleite de Dios en sí mismo. Y la razón principal por la que la adoración es la meta en la obra misionera es que la adoración también es la meta de Dios. La Biblia respalda una y otra vez esta verdad, cuando dice que Dios quiere que todas las naciones le adoren: "Alabad al Señor, naciones todas; alabadle, pueblos todos" (Salmo 117:1). Si es la meta de Dios, también debe ser nuestra meta.

El fin principal de Dios es glorificar a Dios y disfrutar de sí mismo por siempre

Durante todos estos años en los que he estado predicando sobre la Supremacía de Dios en el mismo corazón de Dios, he visto que la proclamación de esta verdad es como si un camión cargado de frutas desconocidas arrollara a la gente. Si sobreviven al impacto, descubren que se trata de la fruta más deliciosa del planeta. En otras obras he explicado de forma extensa esta verdad presentando una larga serie de argumentos.[6] Por tanto, aquí solo haré un breve repaso del fundamento bíblico sobre el que se basa esta verdad. Mi tesis es que la respuesta a la primera pregunta de la Confesión de Fe de Westminster es la misma ya sea si la aplicamos al ser humano, como si la aplicamos a Dios mismo. Pregunta: "¿Cuál es el fin principal del ser humano?". Respuesta: "El fin principal del ser humano es glorificar a Dios y disfrutar de Él por siempre". Pregunta: "¿Cuál es el fin principal de Dios?". Respuesta: "El fin principal de Dios es glorificar a Dios y disfrutar de sí mismo por siempre".

Otra forma de decirlo es que Dios es justo. Lo contrario a la justicia o la rectitud es dar valor y disfrutar aquello que no tiene valor ninguno o que no satisface. Por eso, a los hombres se les llama injustos en Romanos 1:18. Los hombres rechazamos la verdad sobre el valor de Dios y sustituimos a Dios por cosas creadas. Así, lo empequeñecemos

---

[6] Ver especialmente "Apéndice 1: El propósito de Dios en la historia de la redención", en *Sed de Dios: meditaciones de un hedonista cristiano* (Viladecavalls, Barcelona: Andamio, 2001), 293-307; y *The Pleasures of God*.

y desacreditamos su valor. La justicia es todo lo contrario. La justicia es reconocer el valor allí donde lo hay y apreciarlo y disfrutarlo en proporción a su verdadera valía. En 2ª Tesalonicenses 2:10 los injustos perecen porque se niegan a *amar* la verdad. Por tanto, los justos son los que valoran *el amor* por la verdad. La justicia consiste en reconocer, aceptar, amar y defender aquello que es verdaderamente valioso.

Dios es justo. Eso significa que reconoce, acepta, ama y defiende con toda su energía y con un celo infinito lo más preciado del mundo, es decir, el valor de Dios. La pasión y el gozo justo de Dios es mostrar y defender su gloria infinitamente valiosa. Y esto no es una vaga conjetura teológica. Lo vemos en muchos textos bíblicos que muestran que Dios desde la creación a la consumación quiere que se le alabe y se le honre.

Es probable que no haya en la Biblia un texto más claro sobre la pasión de Dios por su propia gloria que Isaías 48:9-11:

> Por amor a mi nombre *contengo mi ira, y para mi alabanza la reprimo contigo a fin de no destruirte. He aquí, te he purificado, pero no como a plata; te he probado en el crisol de la aflicción.* Por amor mío, por amor mío, *lo haré, porque* ¿cómo podría ser profanado mi nombre? Mi gloria, pues, no la daré a otro.

Aquí encontramos seis toques de atención para aquellos cuya perspectiva del mundo está centrada en el hombre:

¡Por amor a *mi* nombre!
¡Para *mi* alabanza!
¡Por amor *mío*!
¡Por amor *mío*!
¡Cómo podría ser profanado *mi* nombre!
¡*Mi* gloria no la daré a otro!

Lo que nos enseña este texto es que para Dios, lo más importante es Él mismo. El corazón más apasionado por la gloria de Dios es el de Dios mismo. El objetivo último de Dios es defender y mostrar la gloria de su nombre.

Textos bíblicos que muestran el celo de Dios por su propia gloria

Dios eligió a su pueblo para su gloria:

Nos escogió en Él antes de la fundación del mundo, para que fuéramos santos y sin mancha delante de Él. En amor nos predestinó para adopción como hijos para sí, mediante Jesucristo, conforme al beneplácito de su voluntad, para alabanza de la gloria de su Gracia.

Efesios 1:4-6; cf. v. 12, 14.

Dios nos creó para su gloria:

Trae a mis hijos desde lejos, y a mis hijas desde los confines de la Tierra, a todo el que es llamado por mi nombre y a quien he creado para *mi gloria.*

Isaías 43:6-7

Dios llamó a Israel para su gloria:

Tú eres mi siervo, Israel, en quien yo mostraré mi gloria.

Isaías 49:3

"Hice adherirse a mí a toda la casa de Israel y a toda la casa de Judá", declara el SEÑOR, *"a fin de que fueran para mí por pueblo, por renombre, por alabanza y por gloria.*

Jeremías 13:11

Dios rescató a Israel de Egipto para su gloria:

Nuestros padres en Egipto no entendieron tus maravillas... sino que se rebelaron junto al mar, en el mar Rojo. No obstante, los salvó *por amor de su nombre, para manifestar su poder.*

Salmo 106:7-8

Dios puso al Faraón para mostrar su poder y glorificar su nombre:

Porque la Escritura dice a Faraón: PARA ESTO MISMO TE HE LEVANTADO, PARA DEMOSTRAR MI PODER EN TI, Y PARA QUE MI NOMBRE SEA PROCLAMADO POR TODA LA TIERRA.

Romanos 9:17

Dios venció al Faraón en el Mar Rojo para mostrar su gloria:

Y yo endureceré el corazón de Faraón, y él los perseguirá; y *yo seré glorificado por medio de Faraón* y de todo su ejército, y *sabrán los egipcios que yo soy el SEÑOR... Entonces sabrán los egipcios que yo soy el SEÑOR, cuando sea glorificado* en Faraón, en sus carros y en su caballería

Éxodo 14:4, 18; cf. v. 17

Dios sacó a Israel del desierto para gloria de su nombre:

Actué en consideración a mi nombre, para que no fuera profanado ante los ojos de las naciones a cuya vista los había sacado.

Ezequiel 20:14

Dios le dio a Israel la victoria en Canaán para gloria de su nombre:

¿Y qué otra nación en la Tierra es como tu pueblo Israel, al cual viniste a redimir para Ti como pueblo, *a fin de darte un nombre*, y hacer grandes cosas a su favor y cosas portentosas para tu tierra, ante tu pueblo que rescataste para Ti de Egipto, de naciones y de sus dioses?

2° Samuel 7:23

Dios no abandonó a su pueblo para gloria de su nombre:

No temáis; aunque vosotros habéis hecho todo este mal, no os apartéis de seguir al SEÑOR... Porque el SEÑOR, *a causa de su gran nombre*, no desamparará a su pueblo.

1° Samuel 12:20, 22

Dios salvó a Jerusalén para gloria de su nombre:

Porque defenderé esta ciudad para salvarla *por amor a mí mismo* y por amor a mi siervo David.

2° Reyes 19:34; cf. 20:6

Dios restauró a Israel del exilio para gloria de su nombre:

Así dice el Señor DIOS: 'No es por vosotros, casa de Israel, que voy a actuar, sino *por mi santo nombre... 'Vindicaré la santidad de mi gran nombre...* Entonces las naciones sabrán que yo soy el SEÑOR'.

Ezequiel 36:22-23; cf. v. 32

Jesús nos dijo que hiciéramos buenas obras para darle la gloria a Dios:

Así brille vuestra luz delante de los hombres, para que vean vuestras buenas acciones y *glorifiquen a vuestro Padre que está en los cielos.*

Mateo 5: 16; cf. 1 P. 2:12

Jesús advirtió que si no damos la gloria a Dios, la fe es imposible:

¿Cómo podéis creer, cuando recibís gloria los unos de los otros, y no *buscáis la gloria que viene del Dios único?*

Juan 5:44

Jesús dijo que Él responde a las oraciones para que Dios sea glorificado:

Y todo lo que pidáis en mi nombre, lo haré, para *que el Padre sea glorificado en el Hijo.*

Juan 14:13

Jesús soportó las horas finales de sufrimiento para gloria de Dios:

Ahora mi alma se ha angustiado y ¿qué diré: "Padre, sálvame de esta hora"? *Pero para esto he llegado a esta hora. Padre, glorifica tu nombre.* Entonces vino una voz del cielo: *Y le he glorificado, y de nuevo le glorificaré.*

Juan 12:27-28

Padre, la hora ha llegado; *glorifica a tu Hijo, para que el Hijo te glorifique a Ti.*

Juan 17:1; cf. 13:31-32

Dios dio a su Hijo para vindicar la gloria de su justicia:

Dios exhibió públicamente como propiciación por su sangre… *como demostración de su justicia* … para demostrar en este tiempo su justicia

Romanos 3:25-26

Dios perdona nuestros pecados por amor a sí mismo:

Yo, yo soy el que borro tus transgresiones *por amor a mí mismo*, y no recordaré tus pecados.

Isaías 43:25

Oh SEÑOR, *por amor de tu nombre*, perdona mi iniquidad, porque es grande.

Salmo 25:11

Jesús nos acepta para gloria de Dios:

Por tanto, aceptaos los unos a los otros, como también Cristo nos aceptó *para gloria de Dios*.

Romanos 15:7

El ministerio del Espíritu Santo es glorificar al Hijo de Dios:

Él me glorificará, porque tomará de lo mío y os lo hará saber.

Juan 16:14

Dios nos enseña a hacerlo todo para su gloria:

Entonces, ya sea que comáis, que bebáis, o que hagáis cualquier otra cosa, *hacedlo todo para la gloria de Dios*.

1ª Corintios 10:31; cf. 6:20

Dios nos dice que sirvamos de una forma que le glorifique:

El que sirve, [dejadle] que lo haga por la fortaleza que Dios da, *para que en todo Dios sea glorificado* mediante Jesucristo, a quien pertenecen la gloria y el dominio por los siglos de los siglos. Amén.

1ª Pedro 4:11

Jesús nos llenará de frutos de justicia para la gloria de Dios:

Y esto pido en oración: ... [que seáis] llenos del fruto de justicia que es por medio de Jesucristo, *para la gloria y alabanza de Dios.*

Filipenses 1:9, 11

Todos están bajo juicio por haber deshonrado la gloria de Dios:

Profesando ser sabios, se volvieron necios, y *cambiaron la gloria del Dios incorruptible por imágenes.*

Romanos 1:22-23

Por cuanto todos pecaron y *no alcanzan la gloria de Dios.*

Romanos 3:23

La muerte cayó sobre Herodes porque no dio la gloria a Dios:

Al instante un ángel del Señor lo hirió, *por no haber dado la gloria a Dios.*

Hechos 12:23

Jesús va a volver para la gloria de Dios:

Estos sufrirán el castigo de eterna destrucción, excluidos de la presencia del Señor y de la gloria de su poder, cuando Él venga *para ser glorificado con sus santos en aquel día y para ser admirado entre todos los que han creído.*

2ª Tesalonicenses 1:9-10

Jesús quiere que veamos y disfrutemos su gloria:

Padre, quiero que los que me has dado, estén también conmigo donde yo estoy, para *que vean mi gloria,* la gloria que me has dado; porque me has amado desde antes de la fundación del mundo.

Juan 17:24

Incluso en su ira, el fin último de Dios es dar a conocer las riquezas de su gloria:

¿Y qué, si Dios, aunque dispuesto a demostrar su ira y hacer notorio su poder, soportó con mucha paciencia a los vasos de ira preparados para destrucción? Lo hizo para *dar a conocer las riquezas de su gloria* sobre los vasos de misericordia, que de antemano Él preparó para gloria.

Romanos 9:22-23

El plan de Dios es llenar la Tierra del conocimiento de su gloria:

Pues la Tierra se llenará del *conocimiento de la gloria del SEÑOR* como las aguas cubren el mar.

Habacuc 2:14

Todo lo que ocurre acabará siendo para la gloria de Dios:

Porque de Él, por Él y para Él son todas las cosas. *A Él sea la gloria para siempre.* Amén.

Romanos 11:36

En la Nueva Jerusalén, la gloria de Dios sustituirá al Sol:

La ciudad no tiene necesidad de sol ni de luna que la iluminen, *porque la gloria de Dios la ilumina*, y el Cordero es su lumbrera.

Apocalipsis 21:23

La pasión de Dios por su propia gloria es obvia. Dios me enseñó esto de forma muy clara cuando leí por primera vez el libro de Jonathan Edwards titulado *The Dissertation Concerning the End for Which God Created the World.*[7] En esa obra este autor ofrece un sinfín de razones y de textos bíblicos para demostrar que la afirmación de la que estamos hablando es verdad:

El gran fin de las obras de Dios, que se expresa en las Escrituras de formas muy diversas, es tan solo UNO; y este único fin tiene por nombre LA GLORIA DE DIOS.[8]

---

[7] [La disertación sobre el fin por el cual Dios creó el mundo]. Encontrará una introducción a la vida de Edwards, las implicaciones de su teología para el mundo evangélico, y el texto completo de *The End for Which God Created the World* en John Piper, *God's Passion for His Glory: Living the Vision of Jonathan Edwards* (Wheaton: Crossway, 1998).

[8] Ibíd., 246.

Dicho de otra forma, el fin principal de Dios es glorificar a Dios y disfrutar de sí mismo.

El empequeñecimiento de Dios y los horrores del infierno

El ser humano, por naturaleza, no tiene un corazón que glorifique a Dios. "Por cuanto todos pecaron y *no alcanzan la gloria de Dios*" (Romanos 3:23). En nuestra debilidad, reprimimos la verdad de que Dios es nuestro soberano y el único digno de nuestra fidelidad y afecto. Por naturaleza, sustituimos la gloria del Dios inmortal por imágenes de la Creación que son un débil reflejo de esa gloria (Romanos 1:18, 23). Abandonamos la fuente de aguas vivas y cavamos cisternas agrietadas que no retienen el agua (Jeremías 2:13). Las naciones "están entenebrecidas en su entendimiento, excluidas de la vida de Dios por causa de la ignorancia que hay en ellas, por la dureza de su corazón" (Efesios 4:18). Por naturaleza estábamos muertos en nuestros delitos y pecados, y seguíamos a Satanás, por lo que éramos hijos de ira (Efesios 2:1-3). Nuestro final era "el castigo eterno" (Mateo 25:46), la exclusión "de la presencia del Señor" (2ª Tesalonicenses 1:9), y el tormento eterno en "el lago que arde con fuego y azufre, que es la muerte segunda" (Apocalipsis 21:8; cf. 14:11; 20:10).[9]

Los horrores infinitos del infierno son una vívida demostración del valor infinito de la gloria de Dios. La idea bíblica de la justicia del infierno es un claro testimonio de la magnitud del pecado de no glorificar a Dios. Todos nosotros hemos cometido ese pecado. Todas las naciones han cometido ese pecado. Por tanto, una culpa infinita pesa sobre la cabeza de todo ser humano por no haber apreciado la gloria de Dios. La visión bíblica de Dios es la de un Dios que va a mostrar y a defender, con pasión y un compromiso supremo, la gloria de su nombre. Y la visión bíblica del hombre que no ha entendido la Gracia es la de un ser que rechaza la verdad y, por naturaleza, encuentra mayor gozo en su propia gloria que en la gloria de Dios. Dios existe para ser adorado, y el hombre adora la obra de sus manos. Y las misiones son necesarias debido a esta doble realidad. Gracias a Dios, esa pasión de Dios por su propia gloria, aunque es parte de la tensión o del problema, ¡nos lleva a la solución!

---

[9] En defensa de la existencia del tormento consciente eterno en el infierno para aquellos que rechazan la verdad de Dios, ver el capítulo 4.

¿Es posible la armonización de la autoexaltación y el amor?

Durante más de treinta años he intentado presentar a los cristianos de diferentes partes del mundo esta verdad bíblica tan fundamental, esta verdad sobre la pasión que Dios tiene por su propia gloria. La objeción principal que la gente tiene es que entonces parece que Dios es un ser altivo. Entonces, parece que el Dios de amor, el Dios misericordioso, desaparece dando paso a un arrogante ego. ¿No dice la Biblia que "el amor… no busca lo suyo?" (1ª Corintios 13:5). ¿Cómo puede ser que Dios sea un Dios de amor y que, a la vez, busque su propia gloria? Buena pregunta. Y cuando pensemos en la respuesta, veremos que la Supremacía de Dios en el propio corazón de Dios es la fuente de la misericordia, la bondad y el amor y, por tanto, la fuente de la obra misionera.

Hay dos formas de armonizar la idea de que Dios busca su propia gloria y la afirmación paulina "el amor… no busca lo suyo". Por un lado, podemos pensar que Pablo no dice que todas las formas de buscar lo propio sean malas. Algunas lo son, otras no. Por otro lado, podemos decir que Dios es único y que la afirmación de Pablo no se le aplica a Él del mismo modo en el que se nos aplica a nosotros. Creo que las dos son correctas.

El amor se goza en el gozo de los demás

En primer lugar, con la afirmación "el amor… no busca lo suyo" Pablo no estaba condenando toda acción realizada para "buscar lo propio". Pablo no quiso decir que buscar la propia felicidad amando a los demás esté mal. Lo sabemos porque en Hechos 20:35 Pablo les dijo a los ancianos de la iglesia de Éfeso que recordaran las palabras del Señor Jesús: "Más bienaventurado es dar que recibir". Si estuviera mal estar motivados a amar por la bendición que reporta la acción de amar, entonces Pablo no les habría dicho a los ancianos que recordaran estas palabras, es decir, que las retuvieran en la mente para que pudieran servir como una motivación consciente. Si buscar la bendición que uno recibe cuando da a los demás está mal, Pablo no nos habría dicho que recordáramos esta bendición.

Aquellos que han estudiado a fondo el tema de la motivación interpretan las palabras de Pablo en 1ª Corintios 13:5 con mucha sabiduría.

Por ejemplo, John Edwards señaló que cuando Pablo dice "el amor... no busca lo suyo" no se está oponiendo a:

> *el grado en el que [una persona] busca su propia felicidad, sino que se está oponiendo a que [una persona] coloque su felicidad en el lugar que no le corresponde, y a que limite y confine su amor a sí misma. Algunos, aunque buscan y aman su propia felicidad, no piensan en una felicidad basada en el bien propio, en el bien que solo les beneficia a ellos, sino que piensan en una felicidad basada en el bien común, en el bien de los demás... Y cuando Pablo dice "la caridad no busca lo suyo", tenemos que entender que se refiere a que "no busca el beneficio propio".[10]*

Dicho de otra forma, Pablo no estaba condenando todas las acciones cuyo objetivo fueran "buscar lo propio". Él tenía en mente la actitud egoísta que no busca felicidad ayudando a los demás, sino que la busca utilizando e ignorando a los demás para obtener un beneficio personal. En 1ª Corintios 13:5 Pablo no tenía en mente la actitud que busca gozarse haciendo el bien a los demás. De hecho, dos versículos más arriba Él apela a que tengamos esa motivación: "Y si diera todos mis bienes para dar de comer a los pobres, y si entregara mi cuerpo para ser quemado, pero no tengo amor, de nada me aprovecha [o "no gano nada"]" (1ª Corintios 13:3). El apóstol está diciendo: "Yo me imagino que no queréis hacer cosas que no os vayan a dar ningún beneficio, ¿no? Entonces, ¡amad! Y ganaréis mucho". Así que, de hecho, está apelando a que tengamos la motivación que muchos dicen que está denunciando. Pero no está apelando a motivaciones egoístas ni materialistas. Está llamando a sus lectores a una transformación radical del corazón que se goza en la acción de amar y en toda la bondad o todo el bien que viene de esa acción.

Ahora vemos que es posible que Dios "busque lo suyo" y, a la vez, ame. Pero antes dije que hay dos formas de armonizar la idea de que Dios busca su propia gloria y la afirmación paulina "el amor... no busca lo suyo". Acabamos de ver una: Pablo no se opone a la búsqueda de lo propio si "lo propio" es lo mismo que "el bien de los demás".

---

[10] Jonathan Edwards, *Charity and Its Fruits* (1852; reimpresión, Edimburgo: Banner of Truth Trust, 1969), 164.

El pecado de imitar a Dios

La otra forma de armonizar estas dos ideas es decir que Dios es único y que la afirmación de Pablo no se le aplica a Él del mismo modo en que se nos aplica a nosotros. Es cierto. Hay cosas que para Dios no están prohibidas, pero para nosotros sí lo están porque no somos Dios y Él sí lo es. La razón por la que no debemos exaltar nuestra propia gloria, sino la gloria de Dios es porque Él es Dios y nosotros no lo somos. Si Dios ha de ser fiel a este principio, entonces Él también tendrá que exaltar su gloria, y no la nuestra. Así, el principio unificador no es "no exaltes tu propia gloria" sino "exalta la gloria de aquello que es infinitamente glorioso". Para nosotros eso significa exaltar a Dios. Para Dios, significa exaltar a Dios. Para nosotros significa no buscar nuestra propia gloria. Para Dios significa buscar su propia gloria.

Estas afirmaciones nos pueden llevar a un terreno resbaladizo. Satanás tomó esta verdad y la usó en el jardín del Edén. Se acercó a Adán y a Eva para tentarles: Si coméis del árbol prohibido "seréis como Dios, conociendo el bien y el mal" (Génesis 3:5). Adán y Eva deberían haber contestado: "Ya somos como Dios. Hemos sido creados a su imagen" (Génesis 1:27). Pero en lugar de usar esa verdad para rechazar la tentación de Satanás, la usaron para que pareciera que el error podía ser posible: "Si hemos sido hechos a imagen de Dios, entonces no puede estar mal que queramos ser como Dios. Así que la sugerencia de la serpiente de que seremos como Dios no puede ser mala". Y comieron del árbol prohibido.

Pero el problema es que no está bien que los seres humanos intenten ser como Dios en todas las cosas. Su deidad le confiere el derecho de hacer cosas que Él puede hacer porque es Dios, pero que nosotros no podemos hacer. En el caso de Adán y Eva, Dios tiene el derecho de decidir por ellos qué está bien y qué está mal, qué cosas son útiles y qué cosas son dañinas. Adán y Eva son finitos y no tienen la sabiduría para conocer todos los factores que hay que tener en cuenta para vivir una vida feliz. Dios es el único que sabe lo que es necesario saber. Por tanto, el ser humano no tiene ningún derecho de independizarse de Dios. El juicio independiente sobre qué es útil y qué es dañino es locura y rebelión. Esa fue la tentación. Y esa fue la naturaleza de su desobediencia.

La cuestión es, simplemente, que aunque hemos sido creados a imagen de Dios, y aunque en cierto sentido hemos de ser "imitadores de

Dios" (Efesios 5:1), estamos equivocados si pensamos que no es posible que Dios tenga algunos derechos que nosotros no tenemos. Un padre quiere que su hijo imite sus modales y su integridad, pero no quiere que su hijo imite su autoridad, ni hacia sus padres, ni hacia sus hermanos y hermanas.

Así, Dios tiene el derecho de hacer algunas cosas que nos están prohibidas. Y una de esas cosas es exaltar su propia gloria. Si no lo hiciera así, Dios no estaría siendo justo, pues no estaría valorando aquello que es infinitamente valioso. Si estimara como su mayor tesoro algo que fuera menos valioso que su propia gloria estaría siendo un idólatra.

Dios se glorifica más en nosotros cuanto más satisfechos estamos en Él

¿Dios muestra amor cuando se exalta a sí mismo? ¡Por supuesto que sí! Y hay varias formas de ver esta verdad de forma clara. Una de ellas es meditar en la frase siguiente: Dios se glorifica en nosotros cuando nosotros estamos satisfechos en Él. Ésta es, quizá, la frase más importante de mi teología.[11] Si es verdad, entonces queda claro que Dios me ama cuando busca exaltar su gloria en mi vida, porque eso significa que Él busca maximizar mi satisfacción en Él, puesto que Él se glorifica más en mí cuanto más satisfecho estoy en Él. Por tanto, la búsqueda de Dios de su propia gloria no está reñida con mi gozo, y eso significa que no es egoísta por su parte buscar su propia gloria. De hecho, significa que cuanta más pasión tenga Dios por su propia gloria, más pasión tendrá por que yo encuentre satisfacción en esa gloria. Y por tanto, el hecho de que Dios esté centrado en sí mismo y el amor de Dios van de la mano.

Para ilustrar la verdad de que Dios se glorifica en nosotros cuando nosotros encontramos satisfacción en Él, piensa en un pastor que visita a alguien de la congregación que está en el hospital. El enfermo alza la cabeza y dice con una sonrisa: "¡Hola, pastor! ¡Muchas gracias por venir! ¡Es de mucho ánimo!". Imagina que el pastor levanta la mano, como para borrar esas palabras, y le dice secamente: "De nada, pero es mi deber como pastor". ¿Habría actuado mal? ¿Por qué nos enfada oír

---

[11] Encontrará una elaboración más extensa de esta tesis en Piper, *Sed de Dios*, y su versión abreviada *Los peligros del deleite*, Unilit, 2003. Ver también Sam Storms, *Pleasures Evermore: The Life-Changing Power of Enjoying God* (Colorado Springs: NavPress, 2000).

una frase así en labios de un pastor? Era su deber. Y cumplir con un deber es una buena cosa. Entonces, ¿por qué unas palabras así hacen tanto daño?

Hacen daño porque no honran a la persona enferma. ¿Por qué? Porque el deleite honra más que el cumplir con un deber. Cuando uno visita a enfermos en el hospital porque es un deber, honra ese deber. Pero cuando uno lo hace porque se deleita en ellos, honra a los pacientes. Y ellos lo notan. La respuesta pastoral correcta habría sido: "Es un placer para mí estar aquí. Me alegro de haber podido venir". ¿Veis la paradoja que hay aquí? Esas dos frases estarían transmitiendo que el pastor estaba buscando "lo suyo". "Es un placer *para mí* estar aquí. *Me* alegro de haber podido venir". Y, sin embargo, la razón por la que estas frases no muestran egoísmo es porque honran al paciente, no al pastor. Cuando alguien se deleita en ti, te sientes honrado. Cuando alguien se siente feliz al estar contigo, te sientes valorado, glorificado. Visitar a los enfermos porque te alegras de estar con ellos es una muestra de amor.

Aquí tenemos la respuesta a por qué Dios no es egoísta cuando magnifica su gloria. Dios se glorifica precisamente cuando nosotros encontramos satisfacción en Él, cuando nos deleitamos en su presencia, cuando queremos estar con Él, cuando apreciamos la comunión con Él. Y hacer este descubrimiento nos cambia la vida radicalmente. Nos libera para que podamos buscar nuestro gozo en Dios y a Dios para buscar su gloria en nosotros porque no se trata de dos búsquedas diferentes. Dios se glorifica en nosotros cuando nosotros estamos satisfechos en Él.

La autoexaltación de Dios y la satisfacción del ser humano

Por tanto, cuando leemos cientos de textos de la Biblia que muestran que Dios exalta su propia gloria, ya no los vemos como el reflejo de un ser arrogante y centrado solo en sí mismo. Los vemos como la exaltación legítima de Aquel que es infinitamente exaltado, y los vemos como la búsqueda de Dios de nuestra satisfacción en Él. Dios es único. Él es el único ser del Universo digno de adoración. Por tanto, cuando se exalta a sí mismo guía a las personas hacia el gozo verdadero y eterno: "En tu presencia hay plenitud de gozo; en tu diestra, deleites para siempre" (Salmo 16:11). Pero cuando nos exaltamos a nosotros mismos, impedimos que la gente vea al único que da gozo verdadero y eterno. Así que en nuestro caso, para mostrar amor hacia los demás, tenemos que exaltar a Dios; y en el caso de Dios, para mostrar amor, tiene que exaltarse a sí mismo. El amor consiste en ayudar a las personas a encontrar la grandeza más bella, el valor más preciado, la satisfacción más profunda, el gozo eterno, la mejor recompensa, la amistad más maravillosa y la adoración adecuada: el amor consiste en ayudar a la gente a encontrar a Dios. Y lo hacemos apuntando a la grandeza de Dios. Y Dios lo hace apuntando a su propia grandeza.

Dios se exalta en su misericordia

Hay otra forma de ver que la pasión de Dios por su propia gloria es una muestra de amor, y aquí veremos de forma explícita la relación entre la Supremacía de Dios y la causa de la obra misionera. La relación entre la Supremacía de Dios y la causa de las misiones se resume de la siguiente manera: la gloria que Dios quiere magnificar es la gloria de su misericordia. El texto clave donde encontramos esta idea es Romanos 15:8-9:

> *Pues os digo que Cristo se hizo servidor de la circuncisión [el pueblo judío] para demostrar la verdad de Dios,* para confirmar las promesas dadas a los padres, y para que los gentiles glorifiquen a Dios por su misericordia.

Veamos las tres verdades que se entrelazan en estos versículos misioneros:

1. *El celo por la gloria de Dios motiva la obra misionera.* Pablo da tres razones por las cuales Cristo se humilló haciéndose siervo y vino al mundo en aquel primer gran viaje misionero desde los cielos a esta tierra. En primer lugar, "Cristo se hizo servidor… *para demostrar la verdad de Dios*". En segundo lugar, Él vino "*para confirmar las promesas [de Dios]*". Y en tercer lugar, vino "*para* que las naciones *glorifiquen a Dios* por su misericordia*".

Dicho de otro modo, Cristo tenía la misión de magnificar a Dios. Vino para mostrar que *Dios* es veraz. Vino a mostrar que *Dios* cumple sus promesas. Y vino a mostrar que *Dios* es glorioso. Jesús vino al mundo *por amor a Dios*: para autenticar la integridad de *Dios*, para vindicar la Palabra de *Dios*, y para magnificar la gloria de *Dios*. Dado que Dios envió a su Hijo para hacer todas estas cosas, queda claro que el principal motivo que originó el primer gran viaje misionero – la llegada de Jesús desde los cielos – fue el celo de Dios por su propia gloria. Esa es la primera verdad que encontramos en Romanos 15:8-9. El celo por la gloria de Dios motiva la obra misionera.

2. *Un espíritu sirviente y un corazón misericordioso motivan la obra misionera.* "Cristo se hizo *servidor…* para que los gentiles glorifiquen a Dios por su misericordia". Cristo se hizo servidor… y Cristo trajo misericordia. Él fue un siervo no solo porque se humilló e hizo lo que el Padre quería que hiciera pagando un precio muy alto. También fue un siervo porque vivió para llevar misericordia a las naciones. Ésa fue su causa. Durante su vida en la Tierra, enseñó la relación que hay entre la misericordia y las misiones. Vemos esto, por ejemplo, en Mateo 9:36-38:

> *Y viendo las multitudes, tuvo compasión de ellas, porque estaban angustiadas y abatidas como ovejas que no tienen pastor. Entonces dijo a sus discípulos: La mies es mucha, pero los obreros pocos. Por tanto, rogad al Señor de la mies que envíe obreros a su mies.*

La compasión de Jesús le llevó a decirnos que oráramos por más misioneros. Durante toda la vida de Jesús, la misericordia apuntaba a la obra misionera. Y no solo durante la vida, sino que también vemos lo mismo en su muerte: "Tú fuiste inmolado, y con tu sangre compraste para Dios a gente de toda tribu, lengua, pueblo y nación" (Apocalipsis 5:9). La misericordia fue la motivación central de la misión de Jesús. Ningún ser humano merecía que Él realizara esa misión. Así que todo nació de su misericordia y de su servicio. Esa es la segunda verdad que encontramos en Romanos 15:8-9. Un espíritu sirviente y un corazón misericordioso motivan la obra misionera.

3. *La tercera verdad consiste en ver que la primera y la segunda son una sola verdad.* El celo por la gloria de Dios y un corazón sirviente lleno de misericordia por las naciones son una única cosa. De hecho, está bien claro en el orden de las palabras que encontramos en el versículo 9: Cristo vino "para que los gentiles glorifiquen a Dios". ¡Sí! Esa era la pasión de Cristo, lo que movía a Cristo, y también debería ser nuestra pasión: que las naciones amen la gloria de Dios y alaben la gloria de Dios. Pero el versículo continúa: Cristo vino "para que los gentiles glorifiquen a Dios *por su misericordia*". La misericordia y la gloria de Dios no son dos temas diferentes, porque la gloria que queremos que las naciones exalten es precisamente la gloria de la misericordia de Dios.

La misericordia es el tope de la gloria de Dios del mismo modo que el desbordamiento de una fuente es el tope de la capacidad de la fuente. Dios es libre de ser misericordioso porque Él es completamente autosuficiente. No tiene deficiencias, necesidades o defectos. Se basta consigo mismo para poder ser lo que es. Nunca ha tenido un comienzo, ni ha tenido que pasar por un proceso de mejora realizada por una influencia externa a Él. La gloria de su autosuficiencia hace que de Él mane la libertad de dirigir su misericordia a las naciones. Por tanto, la extensión de la misericordia de Dios y la exaltación de la gloria de Dios son una misma cosa.[12]

Cuando alguien busca la gloria de Dios y tiene misericordia por las naciones es un misionero como Cristo. Estas dos características deben ir de la mano. Si no tenemos celo por la gloria de Dios, nuestra misericordia se convierte en una misericordia superficial, un deseo de mejora centrado en el hombre que no tiene ninguna repercusión para la eternidad. Y si nuestro celo por la gloria de Dios no nos lleva a deleitarnos cultivando la misericordia, entonces, nuestro llamado celo, por mucho que digamos, no tiene nada que ver con Dios y es hipócrita (cf. Mateo 9:13).

Todo lo hace para la alabanza de la gloria de su Gracia

Esta magnífica concordancia entre la pasión de Dios por su propia gloria y su pasión por ser misericordioso también aparece en el primer capítulo de Efesios. En tres ocasiones Pablo dice que Dios está llevando a cabo la salvación "para la alabanza de su gloria". Y el versículo 6 deja claro que esta gloria es "la gloria de su Gracia". La elección, la predestinación, la adopción, la redención, el sello del Espíritu, la realización de todas las cosas conforme al consejo de su voluntad: todo esto Dios lo hace para promover la alabanza de la gloria de su Gracia. Versículos 5-6: "nos predestinó para adopción como hijos para sí mediante Jesucristo... *para alabanza de la gloria de su Gracia*". Versículos 11-12: "[Dios] obra todas las cosas conforme al consejo de su voluntad, a fin de que nosotros, que fuimos los primeros en esperar en Cristo, seamos *para alabanza de su gloria*". Versículo 14: "[el Espíritu Santo] nos es dado como garantía de nuestra herencia, con miras a la redención de la posesión adquirida de Dios, *para alabanza de su gloria*".

---

[12] Encontrará un tratamiento más extenso de por qué la pasión de Dios por sí mismo es la base de su misericordia en *Pleasures of God*, 104-9.

Esto es exactamente lo que vimos en Romanos 15:9. En ese texto las naciones glorifican a Dios por su misericordia. En estos versículos alaban a Dios por su Gracia. En ambos casos, Dios recibe la gloria y los seres humanos reciben gozo. Así que cuanta más pasión tiene Dios por su propia gloria, más pasión tiene por cubrir nuestras necesidades como pecadores. La Gracia es nuestra única esperanza y la única esperanza de las naciones. Por tanto, cuanto más celo tenga Dios de que su Gracia sea glorificada, más esperanza tenemos de que la obra misionera sea un éxito.

El poder de las misiones es la adoración

Lo que hemos estado mostrando es que el hecho de que Dios se centre en sí mismo no quiere decir que sea un egoísta arrogante. Él es Amor, ¡De hecho, la fuente del amor! Dios se deleita en su perfección, y por su voluntad y misericordia, comparte ese deleite con las naciones. Así, podemos reafirmar la verdad anterior que decía que la adoración es el combustible y el objetivo que nos empuja a hacer obra misionera porque es el combustible y el objetivo que empuja a Dios mismo. La misión nace de la plenitud de la pasión de Dios por sí mismo, y su objetivo es que las naciones lleguen a tener esa misma pasión por Dios (cf. Mateo 25:21; Juan 15:11; 17:13, 26). El poder de la empresa misionera está en participar del combustible y del objetivo de Dios. Y eso significa participar en la adoración.

Solo hay un Dios que obre en las personas que esperan en Él

Esta importante visión de Dios como Aquel que "se levantará [o exaltará] para tener compasión de vosotros" (Isaías 30:18) es el origen de la obra misionera en más de un sentido. Uno de esos sentidos, que aún no hemos considerado, es la clara singularidad de este Dios, que no tiene punto de comparación con los dioses de otras naciones. Isaías se da cuenta de esta realidad y dice: "Desde la Antigüedad no habían escuchado ni dado oídos, ni el ojo había visto a un Dios fuera de Ti que obrara a favor del que esperaba en Él" (Isaías 64:4). Dicho de otro modo, Isaías está asombrado de que la grandeza de Dios tenga el efecto paradójico de que Él no necesita que la gente haga cosas por

Él, sino que quiere magnificarse haciendo cosas por y para ellos, si ellos renuncian a la autosuficiencia y "esperan en Él".

Isaías anticipó las palabras de Pablo en Hechos 17:25: "[Dios] no es servido por manos humanas, como si necesitara de algo, puesto que Él da a todos vida y aliento y todas las cosas". La singularidad del cristianismo es la gloria de Dios manifestada en la libertad de la Gracia. Dios es glorioso porque no necesita que las naciones hagan cosas por Él. Él es libre de obrar a favor de ellos. "El Hijo del Hombre [no] vino para ser servido, sino para servir, y para dar su vida en rescate por muchos" (Marcos 10:45). Las misiones no son un proyecto de reclutamiento para la mano de obra de Dios. Es un proyecto de liberación de la pesada carga y del yugo de otros dioses (Mateo 11:28-30).

Isaías dice que en todo el mundo entero no se ha visto ni oído de un Dios así. "Desde la Antigüedad no habían escuchado ni dado oídos, ni el ojo había visto a un Dios fuera de Ti que obrara a favor del que esperaba en Él" (Isaías 64:4). Allá donde mira, Isaías ve dioses que en lugar de servir, *necesitan que les sirvan*. Por ejemplo, los dioses babilonios Bel y Nebo: "Se ha postrado Bel, se derrumba Nebo; sus imágenes son puestas sobre bestias, sobre animales de carga. Vuestros fardos son pesados, una carga para la bestia fatigada. Se derrumbaron, a una se han postrado; no pudieron salvar la carga, sino que ellos mismos han ido en cautiversidad. Escuchadme, casa de Jacob, y todo el remanente de la casa de Israel, los que habéis sido llevados por mí desde el vientre, cargados desde la matriz. Aun hasta vuestra vejez, yo seré el mismo, y hasta vuestros años avanzados, yo os sostendré. Yo lo he hecho, y yo os cargaré; yo os sostendré, y yo os libraré" (Isaías 46:1-4; cf. Jeremías 10:5).

La diferencia entre el Dios verdadero y los dioses de las naciones es que el Dios verdadero nos carga y sostiene, mientras que a los otros dioses hay que cargarlos y sostenerlos. Dios sirve; a los otros dioses hay que servirles. Dios glorifica su poder mostrando misericordia. Los otros dioses glorifican su poder haciendo esclavos. Así que esta visión de Dios le hace actuar con misericordia y apunta a las misiones porque Él es único entre los demás dioses.

El mensaje más extraordinario del mundo

Aún hay otro sentido en el que un Dios así origina la empresa misionera. La demanda del Evangelio que este Dios que hemos estado describiendo lanza a las naciones es una demanda fácil de cumplir y de compartir: ¡gozarse y alegrarse en Dios! "El SEÑOR reina; *regocíjese la Tierra; alégrense* las muchas islas" (Salmo 97:1). "Te den gracias los pueblos, oh Dios, todos los pueblos te den gracias. *Alégrense y canten con júbilo* las naciones" (Salmo 67:3-4). "Esto han visto los humildes y se *alegran. Viva vuestro corazón,* los que buscáis a Dios" (Salmo 69:32). "*Regocíjense y alégrense* en Ti todos los que te buscan; que digan continuamente: ¡Engrandecido sea Dios! los que aman tu salvación" (Salmo 74:5). ¡Cómo iban a llevar los misioneros otro mensaje si el que tenían es "¡Alégrate en Dios! ¡Regocíjate en Dios! ¡Canta con gozo en Dios! ¡Porque Dios se glorifica en ti cuanto más satisfecho estás en Él! Dios se exalta mostrando misericordia hacia los pecadores"!

Es liberador pensar que el mensaje que tenemos que llevar a todas las naciones consiste en decirle a la gente de todo el mundo que tiene que buscar su propio interés. Estamos diciéndoles que se vuelvan a Dios. Y los que lo hacen, dicen: "Me darás a conocer la senda de la vida; en tu presencia hay plenitud de gozo; en tu diestra, deleites para siempre" (Salmo 16:11). Dios se glorifica entre las naciones con el mandato: "¡Deléitate en el SEÑOR!" (Salmo 37:4). Su primer y gran requisito para todos los seres humanos es que se arrepientan por buscar el gozo en otras cosas y que empiecen a buscarlo solo en Él. Un Dios al que no se puede servir[13] es un Dios del que se puede disfrutar. El gran pecado del mundo no es que el ser humano haya fallado porque no ha trabajado para *incrementar* la gloria de Dios, sino que ha fallado porque no se ha deleitado en Dios para así *reflejar* su gloria, pues la gloria de Dios se refleja más en nosotros cuanto más nos deleitamos en Él.

La idea más estimulante de todas las que puedas pensar es que el propósito inexorable de Dios de mostrar su gloria en la misión de la Iglesia, es prácticamente el mismo que su propósito de dar a su pueblo el gozo infinito. La gloria de la fuente de una montaña está en que muchas personas (¡y personas muy diferentes!) encuentran satisfacción y vida en sus abundantes arroyos. Por tanto, Dios ha prometido el gozo santo para los redimidos de todas las naciones, tribus, pueblos y lenguas,

---

[13] Soy consciente de que la Biblia está llena de textos en los que el pueblo de Dios le sirve. La Biblia presenta el servicio de tal forma que no deja lugar a un Dios que, como los patrones o empresarios, depende de sus empleados asalariados. Ver *Sed de Dios,* 174-176: "La insistencia de Dios en que le pidamos que nos ayude para que Él sea glorificado (Salmo 50:15) nos lleva a la sorprendente conclusión de que hemos de tener mucho cuidado con servirle, y más bien dejar que Él nos sirva, no vaya a ser que le robemos su gloria" (p. 174).

y lo ha hecho con el mismo celo que le mueve a buscar su propia gloria en todo lo que hace. La Supremacía de Dios en el mismo corazón de Dios es la fuerza motora de su misericordia y del movimiento misionero de su Iglesia.

Expresiones bíblicas de la Supremacía de Dios en las misiones

Teniendo en cuenta el trasfondo que hemos desarrollado hasta aquí, ahora quizá seamos capaces de sentir la fuerza de aquellos pasajes bíblicos que enfatizan la Supremacía de Dios en el impulso misionero de la Iglesia. Los temas que vemos en esos textos confirman la centralidad de Dios en la visión misionera de la Biblia.

Hemos visto algunos de los textos del Antiguo Testamento que ponen la misericordia de Dios como centro de la proclamación misionera: "Contad su gloria entre las naciones, sus maravillas entre todos los pueblos" (Salmo 96:3). "Haced recordar que su nombre es enaltecido" (Isaías 12:4). Y hay muchos más. Pero aún no hemos visto las declaraciones directas y claras de Jesús, Pablo y Juan, que dicen exactamente lo mismo.

Dejar familia y posesiones por el nombre de Cristo

Cuando el joven rico dejó a Jesús porque no estaba dispuesto a dejar sus riquezas para seguirle, el Señor dijo: "En verdad os digo que es difícil que un rico entre en el reino de los cielos" (Mateo 19:23). Los apóstoles, sorprendidos, le preguntaron: "Entonces, ¿quién podrá salvarse?" (v. 25). Jesús les contestó: "Para los hombres eso es imposible, pero para Dios todo es posible" (v. 26). Entonces Pedro, hablando como un misionero que ha dejado su casa y su negocio para seguir a Jesús, dijo: "He aquí, nosotros lo hemos dejado todo y te hemos seguido ¿qué, pues, recibiremos?" (v. 27). Jesús le respondió amonestando cariñosamente a Pedro por su sentido de sacrificio: "Todo el que haya dejado casas, o hermanos, o hermanas, o padre, o madre, o hijos o tierras *por mi nombre*, recibirá cien veces más, y heredará la vida eterna" (v. 29).

Las palabras en las que quiero que nos centremos son las siguientes: "por mi nombre". Jesús da por sentado que cuando un misionero deja su casa, su familia y sus posesiones es *por el nombre de Jesús*. Eso significa:

por la reputación de Jesús. El objetivo de Dios es que el nombre de su Hijo sea exaltado y honrado entre todas las naciones del mundo, porque cuando el Hijo es honrado, el Padre es honrado (Marcos 9:37). Cuando toda rodilla se doble al nombre de Jesús, será "para gloria de Dios padre" (Filipenses 2:10-11). Por tanto, las misiones centradas en Dios existen por amor al nombre de Jesús.

Una oración misionera: santificado sea tu nombre

Las dos primeras peticiones del Padrenuestro son, quizá, las afirmaciones de Jesús que más claramente expresan que la raíz de las misiones está en que la prioridad de Dios es que las naciones le glorifiquen. "Padre nuestro que estás en los cielos, santificado sea tu nombre. Venga tu reino" (Mateo 6:9-10). Aquí, Jesús nos enseña que le pidamos a Dios que santifique su nombre y que establezca su reino de forma definitiva. Ésta es una oración misionera. Al pronunciarla, formamos parte del deseo de Dios de que aquellos que le olvidan y desprecian su nombre le honren (Salmo 9:17; 74:18). Santificar el nombre de Dios significa considerarlo como algo diferente y superior a todo lo demás, y amarlo y honrarlo. El deseo más grande de Jesús – y de ahí, la primera petición que incluye en la oración que nos enseña – es que más y más gente, y más y más pueblos, santifiquen el nombre de Dios. Ésta es la razón por la que el Universo existe. Y la obra misionera existe, es necesaria, porque el nombre de Dios aún no está siendo santificado como debería.

Cuánto debe padecer por el nombre de Jesús

Cuando Pablo se convirtió en el camino a Damasco, Jesucristo se convirtió en el tesoro y el gozo supremo de su vida. "Yo estimo como pérdida todas las cosas en vista del incomparable valor de conocer a Cristo Jesús" (Filipenses 3:8). Pero esa fidelidad le iba a costar cara. En Damasco, Pablo no solo aprendió sobre el gozo que produce el perdón de pecados y la comunión con el Rey del Universo, sino que también aprendió sobre lo mucho que iba a sufrir. Jesús le dijo a Ananías que le diera este mensaje: "porque yo le mostraré cuánto debe padecer *por mi nombre*" (Hechos 9:16). Llevando a cabo la obra misionera, Pablo sufrió "por amor al nombre". Cuando su muerte estaba cercana, y le advirtieron que no fuera a Jerusalén, Él respondió: "¿Qué hacéis, llorando y quebrantándome el corazón? Porque listo estoy no solo a ser atado, sino también a morir en Jerusalén por el nombre del Señor Jesús." (Hechos 21:13). Para Pablo, la gloria del nombre de Jesús y su reputación en el mundo eran más importantes que su propia vida.

A todas las naciones por amor a su nombre

Pablo deja bien claro en Romanos 1:5 que su misión y llamamiento a predicar a todos los pueblos es por amor al nombre de Cristo: "por medio de [Jesús] hemos recibido la Gracia y el apostolado para promover la obediencia a la fe *entre todos los gentiles, por amor a su nombre*".

El apóstol Juan describió cuál era la motivación de los primeros misioneros cristianos usando la misma expresión. Escribió a una de sus iglesias para decirles que debían ayudar a unos hermanos cristianos a proseguir su viaje "de una manera digna de Dios". Y la razón que alega es que esos hermanos "salieron *por amor al Nombre*, no aceptando nada de los gentiles" (3ª Juan 6-7).

Sobre estos dos textos (Ro. 1:5; 3 Jn. 7), John Stott hace el siguiente comentario: "Sabían que Dios había exaltado a Jesús hasta lo sumo, sentándolo a su diestra y dándole la mayor potestad, para que toda lengua confesase su señorío. Querían que Jesús recibiera el honor que su nombre merecía".[14] Este deseo no es un sueño, sino una certeza. Nuestra esperanza es que, cuando todo lo demás pase, nos sostendremos sobre esta gran realidad: El Dios eterno y todopoderoso tiene un compromiso infinito y perfecto con la gloria de su santo nombre. Él va a obrar para que su nombre sea honrado entre las naciones. La profanación de su nombre no va a durar para siempre. La misión de la Iglesia saldrá victoriosa. Él vindicará a su pueblo y su causa en toda la Tierra.

¡Que el bendito Redentor pueda ver el esfuerzo de su alma!

David Brainerd, el misionero que trabajó entre los indígenas de Nueva Jersey en la década de 1740, fue sostenido por esta confianza hasta el

---

[14] John R. W. Stott: "The Bible in World Evangelization", en *Perspectives on the World Christian Movement: A Reader*, 3ª ed., ed. Ralph D. Winter y Steven C. Hawthorne (Pasadena, Calif.: William Carey Library, 1999), 22.

día de su muerte, cuando contaba veintinueve años de edad. Siete días antes de morir, habló de su mayor anhelo: ver la gloria de Dios en el mundo. Éstas son las últimas palabras que pudo escribir de su propio puño y letra:

> *Viernes, 2 de octubre. Anhelo estar "con Él", para poder "contemplar su gloria"... ¡oh, que su reino venga a la Tierra; que todo el mundo llegue a amarle y a glorificarle por lo que Él es!; y que el bendito Redentor pueda "ver el esfuerzo de su alma, y ser santificado. ¡Oh, ven, Señor Jesús, ven pronto! Amén".[15]*

La ausencia de la pasión por Dios que Brainerd tenía es la principal causa de la débil visión misionera que hay en nuestras iglesias. Hace ya cien años, Andrew Murray llegó a la misma conclusión:

> *Nos preguntamos por qué, siendo que hay tantos millones de cristianos en el mundo, el ejército de Dios que está luchando contra las tinieblas es tan pequeño. Y la única respuesta que encontramos es: falta de pasión. Los creyentes no están entusiasmados con el reino. Y eso es porque tampoco están muy entusiasmados con el Rey.[16]*

Y eso sigue siendo cierto hoy. Peter Beyerhaus está persuadido de ello y nos anima a que pongamos la gloria de Dios en el centro de nuestras vidas y misión:

> *Hemos sido llamados y somos enviados para glorificar el reino de Dios y para manifestar su salvación a todo el mundo ... Hoy es extremadamente importante enfatizar la prioridad de este objetivo doxológico, ponerlo antes que los demás objetivos misioneros. Nuestra preocupación desequilibrada, que se centra en el ser humano y la sociedad, es de hecho una amenaza para la obra misionera, pues estamos convirtiéndola en una tarea secular o casi-atea. Vivimos en tiempos de apostasía donde el hombre de forma arrogante se cree la medida de todas las cosas. Por tanto, es parte de nuestra labor misionera confesar con valentía delante de todos los enemigos de la cruz que la Tierra pertenece a Dios y a su Ungido.*

---

[15] Jonathan Edwards, *The Life of David Brainerd*, ed. Norman Pettit, vol. 7 de *The Works of Jonathan Edwards* (New Haven: Yale University Press, 1985), 474. Encontrará una versión más accesible del diario de Brainerd en Philip E. Howard Jr., *The Life and Diary of David Brainerd, ed. by Jonathan Edwards with a Biographical Sketch of the Life and Work of Jonathan Edwards* (Grand Rapids: Baker, 1989).

[16] Andrew Murray, *Key to the Missionary Problem* (Fort Washington, Pa.: Christian Literature Crusade, 1979), 133.

... Nuestra tarea misionera consiste en alzar y hacer ondear la bandera del Señor resucitado ante el mundo entero, porque el mundo es suyo.[17]

El celo de la Iglesia por la gloria de su Rey no aumentará hasta que los pastores, los líderes de los grupos misioneros y los profesores de seminario no presenten mejor al Rey. Cuando la gloria de Dios mismo esté presente e inunde nuestras predicaciones, nuestra enseñanza, nuestras conversaciones, nuestros escritos, y cuando eso sea más importante que el debate sobre los métodos, las estrategias, la terminología psicológica y las tendencias culturales, entonces la gente empezará a sentir que Dios es la realidad central de sus vidas y que la extensión de su gloria es más importante que todas sus posesiones y planes.

El poder de las misiones cuando el amor por los perdidos es débil

En la tarea misionera la compasión por los perdidos es una buena motivación. Sin esta visión, perdemos la humildad que debe caracterizarnos cuando compartimos un tesoro que hemos recibido de forma gratuita. Pero ya hemos visto que la compasión por las personas no puede estar desligada del deseo de ver a Dios glorificado. John Dawson, un líder de Juventud con una Misión, explica que aún hay una razón más por la que no podemos desligar una cosa de la otra. Él dice que sentir un amor profundo por "los perdidos" o "el mundo" es, de hecho, una experiencia muy difícil de mantener y, en ocasiones, de reconocer.

¿Te has preguntado alguna vez qué significa exactamente "amar a los perdidos"? Ésta es una expresión típica de nuestra jerga cristiana. Así, muchos creyentes, casi con sentimiento de culpa, buscan en sus corazones ese sentimiento de amor y de bondad que se supone que les tiene que empujar a la evangelización valiente y constante. ¡Pero eso nunca va a ocurrir! Es imposible amar a "los perdidos". No puedes amar de forma profunda un concepto abstracto. Si todos entendemos que es imposible amar de forma profunda a una persona que no conocemos, ¿cómo vamos a amar a una nación o a un grupo que solo conocemos bajo un concepto tan vago como "todos los perdidos"?

---

[17] Peter Beyerhaus, *Shaken Foundations: Theological Foundations for Missions* (Grand Rapids: Zondervan, 1972), 41-42.

No esperes ese sentimiento de amor para hablarle de Cristo a un extraño. Ya amas a tu Padre celestial, y ya sabes que esa persona que no conoces ha sido creada por Él, pero está alejada de Él. Así que da esos primeros pasos de evangelización porque amas a Dios. La razón principal por la que hablamos de Dios a las personas u oramos por ellas no es porque tengamos compasión de ellas. ¡No es necesario! Lo hacemos, en primer lugar, porque amamos a Dios. Dice en Efesios 6:7-8: "Servid de buena voluntad, como al Señor y no a los hombres, sabiendo que cualquier cosa buena que cada uno haga, esto recibirá del Señor, sea siervo o sea libre."

Tú y yo no merecemos el amor de Dios más que el resto de la Humanidad. No deberíamos convertirnos en cristianos humanistas, que hablan de Jesús a los pobres pecadores, y que presentan al Rey como si fuera un producto, el producto que les va a ayudar a mejorar su situación. Todos merecemos la condenación, pero Jesús, el Cordero Sufriente de Dios, merece recompensa por su sufrimiento.[18]

El milagro del Amor

Las palabras de Dawson son sabias, y tenemos que prestar atención a la advertencia de no limitar nuestra labor misionera a la compasión que tenemos hacia la gente que no conocemos. No obstante, no quiero minimizar lo que el Señor es capaz de hacer, pues Él puede dar a ciertas personas un amor sobrenatural hacia un grupo de personas que no conoce de nada. Por ejemplo, Wesley Duewel de OMS Internacional nos habla de la increíble empatía que su madre tenía por la China y la India:

Durante años, mi madre tuvo una empatía especial por la gente de la China y la India. Durante muchos años, cuando nos juntábamos a orar como familia, ella oraba por esas dos naciones y casi todos los días rompía en sollozos antes de acabar la oración. Su amor era profundo y constante, y recibirá una recompensa eterna por esos años de amor hacia esas dos naciones. Ella las amó con el amor de Jesús, ese amor que el Espíritu Santo da y extiende a través de los creyentes.[19]

---

[18] John Dawson, *Taking Our Cities for God* (Lake Mary, Fla.: Creation House, 1989), 208-9.

19 Wesley Duewel, *Ablaze for God* (Grand Rapids: Francis Asbury Press of Zondervan, 1989), 115-16.

Sé que lo he dicho ya, pero no me cansaré de enfatizar que la motivación que nace de la compasión y la motivación que nace del celo por la gloria de Dios no pueden ir separadas la una de la otra. Nuestros ojos están llenos de lágrimas de compasión porque los de muchos aún no están llenos de lágrimas del gozo que Dios da.[20]

El llamamiento de Dios

Dios nos llama, sobre todo, a que seamos personas con el deseo de ver la Supremacía de Dios en todos los aspectos de la vida. Si no hemos sentido la magnificencia de Cristo, no podremos llegar a la magnificencia de la causa misionera. Si no vemos a Dios como un Dios grande, no tendremos una gran visión misionera. Si nuestra mayor pasión no es adorar a Dios, no trabajaremos con pasión para que el mundo le adore.

El deseo y el propósito del Dios Omnipotente es reunir a adoradores alegres de todas las tribus, lenguas, pueblos y naciones. Su deseo es que todas las naciones le adoren, y el entusiasmo con el que trabaja en esta causa es inagotable. Por tanto, pongamos nuestros deseos al lado del suyo y, por amor a su nombre, renunciemos a la búsqueda de la comodidad terrenal y unámonos a su propósito global. Si hacemos eso, ese compromiso omnipotente que Dios tiene con su propio nombre estará sobre nosotros como una bandera, y no perderemos, a pesar de las tribulaciones que nos sobrevengan (Hechos 9:16; Romanos 8:35-39). La obra misionera no es el objetivo final de la Iglesia. La adoración sí lo es. Las misiones existen porque la adoración no existe. La Gran Comisión consiste, en primer lugar, en "deleitarse en el Señor" (Salmo 37:4) y luego, en que "las naciones *se alegren y canten con júbilo*" (Salmo 67:4). De este modo, Dios será glorificado de principio a fin, y la adoración será una fuente de poder para la tarea misionera hasta el regreso del Señor.

---

[20] Sobre este tema, ver el capítulo 6 del libro: "La pasión por la Supremacía de Dios y la compasión por el alma del hombre".

¡Grandes y maravillosas son tus obras,
oh Señor Dios, Todopoderoso!
¡Justos y verdaderos son tus caminos,
oh Rey de las naciones! ¡Oh, Señor!
¿Quién no temerá y glorificará tu nombre?
Pues solo Tú eres santo;
porque TODAS LAS NACIONES VENDRÁN
Y ADORARÁN EN TU PRESENCIA,
pues tus justos juicios han sido revelados.

Apocalipsis 15:3-4

2
La Supremacía de Dios en las misiones a través de la oración

No sabemos para qué es la oración hasta que no entendemos que la vida es una batalla.

La vida es una batalla. No es solo batalla, pero hemos de recordar que, entre otras cosas, siempre es una batalla. Nuestra falta de oración se debe, en gran parte, a que muchas veces olvidamos esa realidad. La oración es, principalmente, un walkie-talkie de guerra para la misión de la Iglesia, para que la use mientras avanza contra los poderes de la oscuridad y la incredulidad. No es de extrañar que la oración no funcione adecuadamente cuando intentamos convertirla en un interfono colocado al lado de nuestro sofá, que usamos para pedirle al del piso de arriba que nos dé más comodidades. Dios nos ha dado la oración como walkie-talkie de guerra para que llamemos al cuartel general para pedir las cosas que necesitamos mientras trabajamos para que el reino de Cristo avance en este mundo. La oración nos da *a nosotros* el privilegio de estar en primera línea, y le da *a Dios* la gloria de un Proveedor sin límites. El que da el poder recibe la gloria. Así, la oración salvaguarda la Supremacía de Dios en las misiones a la vez que nos une a la gracia infinita que suple todas nuestras necesidades.

La vida es una batalla

Cuando Pablo llegó al final de sus días, dijo en 2ª Timoteo 4:7: "He peleado *la buena batalla*, he terminado la carrera, he guardado la fe". En 1ª Timoteo 6:12, le dice a Timoteo: "Pelea *la buena batalla* de la fe; echa mano de la vida eterna a la cual fuiste llamado". Para Pablo, todo en esta vida es una batalla. Es cierto que también usó otras imágenes: el cultivo, la competición atlética, la familia, la construcción, el pastoreo, etc. También es cierto que era un hombre que amaba la paz. Pero aquí tenemos una paradoja ¡y es que una de las armas de esta guerra es el Evangelio de la paz (Efesios 6:15)! Sí, es innegable que a este hombre le caracterizaba un gozo increíble. Pero, con mucha frecuencia, ese gozo se da en medio de tribulaciones y penalidades (Romanos 5:3; 12:12; 2ª Corintios 6:10; Filipenses 2:17; Colosenses 1:24; cf. 1ª Pedro 1:6; 4:13).

La vida es una batalla porque mantener nuestra fe y echar mano de la vida eterna es una lucha constante. Pablo deja claro en 1ª Tesalonicenses 3:5 que Satanás quiere destruir nuestra fe. "Por eso también yo, cuando ya no pude soportar más, envié para informarme de vuestra *fe*, por temor a que el tentador os hubiera tentado y que *nuestro trabajo resultara en vano*". En Tesalónica, Satanás dirige sus ataques contra la fe de los cristianos. Su objetivo era lograr que el trabajo de Pablo fuese "vano", vacío, que no sirviera para nada.

Es verdad que Pablo creía en la seguridad eterna de los escogidos ("a los que justificó, a ésos también glorificó" [Romanos 8:30]). Pero los únicos que tienen la seguridad eterna son los que "son diligentes para hacer firme el llamamiento y elección de parte de Dios" peleando la buena batalla de la fe y echando mano de la vida eterna (1ª Timoteo; 2ª Pedro 1:10). Jesús dijo: "el que persevere hasta el fin, ése será salvo" (Marcos 13:13). Y Satanás siempre lucha, siempre nos ataca para arruinar y destruir nuestra fe.

La palabra griega que traducimos por "batalla" en 1ª Timoteo es *agonitzesthai*, y se usa en muchas más ocasiones para describir la vida cristiana. Jesús dijo: "*Esforzaos* por entrar por la puerta estrecha, porque os digo que muchos tratarán de entrar y no podrán" (Lucas 13:24). En Hebreos 4:11 dice: "Por tanto, *esforcémonos* por entrar en ese reposo, no sea que alguno caiga siguiendo el mismo ejemplo de desobediencia". Pablo compara la vida cristiana con una carrera y dice así: "Y todo atleta se *esfuerza* y se abstiene de todo. Lo hace para recibir una corona corruptible, pero nosotros, una incorruptible" (1ª Corintios 9:25, traducción del autor). También describe su ministerio de proclamación y enseñanza de la siguiente manera: "Y con este fin también trabajo, *esforzándome* según su poder que obra poderosamente en mí" (Colosenses 1:29). Y también deja claro que la oración es parte de esta batalla: "Epafras, que es uno de vosotros, siervo de Jesucristo, os envía saludos, siempre *esforzándose intensamente* a favor vuestro en sus oraciones" (Colosenses 4:12). "*Esforzaos* juntamente conmigo en vuestras oraciones a Dios por mí" (Romanos 15:30). *Agonitzesthai:* esforzaos en la *batalla*. Una y otra vez la misma palabra.

Pablo no se limita a usar la palabra *agonitzesthai*, sino que recurre a otros términos relacionados con la lucha o batalla. En 1ª Corintios 9:26-27 hace referencia a su propia lucha: "Por tanto, yo de esta manera corro, no como sin tener meta; de esta manera *peleo*, no como dando golpes al aire, sino que golpeo mi cuerpo y lo hago mi esclavo, no sea que habiendo predicado a otros, yo mismo sea descalificado". El apóstol está corriendo una carrera, está en medio de una pelea, y lucha contra las fuerzas de su propio cuerpo. En cuanto a su ministerio, dijo así: "Pues aunque andamos en la carne, no *luchamos* según la carne; porque las *armas de nuestra contienda* no son carnales, sino poderosas en Dios para la destrucción de fortalezas; destruyendo especulaciones y todo razonamiento altivo que se levanta contra el conocimiento de Dios, y poniendo todo pensamiento en cautiverio a la obediencia de Cristo" (2ª Corintios 10:3-5).

Pablo le escribe a Timoteo diciéndole que entienda su ministerio como una batalla: "Esta comisión te confío, hijo Timoteo, conforme a las profecías que antes se hicieron en cuanto a ti, a fin de que por ellas *pelees la buena batalla*" (1ª Timoteo 1:18). "Ningún *soldado* en servicio activo se enreda en los negocios de la vida diaria" (2ª Timoteo 2:4). Dicho de otro modo, la obra misionera y el ministerio son una batalla.

Probablemente el pasaje más conocido sobre nuestra lucha diaria es Efesios 6:12-18, donde Pablo elabora una lista de las diferentes prendas de la "armadura de Dios". Pero la armadura no es el tema central. Lo que Pablo quiere transmitir es que la vida es una batalla. De hecho, lo da por sentado, y empieza describiendo lo que no es: "nuestra lucha no es contra sangre y carne, sino contra principados, contra potestades, contra los poderes de este mundo de tinieblas, contra las huestes espirituales de maldad en las regiones celestes. Por tanto, tomad toda la armadura de Dios" (v. 12-13).

Entonces, todas las preciosas bendiciones que podamos llegar a imaginar quedan circunscritas a este contexto: el de la batalla. Si conocemos la *verdad*, lo que tenemos que hacer con ella es usarla como el cinturón de nuestra armadura. Si tenemos *justicia*, tendremos que ponérnosla como el que se pone una coraza. Si apreciamos el *Evangelio de la paz,* tendremos que usarlo como el calzado del soldado. Si *descansamos* en las promesas de Dios, esa fe nos servirá de escudo para defendernos de los dardos encendidos. Si nos gozamos en nuestra *salvación*, debemos colocárnosla como yelmo sobre la cabeza. Si amamos la *Palabra de Dios*, tenemos que convertirla en nuestra espada. Casi todas las bendiciones "civiles" de la vida cristiana quedan condicionadas por la guerra en la que nos encontramos. No podemos decir que una parte de nuestra vida está en guerra, y la otra no. ¡Toda la vida es una batalla![21]

La ausencia de austeridad

Pero la mayoría de creyentes no ha asumido esta realidad. Sus prioridades y la forma despreocupada con la que se toman las cosas espirituales muestran que, en el fondo, creen que estamos en tiempo de paz, y no de guerra.

En tiempos de guerra, los periódicos están llenos de titulares sobre la situación de las tropas. En tiempos de guerra, las familias hablan de los hijos y las hijas que están en el frente y les escriben y oran por ellos porque están preocupados por su seguridad. En tiempos de guerra estamos en guardia. Nos armamos. Estamos preparados. En tiempos de guerra usamos el dinero de forma diferente: hay austeridad, no porque nos guste ser austeros, sino porque hay formas más estratégicas de gastar ese dinero que llenar nuestras casas de comodidades. El esfuerzo realizado en tiempos de guerra nos afecta a todos. Todos tenemos que recortar de algún modo u otro. El avión de lujo se convierte en un avión de transporte de tropas.

Son pocos los que piensan que estamos en una guerra más devastadora que la Segunda Guerra Mundial o que cualquier guerra nuclear que podamos llegar a imaginar. Pocos creen que Satanás es el peor enemigo, peor que cualquier enemigo físico de este mundo, y pocos se dan cuenta de que el conflicto no está solo en unos cuantos países, sino que está en cada pueblo y ciudad de este mundo. ¿Quién cree hoy en día que esta guerra no solo deja heridos o muertos, sino que lo que ocurre es

---

[21] Aparte de los textos ya mencionados, hay muchos otros en los que se aprecia la misma idea. Por ejemplo, Apocalipsis 6:2; 12:17; 17:14.

que muchas personas lo pierden todo, incluso el alma, y entran en un infierno de tormento eterno?

En *Cartas del diablo a su sobrino*, de C. S. Lewis, Escrutopo (el diablo) le dice a Orugario: "no esperes demasiado de una guerra". Se refiere a las agonías de la Segunda Guerra Mundial. Explica que la guerra no destruirá la fe de los verdaderos creyentes y que, además, hará que la gente se tome más en serio la vida, la muerte, y el tema de la eternidad. "Y cuán desastroso", se queja el diablo, "es para nosotros el continuo acordarse de la muerte a que obliga la muerte. Una de nuestras mejores armas, la mundanidad satisfecha, queda inutilizada. En tiempo de guerra, ni siquiera un humano puede creer que va a vivir para siempre".[22] Así que quizá sea necesaria otra guerra – quien sabe si una Tercera Guerra Mundial, o el terrorismo – para despertarnos y que nos demos cuenta de que hay otra guerra más seria que a diario quiere acabar con nuestras almas.

La oración es para manejar la Palabra

Hasta que no sintamos la fuerza, no oraremos como debemos. Ni siquiera entenderemos lo que la oración es. En Efesios 6:17-18, Pablo establece una conexión entre la batalla en la que nos encontramos y la obra de la oración: "Tomad... la espada del Espíritu que es la palabra de Dios. Con toda oración y súplica orad en todo tiempo en el Espíritu, y así, velad con toda perseverancia y súplica por todos los santos". Para ser totalmente fiel al texto griego, el versículo 18 no debería ser una nueva frase, sino que debería ser algo así: "Tomad la espada del Espíritu, que es la palabra de Dios, orando en todo tiempo en el Espíritu, con toda oración y súplica". Tomad la espada... ¡orando! Así es como debemos manejar la Palabra: en oración.

La oración es el medio para comunicarnos con el cuartel general desde donde se nos envía el armamento para la batalla según la voluntad de Dios. Según Efesios 6, ésa es la relación que hay entre las armas y la oración. La oración es para la batalla.

---

[22] C. S. Lewis, *Cartas del diablo a su sobrino* (Madrid: Ediciones RIALP, 2003), pp. 40-41.

Las misiones: el campo de acción para la oración

La relación que hay entre la oración y la obra misionera podemos verla en un pasaje que, aunque no habla de una batalla, está hablando de la misma realidad: "Vosotros no me escogisteis a mí, sino que yo os escogí a vosotros, y os designé para que vayáis y deis fruto, y que vuestro fruto permanezca; para que todo lo que pidáis al Padre en mi nombre os lo conceda" (Juan 15:16).

La lógica que encontramos en este versículo es clave. ¿Por qué el Padre dará a los discípulos lo que pidan en el nombre de Jesús? Respuesta: Porque Jesús les ha enviado para que den fruto. El Padre da a los discípulos el instrumento de la oración porque Jesús les ha encargado una misión. De hecho, en este versículo queda implícito que Jesús les encarga esa misión para que puedan usar el poder de la oración. "Os designé para que vayáis y deis fruto… *para que* todo lo que pidáis al Padre en mi nombre os lo conceda". Ésta es otra forma de decir que la oración es un walkie-talkie para la guerra. Dios la diseñó y nos la dio para que la usáramos para poder realizar con éxito la misión que nos ha sido encomendada. Podemos decir que la misión es "dar fruto", o podemos decir que la misión es "liberar a los cautivos". Sea como sea, la función de la oración está clara: la oración fue diseñada para extender el reino a ese territorio enemigo donde no hay fruto.

Por qué la oración no funciona correctamente

Es muy probable que la razón principal por la que la oración no funciona adecuadamente en manos de los creyentes sea porque éstos convierten ese walkie-talkie para la guerra, en un interfono para conseguir más comodidades de las que ya tenemos. Hasta que no entiendas que la vida es una batalla, no sabrás para qué sirve la oración. La oración nos ha sido dada para que podamos llevar a cabo una misión. Es como si nuestro comandante (Jesús) llamara a sus tropas, les diera una misión de suma importancia (ir y dar fruto), y les diera a cada uno de los soldados una emisora personal conectada con la frecuencia del General, y les dijera: "Compañeros, el General tiene una misión para vosotros. Quiere verla cumplida, y para ello me ha autorizado para que os dé a cada uno de vosotros esa emisora para que podáis acceder a él de forma personal. Si os mantenéis fieles a esta misión y buscáis en primer lugar su victoria, siempre estará tan cerca de vosotros como vuestra emisora, para daros consejos en cuanto a las tácticas a seguir y para enviaros cobertura aérea siempre que la necesitéis".

Pero ¿qué es lo que millones de cristianos han hecho? Hemos dejado de creer que estamos en guerra. No hay sentido de urgencia, no estamos alertas, no vigilamos. No tenemos un plan, una estrategia. Nos contentamos con la prosperidad y con la paz aparente. ¿Y qué hemos hecho con el walkie-talkie? Lo hemos arreglado para convertirlo en un interfono que hemos colocado en la pared de nuestra casa confortable, y no lo usamos para pedir ayuda y consejo cuando el enemigo nos ataca, sino para pedir más comodidades para nuestra "madriguera".

Tiempo de mucho sufrimiento

En Lucas 21:34-35, Jesús advirtió a los discípulos que vendrían tiempos de sufrimiento y oposición. Entonces les dijo: "Mas velad en todo tiempo, *orando* para que tengáis fuerza para escapar de todas estas cosas que están por suceder, y podáis estar en pie delante del Hijo del Hombre" (v. 36). Dicho de otro modo, seguir a Jesús nos llevará a una dura batalla con el diablo. El diablo nos acechará, nos atacará y nos amenazará con destruir nuestra fe. Pero Dios nos ha dado una emisora. Si nos dormimos, no nos va a servir de nada. Pero si estamos pendientes, velando, como Jesús dice, y pedimos ayuda en medio del conflicto, la ayuda vendrá y el Comandante no permitirá que sus fieles soldados no reciban su corona de victoria ante el Hijo del Hombre. Así, una y otra vez vemos la misma verdad: No sabremos lo que la oración es hasta que no entendamos que estamos en guerra.

Orar por la paz es parte de esta batalla

Pero 1ª Timoteo 2:1-4 parece contradecir la definición de oración que hemos dado hasta ahora, que la oración es un arma para la batalla. Pablo nos dice que oremos por los reyes y por todos los que están en posiciones de autoridad "para que podamos vivir una vida tranquila y sosegada con toda piedad y dignidad" (v. 2). Pero, ¿no suena eso a lo que estábamos criticando antes? ¿No estábamos diciendo que no podemos llevar una vida cómoda, superficial, y centrada en nuestro propio bienestar?

Sigamos leyendo. Dice que orar así es altamente estratégico. Los versículos 3 y 4 dicen lo siguiente: "Porque esto [la oración por la paz] es bueno y agradable delante de Dios nuestro Salvador, el cual quiere que todos los hombres sean salvos y vengan al pleno conocimiento de la verdad". Dios quiere salvar a las personas de todas las tribus, lenguas, pueblos y naciones. Pero uno de los grandes obstáculos para alcanzar esta victoria es cuando la gente se ve inmersa en conflictos militares, políticos o sociales. Cuando eso ocurre, las personas ponen toda su atención, tiempo, energía y creatividad en esas luchas, y eso les impide ver la verdadera lucha universal.

El objetivo de Satanás es que nadie se salve y llegue al conocimiento de la verdad. Y una de sus estrategias es entretener al ser humano con guerras terrenales para desviar su mirada de la verdadera guerra por la salvación de los perdidos y la perseverancia de los santos. Él sabe que la verdadera batalla, como Pablo dice, no es contra carne ni sangre. Así que cuantos más conflictos y revoluciones de "carne y sangre" pueda provocar, mejor.

Por tanto, cuando Pablo nos dice que oremos por la paz porque Dios quiere que todos los hombres sean salvos y conozcan la verdad, no está presentando la oración como aquella llamada egoísta que solo usamos para pedir más comodidad. La está presentando como una llamada estratégica al cuartel general, pidiendo que no se le permita al enemigo salirse con la suya atrayendo la atención del ser humano hacia los conflictos de carne y sangre.

La necesidad imperiosa de este momento

Ya sea con unos textos o con otros, vemos que todos apuntan a lo mismo: Dios nos ha dado la oración porque Jesús nos ha dado una misión. Estamos en esta tierra para frenar y hacer retroceder a las fuerzas de las tinieblas, y para el avance de esta causa tenemos acceso directo con el cuartel general a través de la oración. Cuando no usamos la oración para este fin, y solo la usamos para nuestra conveniencia y nuestra comodidad, deja de funcionar, y nuestra fe empieza a flaquear. Hemos domesticado la oración hasta tal punto que muchos de nosotros ya no la vemos como aquello para lo que fue diseñada: un walkie-talkie para la guerra y para cumplir la misión que Cristo nos encomendó.

Lo único que tenemos que hacer es recuperar y hacer que nuestros contemporáneos recuperen la idea de que estamos en guerra. De otro modo, ¡la enseñanza bíblica sobre la urgencia de la oración, las palabras que nos animan a velar y orar, a estar alerta y a orar, a perseverar en la oración, y a no dejar de orar no tienen ningún sentido! Hasta que no sintamos la desesperación que se siente al estar en un bombardeo, o la emoción de haber encontrado una nueva ofensiva estratégica para el avance del Evangelio, no oraremos en el espíritu de Jesús.

La necesidad imperiosa de este momento es que las iglesias entiendan que estamos en guerra. Los líderes de las misiones se preguntan: ¿Dónde están las iglesias que entienden el concepto de militancia, que se ven como un ejército poderoso dispuesto a sufrir, que avanzan con determinación para tomar el mundo? ¿Dónde están las iglesias dispuestas a correr riesgos, dispuestas a salir en el poder de Dios?".[23] La respuesta es que esta mentalidad ha sido barrida por la comodidad, por el engaño de una paz superficial.

Somos una "tierra de espinos". En la parábola del sembrador, Jesús dice que la semilla es la Palabra. Él siembra esa Palabra de poder y de urgencia. Pero nosotros, en lugar de tomarla como nuestra espada (o en lugar de dar fruto), somos aquellos que "han oído la Palabra, pero las preocupaciones del mundo, y el engaño de las riquezas, y los deseos de las demás cosas entran y ahogan la palabra, y se vuelve estéril" (Marcos 4:18-19).

Por eso, Pablo dice que esta guerra afecta a todas las áreas y todos los momentos de la vida. Antes de involucrarnos en la misión de la Iglesia, tenemos que luchar contra "el engaño de las riquezas" y "los deseos de las demás cosas". Tenemos que luchar para amar el reino por encima de "las demás cosas"; ésa es nuestra lucha principal. Ésa es la lucha de la fe. Entonces, cuando tenemos algo de experiencia en esa lucha, podemos unirnos a la batalla cuyo fin es extender el reino de Dios a todas las naciones.

Dios ganará la guerra

Dios se presenta como el vencedor de esta guerra. Él asegura que su causa triunfará. Y lo hará de una forma clara para que la victoria apunte

---

[23] James Reapsome, "What's holding Up World Evangelization?", *Evangelical Missions Quarterly* 24, núm. 2 (abril, 1988): 118.

a su gloria. Su propósito a lo largo de la Historia es alzar y mostrar su gloria para que los redimidos, provinentes de todas las naciones, la puedan disfrutar. Por tanto, Dios participa en esta guerra para mostrar su triunfo. Como vimos en el capítulo 1, el objetivo principal de Dios es glorificar su propio nombre y disfrutar de su excelencia por siempre. Esto es lo que garantiza que su causa saldrá victoriosa. Para magnificar su gloria, hará uso de su poder soberano y completará la misión que ha encomendado.

El poder de la esperanza de los puritanos

Esta confianza en la soberanía de Dios y la victoria de su causa es esencial para las oraciones del pueblo de Dios y la misión de la Iglesia. Podemos constatar que ha ejercido una fuerza poderosa en la historia de las misiones. El primer esfuerzo misionero de los protestantes de Inglaterra surgió de la esperanza de los puritanos. Los puritanos fueron aquellos pastores y maestros de Inglaterra (y, posteriormente, de Nueva Inglaterra), aproximadamente del periodo que comprende entre el 1560 y el 1660, que quisieron purificar la Iglesia Anglicana para que su teología y su práctica estuvieran de acuerdo con las enseñanzas de la Reforma.[24]

La gran visión que tenían de la Soberanía de Dios les proporcionó una esperaza indestructible en la victoria de Dios sobre el mundo. Vivían y actuaban movidos por el enorme deseo de ver el reino de Dios en todas las naciones. Creían de todo corazón en las promesas de que la causa de Cristo vencería. "[Yo] edificaré mi Iglesia; y las puertas del Hades no prevalecerán contra ella" (Mateo 24:14). "Todas las naciones que Tú has hecho vendrán y adorarán delante de Ti, Señor, y glorificarán tu nombre" (Salmo 86:9). "Y en Ti serán benditas todas las familias de la Tierra" (Génesis 12:3). "Te daré las naciones como herencia tuya" (Salmo 2:8). "Todos los términos de la Tierra se acordarán y se volverán al SEÑOR, y todas las familias de las naciones adorarán delante de Ti" (Salmo 22:27). "Toda la Tierra te adorará, y cantará alabanzas

---

[24] Hay varias introducciones al puritanismo: Leland Ryken, *Worldly Saints: The Puritans as They Really Were* (Grand Rapids: Zondervan, 1991); J. I. Packer, *A Quest for Godliness: The Puritan Vision of the Godly Life* (Wheaton: Crossway, 1994); Peter Lewis, *The Genius of Puritanism* (Morgan, Pa.: Soli Deo Gloria, 1998); y Erroll Hulse, *Who Are the Puritans, and What Do They Teach?* (Darlington, England: Evangelical Press, 2000).

a Ti, cantará alabanzas a tu nombre" (Salmo 66:4). "A Él sea dada la obediencia de los pueblos" (Génesis 49:10).[25]

Esta tremenda confianza en que Cristo un día conquistará corazones de todas las naciones y será glorificado por gente de toda la Tierra fue lo que propició el nacimiento de la labor misionera protestante en los países anglosajones, labor que comenzó 150 antes de que William Carey iniciara en 1793 el movimiento misionero moderno.

Entre el año 1627 y el 1640, 15.000 personas emigraron de Inglaterra a América del Norte. La mayoría de ellos eran puritanos, personas que tenían una confianza firme en el señorío universal de Cristo. De hecho, el sello de los colonizadores de Massachusets Bay tenía el dibujo de un indio y las palabras "Pasa a Macedonia y ayúdanos", sacadas de Hechos 16:9. Esto muestra que, en general, los puritanos vieron su emigración al continente americano como parte de la estrategia misionera de Dios para extender su reino a todas las naciones.

La oración y el sufrimiento de John Eliot

John Eliot fue uno de aquellos puritanos llenos de esperanza que cruzaron el Atlántico en 1631. Tenía veintisiete años y al año siguiente se convirtió en el pastor de una nueva iglesia en Roxbury, Massachusets, a una milla de Boston. Pero ocurrió algo que le convertiría en algo más que un pastor.

Según Cotton Mather, en aquella vecindad había más de veinte tribus indígenas. John Eliot no podía evitar las implicaciones prácticas de su teología: si las Escrituras infalibles prometían que un día todas las naciones se arrodillarían ante Cristo, y si Cristo era Soberano y capaz por su Espíritu a través de la oración de someter a la oposición bajo sus pies, entonces había esperanza de que la persona que fuera como embajador de Cristo a una de estas naciones, fuera elegido como instrumento de Dios para abrir los ojos de los ciegos y para instaurar el reino de Cristo en ese lugar.

Así que cuando ya contaba con algo más de cuarenta años de edad (¡no veinte, sino cuarenta!), Eliot decidió aprender la lengua algonquina. Después, elaboró una lista de vocabulario, una gramática y una sintaxis, y tradujo toda la Biblia y también libros que él valoraba mucho como

---

[25] En el capítulo 5 encontrará más textos que tienen que ver con la promesa de la victoria de Cristo sobre las naciones y el momento en que éstas le adorarán.

Call to the Unconverted [Llamamiento a los inconversos] de Richard Baxter. Cuando Eliot cumplió ochenta y cuatro años, ya existían varias iglesias indígenas, algunas de ellas lideradas por pastores indígenas. Ésta es la increíble historia de un hombre de Dios que una vez dijo: "La oración y el sufrimiento, a través de la fe en Cristo Jesús, lograrán grandes cosas!".[26]

La razón por la que he contado esta historia es por subrayar la enorme importancia de tener una *esperanza* bíblica sólida que nos lleva a orar por la obra misionera. Dios ha prometido y Dios es Soberano: *"Todas las naciones... vendrán y adorarán delante de Ti, Señor, y glorificarán tu nombre"* (Salmo 86:9).

Esto es lo que cautivó a los puritanos y lo que propició el nacimiento del movimiento misionero moderno en 1763. William Carey se alimentó de esta tradición, igual que David Brainerd[27] y Adoniram Judson, Alexander Duff y David Livingstone, John Paton[28] y muchos otros que dieron sus vidas para llegar a pueblos donde el Evangelio no había llegado. El movimiento misionero moderno no nació desligado de la Teología. Surgió fundado en la tradición reformada que colocaba la Soberanía de Dios en el centro de la vida del ser humano. En la batalla de la obra misionera, Dios alza el brazo y consigue la victoria para la gloria de su nombre.[29]

---

[26] Cotton Mather, The Great Works of Christ in America, vol. 1 (1702; reimpresión, Edinburgh: Banner of Truth Trust, 1979), 562.

[27] Encontrará algo más de información sobre la vida y ministerio de Brainerd en "'Oh, That I May Never Loiter on My Heavenly Journey' Misery and Mission in the Life of David Brainerd", en John Piper, *The Hidden Smile of God: The Fruit of Affliction in the Lives of John Bunyan, William Cowper, and David Brainerd* (Wheaton: Crossway, 2001), 123-59. En www.DesiringGod.org encontrará un bosquejo biográfico anterior a la obra mencionada. Ver también Jonathan Edwards, *The Life of David Brainerd*, ed. Norman Pettit, vol. 7 de *The Works of Jonathan Edwards* (1749; reimpresión, New Haven: Yale University Press, 1985).

[28] Encontrará un breve resumen de la vida y ministerio de Paton en "'You Will be Eaten By Cannibals!' Courage in the Cause of World Missions: Lessons from the Life of John G. Paton" en www.DesiringGod.org. Ver también *John G. Paton, Missionary to the New Hebrides, An Autobiography Edited by His Brother* (1889, 1891; reimpresión, Edinburgh: Banner of Truth Trust, 1965).

[29] La cuestión que planteo no tiene nada que ver con el hecho de que uno sea milenarista, como la mayoría de los puritanos (aunque no todos lo eran, p. ej., William Twisse, Thomas Goodwin, William Bridge y Jeremiah Burroughs, premilenaristas del siglo XVII), o premilenarista, o amilenarista. La esperanza en la victoria de la misión de Cristo (independientemente de cómo se entienda) es un elemento crucial para la motivación para las misiones. El libro de Iain Murray titulado *The Puritan Hope* (Edingurgh: Banner of Truth Trust, 1971), es un relato inspirador que recoge esta verdad. Su tesis es la siguiente: "Está clarísimo que la inspiración que dio pie a la creación de las primeras sociedades misioneras de la era moderna fue ni más ni menos que la doctrina que, revitalizada por el avivamiento del siglo XVIII, heredamos de los puritanos" (135).

La labor misionera es, por encima de todo, obra de Dios

Anima mucho ver cómo Dios triunfa para su gloria a través de la fe de los grandes misioneros. Pero es mucho más importante ver esa victoria en las Escrituras. El Nuevo Testamento nos dice claramente que Dios no ha dejado su Gran Comisión en manos de la cambiante voluntad humana. El Señor dijo desde el principio: "Yo edificaré mi Iglesia" (Mateo 16:18). La labor misionera en el mundo es, por encima de todo, obra del Señor Jesús resucitado.

"Tengo otras ovejas... a ésas también me es necesario traerlas"

En el Evangelio de Juan, Jesús lo expresa de la siguiente forma: "Tengo otras ovejas que no son de este redil; a ésas también me es necesario traerlas, y oirán mi voz" (Juan 10:16). Éste es el texto misionero por excelencia del Evangelio de Juan. Está lleno de esperanza y de poder. Significa que Cristo tiene a más pueblo, aparte de los que ya se han convertido. "Tengo *otras* ovejas que no son de este redil". Aquí tenemos una referencia a la doctrina de la elección.[30] Dios escoge a los que pertenecerán a su rebaño, y ya son suyos antes de que Él les llame. "Todo lo que el Padre me da, vendrá a mí; y al que viene a mí, de ningún modo lo echaré fuera" (Juan 6:37; cf. 6:44-45; 8:47; 10:26-27; 17:6; 18:37). Estas "voluntades" soberanas del Señor Jesús garantizan su participación invencible en la labor misionera en el mundo.

Siempre habrá quien defienda que la doctrina de la elección convierte la obra misionera en algo innecesario. Pero están equivocados. No la convierte en algo innecesario, sino que la convierte en algo que tiene esperanza. John Alexander, que fue presidente de Intervarsity Christian Fellowship, dijo en Urbana'67 (congreso que fue decisivo en mi vida): "Al principio de mi carrera misionera yo decía que si la predestinación fuera verdad, yo no podría ser misionero. Ahora, después de veinte años de luchar con la dureza del corazón humano, os digo que no podría ser misionero *si no creyera en la doctrina de la predestinación*".[31] Esta

---

[30] He escrito una defensa bíblica muy extensa sobre esta verdad en "The Pleasure of God in Election", en *The Pleasures of God* (Sisters, Ore.: Multnomah, 2000), 121-55.

[31] Ésta es la paráfrasis de una frase que guardo en mi memoria como un tesoro porque tuvo un gran impacto en mi vida en aquel momento.

doctrina nos da la esperanza de que Cristo tiene "otras ovejas" en las otras naciones.[32]

Cuando Jesús dice "a ésas también me es necesario traerlas", no quiere decir que lo hará sin los misioneros. Está claro que la salvación viene por la fe (Juan 1:12; 3:16; 6:35), y la fe viene por la palabra de sus discípulos (Juan 17:20). Jesús trae a sus ovejas al redil a través de la predicación de los que Él envía, así como el Padre le envió (Juan 20:21). Así que hoy es tan cierto como entonces: "Mis ovejas oyen mi voz, y yo las conozco y me siguen" (Juan 10:27). *Cristo* es el que llama en el Evangelio. *Cristo* es el que reúne a sus ovejas a través de la labor misionera. Por eso tenemos plena seguridad de que éstas vendrán.

Investidos con poder para la obra misionera

Antes de ascender a los cielos, Jesús dijo a sus discípulos: "Toda autoridad me ha sido dada en el cielo y en la Tierra... yo estoy con vosotros todos los días, hasta el fin del mundo" (Mateo 28:10-20). Ésa es la autoridad con la que llama a sus ovejas.

Entonces, para que les quedara claro que su autoridad y su presencia era lo que iba a hacer que su misión tuviera éxito, les dijo a sus discípulos que esperaran en Jerusalén hasta que fueran investidos con poder de lo alto (Lucas 24:49). Les dijo que ese poder que llegaría a través del Espíritu Santo les capacitaría para ser testigos de Él "en Jerusalén, en toda Judea y Samaria, y hasta los confines de la Tierra" (Hechos 1:8). Cuando el Espíritu llegara, el Señor mismo cumpliría la promesa de edificar su Iglesia. Por eso Lucas dice: "Y el *Señor* añadía cada día al número de ellos los que iban siendo salvos" (Hechos 2:47). El Señor lo hizo. Y siguió haciéndolo convirtiendo al misionero más grande de todos los tiempos (Hechos 26:16-18), dirigiendo a los misioneros en sus viajes (Hechos 8:26, 29; 16:7, 10) y dándoles las palabras que necesitaban (Marcos 13:11; Hechos 6:10).

---

[32] Es precisamente esta verdad la que animó a Pablo cuando se vio perseguido en Corinto: "Por medio de una visión durante la noche, el Señor dijo a Pablo: No temas, sigue hablando y no calles; porque yo estoy contigo, y nadie te atacará para hacerte daño, porque yo tengo mucho pueblo en esta ciudad" (Hechos 18:9-10). Dicho de otro modo: "Aquí hay ovejas, y Jesús las va a llamar a través de ti, y ellas responderán al llamamiento de Jesús, así que ten ánimo".

"No yo, sino la Gracia de Dios en mí"

Pablo era muy consciente de que el éxito de su misión no dependía de su trabajo, sino de la obra del Señor. Él dijo así: "Porque no me atreveré a hablar de nada sino de *lo que Cristo ha hecho por medio de mí* para la obediencia de los gentiles, en palabra y en obra, con el poder de señales y prodigios, *en el poder del Espíritu de Dios*" (Romanos 15:18-19). La pasión de Pablo, como siempre, era trabajar para que toda la gloria recayera en la Supremacía de Cristo en la misión de la Iglesia. Era el Señor el que estaba edificando su Iglesia.

Entonces, ¿cómo define Pablo sus propios esfuerzos y los resultados de su trabajo? Dice: "Pero por la Gracia de Dios soy lo que soy, y su Gracia para conmigo no resultó vana; antes bien he trabajado mucho más que todos ellos, *aunque no yo, sino la Gracia de Dios en mí*" (1ª Corintios 15:10). Pablo trabajaba. Pablo peleó la batalla y corrió la carrera. Pero lo hizo, como dice en Filipenses 2:13, porque Dios estaba obrando en él el querer y el hacer para que hiciera su buena voluntad. Usando una imagen del campo, Pablo lo explicó de la siguiente manera: "Yo planté, Apolos regó, pero Dios ha dado el crecimiento. Así que ni el que planta ni el que riega es algo, sino Dios que da el crecimiento" (1ª Corintios 3:6-7). El deseo de Pablo era proclamar la Supremacía de Dios en la misión de la Iglesia.

Este celo por la gloria de Dios en la misión de la Iglesia llevó a los apóstoles a ministrar de una forma que siempre magnificaba a Dios, no a ellos mismos. Por ejemplo, Pedro enseñó a las iglesias jóvenes: "El que sirve, que lo haga por la fortaleza que Dios da, para que en todo Dios sea glorificado mediante Jesucristo" (1ª Pedro 4:11; cf. Hebreos 13:20-21). El que da la fortaleza se lleva la gloria. Así que Pedro les recuerda que es necesario servir con la fortaleza que Dios nos da, y no con la nuestra. Si Dios no edifica su Iglesia, no recibe la gloria, y entonces todo es en vano, por bueno que nuestro trabajo pueda parecer a los ojos de los hombres.

Confianza en que Dios es Soberano para cumplir el nuevo pacto

Los apóstoles sabían que lo que estaba ocurriendo mientras ellos llevaban a cabo la misión que se les había encomendado era el cumplimiento de las promesas del nuevo pacto. "[Dios] nos hizo suficientes como ministros de un nuevo pacto" (2ª Corintios 3:6). Y las promesas del nuevo pacto consistían en que Dios vencería la dureza de los corazones y les daría a su pueblo un nuevo corazón. "Os daré un corazón nuevo y pondré un espíritu nuevo dentro de vosotros; quitaré de vuestra carne el corazón de piedra y os daré un corazón de carne. Pondré dentro de vosotros mi espíritu y haré que andéis en mis estatutos, y que cumpláis cuidadosamente mis ordenanzas" (Ezequiel 36:26-27).

Así que, mientras Lucas recoge la extensión del movimiento cristiano, repetidamente menciona la iniciativa soberana de Dios para procurar el crecimiento de la Iglesia. Cuando Cornelio y los de su casa se convirtieron, la Biblia dice que fue gracias a la intervención divina. "Así que también a los gentiles *ha concedido Dios el arrepentimiento* que conduce a la vida" (Hechos 11:18). "Dios al principio tuvo a bien tomar de entre los gentiles un pueblo para su nombre" (Hechos 15:14). Cuando el Evangelio entró en tierras europeas tocando a personas como Lidia, fue también por la acción de Dios: *"El Señor abrió su corazón* para que recibiera lo que Pablo decía" (Hechos 16:14).

Vemos que la Supremacía de Dios en la labor misionera de la Iglesia es toda una realidad. Dios no pone su evangelio y su pueblo en el mundo y los deja solos ante la batalla. Él es el combatiente principal, y la batalla se tiene que pelear de forma que sea Él quien reciba la gloria.

La oración demuestra la Supremacía de Dios en las misiones

Es por esa razón por la que Dios le ha dado a la oración un lugar tan importante en la labor misionera de la Iglesia. El propósito de la oración es dejar claro a todos los participantes de esta guerra que la victoria pertenece al Señor. A través de la oración Dios nos da Gracia, y a través de la oración Él recibe la gloria. Queda bien claro en el Salmo 50:15. Dios dice: "Invócame en el día de la angustia; yo te libraré, y tú me honrarás". Charles Spurgeon escribe:

Es como si Dios y el hombre que ora fueran socios... En primer lugar, está tu acción: "Invócame en el día de la angustia". En segundo lugar, tenemos la acción de Dios: "yo te libraré". Entonces, te toca a ti llevarte parte, pues serás librado. Y, por último, Dios se lleva su parte, pues "tú me honrarás". Aquí tenemos el pacto que Dios establece con el que clama a Él y recibe su ayuda. Dios dice: "Tú serás liberado, pero yo soy quien se lleva la gloria...". Tenemos aquí una asociación preciosa: nosotros obtenemos aquello que necesitamos, y todo lo que Dios se lleva es la gloria que solo Él merece.[33]

La oración pone a Dios en el lugar del Benefactor todopoderoso y nos pone a nosotros en el lugar de los beneficiarios que dependen de Él. Así que, cuando la misión de la Iglesia avanza por la oración, la Supremacía de Dios queda más que demostrada y las necesidades de las tropas cristianas, cubiertas.

La oración es para la gloria del Padre

Esto es lo que Jesús había enseñado a sus discípulos antes de dejarles. Les había dicho: "Todo lo que pidáis en mi nombre, lo haré, *para que el Padre sea glorificado en el Hijo*" (Juan 14:13). Dicho de otro modo, el propósito último de la oración es que el Padre sea glorificado. La otra cara del propósito la encontramos en Juan 16:24. Jesús dice: "Hasta ahora nada habéis pedido en mi nombre; pedid y recibiréis, *para que vuestro gozo sea completo*". El propósito de la oración es que nuestro gozo sea completo. La oración mantiene la unidad de estos dos objetivos: la gloria de Dios y el gozo de su pueblo.

Jesús fue quien transmitió a los apóstoles el celo por la exaltación de la actuación suprema de Dios toda su labor misionera. En Juan 15:5, Jesús dice: "Yo soy la vid, vosotros los sarmientos; el que permanece en mí y yo en él, ése da mucho fruto, *porque separados de mí nada podéis hacer*". Si actuamos por nuestra propia cuenta, es probable que logremos alguna cosa. Podemos contar con muchas estrategias y fuerzas humanas, pero el impacto espiritual para la gloria de Cristo será escaso o inexistente. Pero en Juan 15:5 vemos que Dios no quiere que estemos con los brazos cruzados, sino que demos mucho fruto. Así que Él ha prometido hacer por nosotros lo que nosotros no podemos hacer en nosotros o por nosotros mismos.

Pero, entonces, ¿cómo le glorificamos? Jesús nos da la respuesta en Juan 15:7: "Si permanecéis en mí, y mis palabras permanecen en vosotros, *pedid* lo que queráis y os será hecho". Nosotros *oramos*. Le *pedimos* a Dios que haga a través de Cristo lo que nosotros no podemos hacer:

---

[33] Charles Spurgeon, *Doce sermones sobre la oración* (TELL).

dar fruto. Entonces, el versículo 8 habla del resultado que estamos buscando: *"En esto es glorificado mi Padre*, en que deis mucho fruto, y así probéis que sois mis discípulos"*. Entonces, ¿en qué sentido la oración glorifica a Dios? En que la oración es un reconocimiento abierto de que sin Cristo no podemos hacer nada. Para orar, dejamos de mirarnos a nosotros mismos y miramos a Dios, pues confiamos que Él va a darnos la ayuda que necesitamos. La oración *nos humilla* y *exalta a Dios*, pues Él es el único que todo lo puede.

Ésta es la razón por la que la empresa misionera avanza por la oración. El objetivo principal de Dios es glorificar su propio nombre. Alcanzará ese objetivo llevando a cabo de forma soberana su objetivo misionero: lograr que las naciones le adoren. El triunfo de esta misión está garantizado porque Dios mismo ha entrado en la batalla convirtiéndose en el combatiente principal. Él quiere que seamos conscientes de ello, y para eso usa *la oración*. ¿Por qué? Porque la oración es una muestra de que el poder viene del Señor. Podemos ver el alcance de su poder en esta batalla misionera si miramos la gran variedad de cosas por las que la Iglesia ora cuando ora por la empresa misionera. En la emocionante vida misionera de la Iglesia primitiva también encontramos una oración muy variada. ¡Dios fue glorificado grandemente porque contestó y proveyó a su Iglesia con lo que ésta necesitaba!

Los primeros cristianos buscaron a Dios en todo

Clamaron a Dios para que exaltara su nombre en el mundo: "Vosotros, pues, orad de esta manera: "Padre nuestro que estás en los cielos, santificado sea tu nombre"" (Mateo 6:9).

Clamaron a Dios para que extendiera su reino en el mundo: "Venga tu reino. Hágase tu voluntad, así en la Tierra como en el cielo" (Mateo 6:10).

Clamaron a Dios para que el Evangelio se extendiera rápidamente y fuera honrado: "Finalmente, hermanos, orad por nosotros, para que la palabra del Señor se extienda rápidamente y sea glorificada, así como sucedió también con vosotros" (2ª Tesalonicenses 3:1).

Clamaron a Dios para que les diera la plenitud del Espíritu Santo: "Pues si vosotros siendo malos, sabéis dar buenas dádivas a vuestros hijos, ¿cuánto más vuestro Padre celestial dará el Espíritu Santo a los que se lo pidan?" (Lucas 11:13; cf. Efesios 3:19).

Clamaron a Dios para que vindicara a su pueblo: "¿Y no hará Dios justicia a sus escogidos, que claman a Él día y noche?" (Lucas 18:7).

Clamaron a Dios para que salvara a los inconversos: "Hermanos, el deseo de mi corazón y mi oración a Dios por ellos es para su salvación" (Romanos 10:1).

Clamaron a Dios para que les ayudara a usar la espada: "Tomad... la espada del Espíritu que es la Palabra de Dios. Con toda oración y súplica orad en todo tiempo en el Espíritu" (Efesios 6:17-18).

Clamaron a Dios para que les ayudara a proclamar el Evangelio con valentía: "Orad en todo tiempo en el Espíritu... y orad por mí, para que me sea dada palabra al abrir mi boca, a fin de dar a conocer sin temor el misterio del Evangelio" (Efesios 6:18-19). "Y ahora, Señor, considera sus amenazas, y permite que tus siervos hablen tu palabra con toda confianza" (Hechos 4:29).

Clamaron a Dios para que hiciera señales y prodigios: "Y ahora, Señor... permite que tus siervos hablen tu palabra con toda confianza, mientras extiendes tu mano para que se hagan curaciones, señales y prodigios mediante el nombre de tu santo siervo Jesús" (Hechos 4:29-30). "Elías era un hombre de pasiones semejantes a las nuestras, y oró fervientemente para que no lloviera, y no llovió sobre la tierra por tres años y seis meses. Y otra vez oró, y el cielo dio lluvia y la tierra produjo su fruto" (Santiago 5:17-18).

Clamaron a Dios para que sanara a sus compañeros: "Que ellos oren por él, ungiéndole con aceite en el nombre del Señor; y la oración de fe restaurará al enfermo, y el Señor lo levantará" (Santiago 5:14-15).

Clamaron a Dios para que sanara a inconversos: "sucedió que el padre de Publio yacía en cama, enfermo con fiebre y disentería; y Pablo entró a verlo, y después de orar puso las manos sobre él, y lo sanó" (Hechos 28:8).

Clamaron a Dios para que sacara a demonios: "Y Él les dijo: Esta clase con nada puede salir, sino con oración" (Marcos 9:29).

Clamaron a Dios para que libertara a los suyos de forma milagrosa: "Así pues, Pedro era custodiado en la cárcel, pero la Iglesia hacía oración ferviente a Dios por él ... Al darse cuenta de [que había sido liberado], fue a la casa de María, la madre de Juan, llamado también Marcos, donde muchos estaban reunidos y oraban" (Hechos 12:5, 12). "Como a medianoche, Pablo y Silas oraban y cantaban himnos a Dios, y los presos los escuchaban. De repente se produjo un gran terremoto, de tal manera que los cimientos de la cárcel fueron sacudidos; al instante se abrieron todas las puertas y las cadenas de todos se soltaron" (Hechos 16:25-26).

Clamaron a Dios para que resucitara a los muertos: "Mas Pedro, haciendo salir a todos, se arrodilló y oró, y volviéndose al cadáver, dijo: Tabita, levántate. Y ella abrió los ojos, y al ver a Pedro, se incorporó" (Hechos 9:40).

Clamaron a Dios para que diera a sus tropas lo que éstas necesitaban: "Danos hoy el pan nuestro de cada día" (Mateo 6:11).

Clamaron a Dios para que les diera sabiduría estratégica: "Pero si alguno de vosotros se ve falto de sabiduría, que la pida a Dios, el cual da a todos abundantemente y sin reproche, y le será dada" (Santiago 1:5).

Clamaron a Dios para que estableciera un liderazgo: "Después que les designaron ancianos en cada Iglesia, habiendo orado con ayunos, los encomendaron al Señor en quien habían creído" (Hechos 14:23).

Clamaron a Dios para que les enviara refuerzos: "Por tanto, rogad al Señor de la mies que envíe obreros a su mies" (Mateo 9:38). "Mientras ministraban al Señor y ayunaban, el Espíritu Santo dijo: Apartadme a Bernabé y a Saulo para la obra a la que los he llamado. Entonces, después de ayunar, orar y haber impuesto las manos sobre ellos, los enviaron" (Hechos 13:2-3).

Clamaron a Dios para que la tarea de los misioneros fuera eficaz: "30Os ruego, hermanos, por nuestro Señor Jesucristo y por el amor del Espíritu, que os esforcéis juntamente conmigo en vuestras oraciones a Dios por mí, para que sea librado de los que son desobedientes en Judea, y que mi servicio a Jerusalén sea aceptable a los santos" (Romanos 15:30-31).

Clamaron a Dios para que en las filas hubiera unidad y armonía: "Mas no ruego solo por éstos, sino también por los que han de creer en mí por la palabra de ellos, para que todos sean uno. Como tú, oh Padre, estás en mí y yo en Ti, que también ellos estén en nosotros, para que el mundo crea que Tú me enviaste" (Juan 17:20-21).

Clamaron a Dios para que les permitiera encontrarse y darse ánimo: "Oramos intensamente de noche y de día que podamos ver vuestro rostro y que completemos lo que falta a vuestra fe" (1ª Tesalonicenses 3:10).

Clamaron a Dios para que les diera discernimiento: "Esto pido en oración: que vuestro amor abunde aún más y más en conocimiento verdadero y en todo discernimiento, a fin de que escojáis lo mejor, para que seáis puros e irreprensibles para el día de Cristo" (Filipenses 1:9-10).

Clamaron a Dios para que les hiciera saber su voluntad: "Por esta razón, también nosotros, desde el día que lo supimos, no hemos cesado de orar por vosotros y de rogar que seáis llenos del conocimiento de su voluntad en toda sabiduría y comprensión espiritual" (Colosenses 1:9)

Clamaron a Dios para que les concediera el conocerle mejor: "[No hemos cesado de orar por vosotros para que] crezcáis en el conocimiento de Dios" (Colosenses 1:10; f. Efesios 1:17).

Clamaron a Dios para que les diera poder para comprender el amor de Cristo: "Doblo mis rodillas ante el Padre de nuestro Señor Jesucristo... [para que] [18]seáis capaces de comprender con todos los santos cuál es la anchura, la longitud, la altura y la profundidad, y de conocer el amor de Cristo que sobrepasa el conocimiento" (Efesios 3:14, 18-19).

Clamaron a Dios para que les diera una mayor comprensión de la esperanza que tenían: "No ceso de dar gracias por vosotros, haciendo mención de vosotros en mis oraciones... Mi oración es que los ojos de vuestro corazón sean iluminados, para que sepáis cuál es la esperanza de su llamamiento, cuáles son las riquezas de la gloria de su herencia en los santos" (Efesios 1:16, 18).

Clamaron a Dios para que les diera fuerzas y perseverancia: "[No hemos cesado de orar por vosotros para que seáis] fortalecidos con todo poder según la potencia de su gloria, para obtener toda perseverancia y paciencia, con gozo" (Colosenses 1:11; cf. Efesios 3:16).

Clamaron a Dios para que entendieran cuál era el poder que actuaba en ellos: "No ceso de dar gracias por vosotros, haciendo mención de vosotros en mis oraciones... para que sepáis ... cuál es la extraordinaria grandeza de su poder para con nosotros los que creemos" (Efesios 1:16, 18-19).

Clamaron a Dios para que su fe no fuera destruida: "Yo he rogado por Ti para que tu fe no falle; y tú, una vez que hayas regresado, fortalece a tus hermanos" (Lucas 22:32). "Mas velad en todo tiempo, orando para que tengáis fuerza para escapar de todas estas cosas que están por suceder, y podáis estar en pie delante del Hijo del Hombre" (Lucas 21:36).

Clamaron a Dios para que les diera más fe: "Al instante el padre del muchacho gritó y dijo: Creo; ayúdame en mi incredulidad" (Marcos 9:24); cf. Efesios 3:17).

Clamaron a Dios para que les ayudara a no caer en la tentación: "Y no nos metas en tentación" (Mateo 6:13). "Velad y orad para que no entréis en tentación; el espíritu está dispuesto, pero la carne es débil" (Mateo 26:41).

Clamaron a Dios para que les ayudara a hacer el bien que deseaban hacer: "Con este fin también nosotros oramos siempre por vosotros, para que nuestro Dios os considere dignos de vuestro llamamiento y cumpla todo deseo de bondad y la obra de fe, con poder" (2ª Tesalonicenses 1:11).

Clamaron a Dios para que les ayudara a hacer buenas obras: "[No hemos cesado de orar por vosotros] para que andéis como es digno del Señor, agradándole en todo, dando fruto en toda buena obra" (Colosenses 1:10).

Clamaron a Dios para que perdonara sus pecados: "Y perdónanos nuestras deudas, como también nosotros hemos perdonado a nuestros deudores" (Mateo 6:12)

Clamaron a Dios para que les protegiera del maligno: "Líbranos del mal" (Mateo 6:13).

El Dios que responde y da es el que recibe la gloria. Por eso, estas oraciones muestran que los primeros cristianos deseaban que Dios tomara el mando de la misión de la Iglesia. No querían vivir confiando en sus propias fuerzas, en su sabiduría, ni en su fe. Querían vivir confiados en Dios. Dios sería quien les daría el poder, la sabiduría y la fe. Y así, Dios recibiría la gloria.

El objetivo último de Dios solo vendrá a través de la oración

El hecho de que la oración ocupe un lugar tan crucial reafirma el gran objetivo de Dios de mostrar su gloria para el disfrute de los santos de todas las naciones. Dios lo ha usado como base de su juramento: "Toda la Tierra será llena de la gloria del SEÑOR", tan cierto como que el Señor vive (Números 14:21). El propósito misionero de Dios es invencible en tanto que el hecho de que Él es Dios es innegable. Él logrará su propósito levantando adoradores de todos los pueblos, lenguas, tribus y naciones (Apocalipsis 5:9; 7:9). Y ha decidido hacerlo a través de la oración.

Pero la tarea principal de la obra misionera no es la oración

Por tanto, es casi imposible poner demasiado énfasis en el importante papel que la oración tiene en los propósitos de Dios para el mundo. Pero en cuanto a este tema, también hemos de ser precavidos. Creo que existe el peligro de hacer un énfasis exagerado en el papel de la oración, y ponerla por encima del papel de la Palabra de Dios y la predicación del Evangelio. Así, no estoy completamente de acuerdo con los que dicen que la oración es "la tarea principal de la obra misionera". Podemos decir que no estamos de acuerdo con esta afirmación, pero seguir creyendo en que la oración es indispensable. Cuando digo que no estoy de acuerdo, no lo hago porque quiera rebajar o limitar el lugar de la oración, sino que lo hago porque no quiero que se relegue a la Palabra y se la ponga en un lugar inferior. Así que dejadme que diga alto y claro que creo que la tarea principal de la obra misionera es la proclamación del Evangelio, de palabra y de hecho. La oración es el poder que maneja el arma que tenemos en la Palabra, y la Palabra es el arma con el que las naciones serán llevadas a la fe y a la obediencia.

La labor principal de la obra misionera es la predicación de la Palabra de Dios, el Evangelio. Cuando la oración ocupa el lugar de esta proclamación pública, estamos comprometiendo la Supremacía que Cristo debería tener en la misión de la Iglesia. Jesús dijo: "Cuando… el Espíritu de verdad venga… Él me glorificará" (Juan 16:13-14). Por esta razón, el Espíritu obra para salvar a las personas allí donde se ha predicado el evangelio de Jesús. La misión del Espíritu es glorificar a Jesús. Allí donde no se ha proclamado a Jesús y su salvación, el Espíritu no tiene elementos con los que trabajar. Si no se ha predicado la verdad, ¿cómo va a apuntar a ella? Si no hay conocimiento de Cristo, ¿cómo va a exaltar ese conocimiento? Por tanto, no tiene ningún sentido orar para que Dios abra los corazones de las personas si no se les ha presentado el Evangelio.

TODO AQUEL QUE INVOQUE EL NOMBRE DEL SEÑOR SERÁ SALVO. ¿Cómo, pues, invocarán a aquel en quien no han creído? ¿Y cómo creerán en aquel de quien no han oído? ¿Y cómo oirán sin haber quien les predique? … Así que la fe viene del oír, y el oír, por la palabra de Cristo.

Romanos 10:13-14, 17

Dios ha establecido que la fe que salva viene por el oír la Palabra de Cristo, porque la fe es responder al ofrecimiento de Cristo. Si queremos que Cristo sea glorificado en la misión de la Iglesia, tenemos que hacer que se le oiga y se le conozca.[34] Y eso solo es posible a través de la Palabra. La oración no puede sustituir a la predicación. Lo que sí

---

[34] Esto lo veremos con mayor profundidad en el capítulo 4.

hace es reforzarla. El patrón que encontramos en el Nuevo Testamento es el siguiente: "Tomad... la espada del Espíritu que es la Palabra de Dios. Con toda oración y súplica orad...". Después que oraron,... todos fueron llenos del Espíritu Santo y hablaban la Palabra de Dios con valor" (Hechos 4:31).

La oración activa el poder del Evangelio

Pero el poder que viene del Espíritu Santo a través de la oración es, en cierto sentido, el poder de la Palabra de Dios: "El Evangelio... es el poder de Dios para la salvación" (Romanos 1:16). Quizá deberíamos decir que la oración es el instrumento que Dios usa para activar el poder del Evangelio, pues está bien claro que la Palabra de Dios es el instrumento regenerador inmediato del Espíritu: "Pues habéis nacido de nuevo, no de una simiente corruptible, sino de una que es incorruptible, es decir, mediante la *Palabra de Dios* que vive y permanece" (1ª Pedro 1:23). "[Dios] nos hizo nacer por la *Palabra de verdad*, para que fuéramos las primicias de sus criaturas" (Santiago 1:18).

La promesa de que las naciones conocerán a Jesús tiene que ver con la predicación de la *Palabra*: "Y este *evangelio del reino* se *predicará* en todo el mundo como *testimonio* a todas las naciones, y entonces vendrá el fin" (Mateo 24:14). En la parábola del sembrador, Jesús dijo: "La semilla es la *Palabra de Dios*" (Lucas 8:11). Cuando oró por el futuro de la misión de sus discípulos, dijo: "No ruego solo por éstos, sino también por los que han de creer en mí *por la palabra* de ellos" (Juan 17:20). Y después de la resurrección, siendo ya el Señor resucitado, siguió exaltando la Palabra: "El Señor... confirmaba la palabra de su Gracia, concediendo que se hicieran señales y prodigios por medio de [las] manos [de los apóstoles]" (Hechos 14:3).

Cuando Lucas habla de la extensión del movimiento cristiano, describe ese crecimiento como el crecimiento de la Palabra de Dios. "Y la *palabra de Dios* crecía, y el número de los discípulos se multiplicaba en gran manera en Jerusalén" (Hechos 6:7). "Pero la *Palabra del Señor* crecía y se multiplicaba" (Hechos 12:24). "La P*alabra del Señor* se difundía por toda la región" (Hechos 13:49). "Así crecía poderosamente y prevalecía la *Palabra del Señor*" (Hechos 19:20).

Por eso digo y defiendo que la proclamación del Evangelio es "la labor principal de la obra misionera". Es el arma que Dios ha diseñado para penetrar en el reino de las tinieblas y rescatar a los hijos de la luz de todas las naciones (Hechos 26:26-28). El plan redentor del Universo depende del éxito de la Palabra. Si no hay proclamación de la Palabra, los propósitos de Dios fracasan.

La Palabra de Dios no puede fracasar

Pero eso no puede ocurrir:

Porque como descienden de los cielos la lluvia y la nieve, y no vuelven allá sino que riegan la tierra, haciéndola producir y germinar, dando semilla al sembrador y pan al que come, así será mi palabra que sale de mi boca, no volverá a mí vacía sin haber realizado lo que deseo, y logrado el propósito para el cual la envié.

Isaías 55:10-11

Dios es Soberano. Es cierto que ha hecho que todos sus planes estén supeditados a la proclamación de su Palabra por parte del ser humano débil y pecador. Pero con todo y con eso, sus propósitos no pueden fracasar. En eso consiste el juramento del nuevo pacto: "Pondré dentro de vosotros mi espíritu y haré que andéis en mis estatutos" (Ezequiel 36:27). "El SEÑOR tu Dios circuncidará tu corazón y el corazón de tus descendientes, para que ames al SEÑOR tu Dios con todo tu corazón y con toda tu alma" (Deuteronomio 30:6). El Señor es quien obra en su Iglesia "el querer como el hacer, para su beneplácito" (Filipenses 2:13). Puede haber generaciones que desobedezcan a Dios, pero ninguna truncará los planes de Dios. Job aprendió esta lección, y dijo: "Yo sé que Tú puedes hacer todas las cosas, y que ningún propósito tuyo puede ser estorbado" (Job 42:2).[35]

Jesús vence incluso desde dentro del sepulcro

En muchas ocasiones parecerá que Cristo está siendo derrotado. Así sucedió el día que los mataron. *Dejó* que le difamaran, que le acosaran, que se burlaran de él, que le empujaran de un lado a otro y que le mataran.

---

[35] He elaborado mucho más el tema de la Soberanía de Dios en este irresistible sentido en "The Pleasure of God in All He Does", en *The Pleasures of God*, 47-75.

Pero en medio de todo eso, Él seguía controlando la situación. "[Mi vida] Nadie me la quita" (Juan 10:18). Y siempre va a ser así. Cuando China cerró su frontera, y durante cuarenta años los misioneros occidentales no pudieron entrar, no fue porque Jesús de forma accidental tropezara y se cayera dentro del sepulcro. Él decidió entrar en el sepulcro. Y desde allí, salvó a cincuenta millones de chinos. Sin la ayuda de los misioneros occidentales. Y a su debido tiempo, apartó la piedra y salió, para que pudiéramos ver lo que había hecho.[36]

Cuando parece que Jesús está atado, enterrado en el sepulcro, está haciendo algo increíble, maravilloso, aún en medio de la oscuridad. "El reino de Dios es como un hombre que echa semilla en la tierra, y se acuesta y se levanta, de noche y de día, y la semilla brota y crece; cómo, él no lo sabe" (Marcos 4:26-27). El mundo piensa que Jesús se ha dado por vencido, que está fuera de juego. Cree que su Palabra ha quedado enterrada y que sus planes han fracasado.

Pero Jesús está obrando en medio de la oscuridad. "Si el grano de trigo no cae en tierra y muere, queda él solo; pero si muere, produce mucho fruto" (Juan 12:24). Él se deja enterrar, y sale y aparece con poder donde quiere y cuando quiere. Sus manos están llenas de fruto producido en la oscuridad. "Dios [le] resucitó, poniendo fin a la agonía de la muerte, puesto que *no era posible que Él quedara bajo el dominio de ella*" (Hechos 2:24). Jesús sigue adelante con su plan misionero invencible "según el poder de una vida indestructible" (Hebreos 7:16).

Durante veinte siglos, el mundo ha intentado acabar con Él. Pero no puede enterrarle. No puede mantenerle encerrado. No puede silenciarlo ni limitarlo. Jesús está vivo, y es libre de ir a donde le place. Él tiene toda la autoridad. Todas las cosas fueron hechas por Él y para Él, y está por encima de todos los demás poderes (Colosenses 1:16-17). "[Él] sostiene todas las cosas por la palabra de su poder" (Hebreos 1:3). Y la tarea principal de la obra misionera, la predicación de su Palabra, no puede fracasar.

---

[36] "El crecimiento de la Iglesia en China desde 1977 no tiene ningún precedente en la Historia... Mao Zedong inconscientemente se convirtió en el mayor evangelista de la Historia... Quiso destruir toda "superstición" religiosa, pero lo que hizo fue quitar todos los obstáculos espirituales y así el cristianismo avanzó de forma increíble. Deng [Xiaoping] acabó con los horrores perpetuados por Mao y al liberalizar más la economía, dio más libertad a los cristianos... [Hoy] la Iglesia del Señor Jesucristo en China es más grande que el partido comunista". Patrick Johnstone y Jason Mandryk, *Operación Mundo* (edición del 2001; pronto, en castellano), 161.

El lugar de la oración en el propósito de Dios

Ahora podemos decir de nuevo, sin duda alguna, que el lugar que la oración ocupa en el plan de Dios de llenar la Tierra de su gloria es un lugar extraordinario. Dios no solo ha hecho que el cumplimiento de sus propósitos esté supeditado a la predicación de la Palabra, sino que además ha hecho que la eficacia de esa predicación esté supeditada a la oración. El objetivo de Dios de ser glorificado no se cumplirá sin la poderosa predicación del Evangelio. Y ese evangelio no será proclamado con poder a todas las naciones sin las oraciones perseverantes y llenas de fe de los creyentes. Éste es el increíble lugar que Dios le ha dado a la oración en su propósito. Sin oración, ese propósito no se cumplirá.

Eso explica por qué Pablo pide, una y otra vez, que se ore por la Palabra. "Finalmente, hermanos, *orad* por nosotros, para que la *palabra* del Señor se extienda rápidamente y sea glorificada" (1ª Tesalonicenses 3:1). "*Orad* por mí, para que me sea dada *palabra* al abrir mi boca, a fin de dar a conocer sin temor el misterio del *Evangelio*" (Efesios 6:19). "*Orando* al mismo tiempo también por nosotros, para que Dios nos abra una puerta para la *palabra*" (Colosenses 4:3). "[Dios] nos libró [para que pudiéramos seguir predicando la Palabra, si] vosotros también cooperáis con nosotros con la *oración*" (2ª Corintios 1:10-11; cf. Filipenses 1:19).

La oración es el walkie-talkie de la Iglesia en el campo de batalla, en el que está al servicio de la Palabra. No es un interfono que solo se usa para incrementar el bienestar de los santos. Y ese walkie-talkie no funciona bien en manos de los soldados que han desertado. Solo funciona bien en manos de los soldados que están cumpliendo con su deber. En sus manos, la oración demuestra la Supremacía de Dios en la obra misionera. Cuando la obra misionera avanza por la oración, exalta el poder de Dios. Cuando avanza por la gestión humana, exalta al hombre.

El regreso a la oración a principios del siglo XXI

El regreso a la oración a principios del siglo XXI es una obra extraordinaria de Dios. Es un rayo de esperanza para el avivamiento de la Iglesia y el cumplimiento de la Gran Comisión. Mirar al pasado y ver cómo Dios honró y bendijo las épocas marcadas por la oración debería animarnos y aumentar nuestras expectativas: ¡algo maravilloso y poderoso está por venir! Hace cien años, A. T. Pierson lo explicó de la forma que a mí me gusta explicarlo, es decir, subrayando la relación que hay entre la oración y la Supremacía de Dios. Él lo dijo así:

> *Cada Pentecostés ha tenido su periodo preparatorio de súplica... En todos los avivamientos Dios ha llevado a los santos a que le buscaran ante el trono de la Gracia, para que quedara claro que cualquier avance se debía al poder de Dios, que quedara tan claro que los incrédulos llegaran a confesar: "¡Verdaderamente esto se debe a la acción de Dios!".[37]*

Más recientemente, ha habido en el siglo XX movimientos que despertaron mucha expectación en el campo de las misiones. Miles de nosotros hemos sido impactados por el credo misionero de Jim Elliot: "No es necio el que da lo que no puede conservar, para ganar lo que no puede perder". Pero no muchos saben del ambiente de oración que se respiraba cuando surgió esa pasión por las misiones a finales de la década de 1940. David Howard, el Director General de WEF (la Alianza Evangélica Mundial), estuvo en medio de aquel ambiente y nos cuenta parte de la historia de lo que Dios estaba haciendo en aquel entonces para magnificar su nombre a través de las oraciones de los estudiantes.

> *Aún guardo una tarjeta de Compromiso con la Evangelización del Mundo que firmé en el año 1946. Desgraciadamente, no pone el día en que la firmé, pero es muy posible que lo hiciera al final de la primera convención misionera estudiantil que se celebró en la Universidad de Toronto.*
>
> *Durante los años que estuve en la Universidad la tuve colgada enfrente de mi escritorio. Así, cada día me acordaba de orar por aquel compromiso que había tomado: servir a Dios en la obra misionera a menos que Él me mostrara lo contrario. Si luego pasé 15 años sirviendo en América latina, fue, en gran medida, gracias a esa oración diaria, ¡y a la tarjeta que día tras día me decía: 'David, ora'!*
>
> *Cuando volví a la Universidad después de aquella convención en Toronto, los estudiantes empezamos a reunirnos de forma regular para orar por las misiones. Mi mejor amigo en la Universidad fue Jim Elliot. Jim solo viviría unos cuantos años más, pero su corta vida dejó en mí y en muchos más una huella de consecuencias eternas. Justo diez años y una semana después de aquella convención en Toronto, Jim y sus cuatro colaboradores fueron asesinados por los indígenas en Ecuador. ¿Quién le hubiera dicho que con su muerte llegaría a miles de*

---

[37] A. T. Pierson, *The New Acts of the Apostles* (New Cork: Baker and Taylor, 1894), 352.

personas! En la Universidad, Jim nos había animado a un grupito a reunirnos todos los días a las 6:30 de la mañana para orar por nosotros mismos y por nuestros compañeros en relación con el tema de las misiones. Y eso se convirtió en parte habitual de mi vida universitaria.

Jim Elliot también organizó una cadena de oración para que las 24 horas del día se estuviera orando por las misiones y para que los mismos estudiantes de la Universidad fueran a las misiones. La cadena consistía en periodos de 15 minutos. En breve, muchos estudiantes se apuntaron y día y noche había al menos un estudiante intercediendo por las misiones.

Art Wiens era un veterano de guerra que había servido en Italia y estaba planeando volver allí como misionero. Decidió orar sistemáticamente por todos los alumnos de la Universidad usando el directorio donde aparecían todos nuestros nombres, y cada día oraba por diez personas concretas. De forma fiel, Art realizó esta práctica todos los días de su vida universitaria.

Después de la Universidad, no volví a ver a Art hasta 1974, cuando nos encontramos en Suiza en el Congreso de Lausanne sobre la Evangelización del Mundo. Mientras recordábamos viejos tiempos, me dijo: "Dave, ¿te acuerdas de aquellas reuniones de oración que hacíamos en Wheaton?".

"¡Claro que sí!", le respondí.

Entonces Art me dijo: "¿Sabes, Dave? Aún estoy orando por 500 personas de las que estudiaron con nosotros y que ahora están en las misiones". "¿Cómo sabes que hay tantos dedicados a la obra misionera?", le pregunté. "Seguí en contacto con la oficina de antiguos alumnos y un día se me ocurrió preguntar quién estaba en las misiones, y aún oro por ellos".

Sorprendido, le pregunté si podía ver aquella lista. Al día siguiente me la trajo: una vieja libreta donde aparecían los nombres de cientos de compañeros de la Universidad[38]

La primera vez que leí este testimonio de oración perseverante y del mucho fruto que produjo para la gloria de Cristo a través de las vidas de misioneros radicales y llenos del Espíritu Santo, sentí un fuerte deseo de poner mi mano en el arado y no apartarla nunca de él. Me gustaría ser como George Mueller, tan tenaz en la oración por las misiones. Él escribió en su autobiografía:

Ahora, en 1864, sigo esperando del Señor algunas bendiciones por las que he estado orando diariamente durante 19 años y 6 meses. Y, en relación con la

---

[38] David Howard, "The Road to Urbana and Beyond", *Evangelical Missions Quartely* 21, núm. 1 (Eneno 1985): 115-16.

conversión de algunas personas, la respuesta aún no ha llegado. Mientras, he visto miles de oraciones contestadas. También he orado diariamente por la conversión de otras personas durante diez años, o seis o siete años; por otras, solo tuve que orar tres o cuatro años, dos, o dieciocho meses; y aún así, no he recibido respuesta en cuanto a las personas [por las que he estado orando durante 19 años y 6 meses]... Sin embargo, sigo orando diariamente y ¡espero una respuesta! ... Hermano que lees estas líneas, ¡no te desanimes! Entrégate a la oración, si estás seguro de que pides cosas que son para la gloria de Dios.[39]

Jesús nos dice que debemos "orar en todo tiempo, y no desfallecer" (Lucas 18:1). Así, su Padre será glorificado (Juan 14:13). La Supremacía de Dios en la misión de la Iglesia será reconocida y demostrada a través de la oración perseverante. Yo creo que el mensaje de Cristo para la Iglesia de principios del siglo XXI tiene forma de pregunta: "¿Y no hará Dios justicia a sus escogidos, que claman a Él día y noche? ¿Se tardará mucho en responderles? Os digo que pronto les hará justicia" (Lucas 18:7-8).

¿Alguna vez has clamado al Señor diciendo: "¿Hasta cuándo, Señor? ¿Cuánto tiempo tenemos que esperar hasta que vindiques tu causa en la Tierra? ¿Cuánto tiempo falta para que los cielos se rasguen y vengas con poder a por tu Iglesia? ¿Cuándo mostrarás tu victoria a las naciones de este mundo?"? Creo que su respuesta es bien clara: "Cuando mi pueblo clame a mí *día y noche*, entonces los vindicaré, y mi causa prosperará en medio de las naciones". Dios es el que ganará esta guerra. La ganará a través del evangelio de Jesucristo. Ese evangelio se extenderá y triunfará gracias a la oración perseverante, para que en todo Dios sea el que se lleve la gloria a través de Jesucristo.

---

[39] George Mueller, *Autobiography*, comp. G. Fred Bergin (London: J. Nisbet, 1906), 296.

3
La Supremacía de Dios en las misiones a través del sufrimiento

El valor de un tesoro escondido es igual a todo aquello que estamos dispuestos a vender para poder comprarlo. Si estamos dispuestos a vender todo lo que tenemos, ese tesoro es lo que más valoramos en el mundo. Si no estamos dispuestos a venderlo todo, lo que tenemos es más valioso que ese tesoro. "El reino de los cielos es semejante a un tesoro escondido en el campo, que al encontrarlo un hombre, lo vuelve a esconder, y *de alegría* por ello, va, vende *todo lo que tiene* y compra aquel campo" (Mateo 13:44). Ese *sacrificio radical* y esa *alegría profunda* muestran el valor que para ese hombre tiene el tesoro de Dios. La pérdida y el sufrimiento, cuando son aceptados con gozo por la causa del reino de Dios, muestran la Supremacía de Dios en el mundo de una forma más clara que toda la adoración y la oración.

Es por esa razón por la que las historias de misioneros que dieron todo lo que tenían para servir a Dios nos ayudan a valorar más a Dios. Ese es el efecto que la vida de Henry Martyn ha tenido en los creyentes durante más de doscientos años.

Henry Martyn se postra ante Dios

Martyn nació en Inglaterra el 18 de febrero de 1781. Nació en una familia pudiente y su padre lo envió a una buena escuela. A los dieciséis años ingresaba en la Universidad de Cambridge. Cuatro años después Martyn finalizaba la carrera de Matemáticas con unas notas inmejorables, y al año siguiente ganaba el premio de prosa en latín.

Se había apartado de Dios, y en medio de todos sus logros académicos se dio cuenta de que todo aquello no le llenaba: "Había cumplido todos mis sueños, pero veía que lo que había logrado no era más que una sombra". El tesoro del mundo se iba pudriendo en sus manos. La muerte de su padre, las oraciones de su hermana, el consejo de un pastor piadoso, y el diario de David Brainerd le llevaron a postrarse ante Dios. En 1802 decidió abandonar una vida de comodidades y de prestigio académico para ser misionero. Esa fue la primera muestra del valor que para él tenía el reino de Dios.

Martyn estuvo sirviendo como ayudante de Charles Simeon, el gran predicador evangélico de Trinity Church en Cambridge, hasta que el 17 de julio de 1805 partió rumbo a la India. Su ministerio consistiría en servir como capellán con la Compañía de las Indias Orientales. Llegó a Calcuta el 16 de mayo de 1806, y el primer día en tierra se encontró con William Carey.

Martyn era un anglicano evangélico; Carey era bautista. Y surgieron algunos temas conflictivos en cuanto al uso de la liturgia. Pero ese mismo año, Carey escribió lo siguiente: "El joven clérigo que llegó hace poco, Henry Martyn, tiene un verdadero espíritu misionero… Tenemos bellas conversaciones y nos aconsejamos mutuamente, y vamos a la casa de Dios como amigos".

Además de cumplir con sus responsabilidades como capellán, Martyn dedicó mucho tiempo a la traducción. Dos años después de su llegada, en marzo de 1808, ya había traducido a la lengua hindú parte del "Libro de oración común" de la Iglesia Anglicana, un comentario sobre las parábolas, ¡y todo el Nuevo Testamento! Más adelante le pidieron que supervisara la traducción del Nuevo Testamento a la lengua persa. Este Nuevo Testamento no fue tan bien recibido como el anterior, y en el proceso de la traducción, su salud empezó a mermar. Y aunque decidió volver a Inglaterra para recuperarse, quiso pasar por Persia para realizar una revisión de su trabajo.

Pero su salud empeoró hasta tal punto que ya no pudo continuar. Murió en la ciudad turca de Tocat el 16 de octubre de 1812, a los treinta y un años de edad.

El dolor oculto de Martyn

Lo que no hemos podido ver en este resumen de la vida de Martyn son las luchas espirituales que hacen que su vida nos impacte y anime tanto. Si el diario de Brainerd y el diario y las cartas de Martyn tienen tanto poder a la hora de transmitir visión y pasión por las misiones, es porque nos muestran que la vida del misionero es una vida de lucha espiritual constante, y no una vida de calma ininterrumpida. Ese sufrimiento y esa lucha hablan de forma clara de la Supremacía de Dios en sus vidas, del valor que la misión de Dios tenía para ellos.

Leamos cómo se sentía cuando iba camino a la India:

> *Me costaba concentrarme en Dios. Esos días tuve más tentaciones de seguir los deseos de este mundo que en los dos años anteriores... El malestar que me producía el oleaje y el mal olor que había en el barco me hacían sentir miserable. Además, la idea de haber dejado en Inglaterra todas las comodidades y la comunión con los santos, para ir a una tierra desconocida, pesaba sobre mí como una gran losa. Y, por último, pensar que tenía que pasar meses en aquel barco lleno de hombres impíos, me deprimía enormemente.*

Además de estos sentimientos, tenemos que añadir una difícil historia de amor. Martyn estaba enamorado de Lydia Grenfell. No le pareció bien llevarla consigo, sino que prefirió ir solo para conocer el lugar, y probarse a sí mismo que su confianza solo estaba puesta en Dios. Pero dos meses después de llegar a la India, el 30 de julio de 1806, le escribió para pedirle en matrimonio y pedirle que se reuniera con él.

La respuesta tardó cinco meses en llegar (!). En su diario, el 24 de octubre de 1807 leemos lo siguiente:

> *Un día desdichado. Por fin he recibido una carta de Lidia, en la que me dice que no va a venir porque su madre no se lo permite. En un primer momento, la decepción y el dolor se apoderaron de mi alma; pero poco a poco, mis ojos se abrieron, y di lugar a la razón. No podíamos esperar la bendición de Dios, ni tampoco podríamos darle la gloria, si ella actuaba desobedeciendo a su madre.*

Martyn contestó ese mismo día:

> *Aunque mi corazón está lleno de dolor y decepción, no te escribo para culparte. La rectitud de tu conducta no me permite censurar tu decisión... Pero*

mi corazón se rebela. ¡Hay una tempestad dentro de mí! He descubierto que mi espíritu de resignación ante la voluntad de Dios es aún muy pequeño...

Durante cinco años Martyn albergó la esperanza de que las cosas cambiaran. Siguieron manteniendo correspondencia de forma regular. La última carta que se conoce de él, dos meses antes de su muerte (28 de agosto de 1812) está dirigida a "Mi queridísima Lidia". La carta acaba así:

Pronto está el día en que dejaremos de escribirnos; pero confío que en breve te veré cara a cara. Saludos afectuosos a todos los santos.

Siempre tuyo, con todo mi afecto,
H. Martyn

Martyn no volvió a verla nunca más. Pero morir no era lo que más temía, ni ver a Lydia lo que más deseaba. Su gran deseo fue dar a conocer la Supremacía de Cristo en todos los aspectos de la vida. Casi al final de sus días, escribió: "Sea que viva, o que muera, ¡que Cristo sea magnificado en mí! Si Él aún tiene trabajo para mí, no moriré". El trabajo que Cristo tenía para Martyn había finalizado. Y Martyn había sido fiel a lo que Cristo le había encomendado. Las pérdidas y el dolor que experimentó son, para los creyentes de todos los tiempos, la historia de una vida dedicada a mostrar la Supremacía de Dios.[40]

"Toda llamada de Cristo conduce a la muerte"

El sufrimiento es el llamamiento que todo creyente recibe de parte de Jesús, pero en especial, lo reciben aquellos que ha llamado a llevar el Evangelio a los lugares donde éste aún no ha llegado. Hay una frase muy famosa de Dietrich Bonhoeffer que es, a la vez, muy bíblica: "La cruz no es la meta terrible de una vida piadosa y feliz, sino que se encuentra al comienzo de la comunión con Jesús. Toda llamada de Cristo conduce a la muerte".[41] Podríamos decir que esta frase es una paráfrasis de Marcos 8:34: "Si alguno quiere venir en pos de mí, niéguese a sí mismo, *tome su cruz*, y sígame". Tomar la cruz y seguir a Jesús significa unirse a Jesús en

---

[40] Todas las citas de esta historia están sacadas de Henry Martyn, *Journal and Letters of Henry Martyn* (New York: Protestant Episcopal Society for the Promotion of Evangelical Knowledge, 1851).

[41] Dietrich Bonhoeffer, *El Precio de la Gracia* (Salamanca: Ediciones Sígueme: 2004), p. 56

el camino al monte del Calvario y estar dispuesto a sufrir y a morir con Él. La cruz no es un peso que tenemos que cargar; es un instrumento de dolor y ejecución. Es como si dijéramos: "Toma tu silla eléctrica y sígueme a la sala de ejecución". O "Toma esta espada y llévala al lugar de decapitación". O "Toma esta cuerda y llévala a la horca".

Nos hemos acostumbrado tanto a la idea de "llevar la cruz", que hemos perdido el verdadero significado del llamamiento de Jesús. Él llama a todos los creyentes a renunciar "a todas sus posesiones", a aborrecer "hasta su propia vida" (Lucas 14:33, 26), y a tomar el camino de la obediencia con gozo, no pensando en lo que perderán en esta tierra. Seguir a Jesús significa obedecer, aunque eso signifique tener que experimentar la traición, el rechazo, las palizas, la burla, la crucifixión y la muerte. Jesús nos asegura que si le seguimos al Gólgota durante todos los viernes santo de esta vida, también resucitaremos con Él el último domingo de resurrección. "Porque el que quiera salvar su vida, la perderá; pero el que pierda su vida por causa de mí y del Evangelio, la salvará" (Marcos 8:35). "El que ama su vida la pierde; y el que aborrece su vida en este mundo, la conservará para vida eterna" (Juan 12:25).

¿Necesitamos nuevos mártires?

Esta pregunta es un tanto peligrosa dada la nueva oleada de terrorismo que estamos viviendo en el siglo XXI. Hay una diferencia fundamental entre los mártires cristianos y el terrorismo fanático. En primer lugar, un mártir cristiano muere en manos de aquellos a los que quiere salvar. El mártir cristiano no planea su propia muerte, ni la usa en contra de su adversario. En segundo lugar, los mártires cristianos no persiguen la muerte, sino que persiguen el amor. Los cristianos no buscan el avance del evangelio de Cristo usando la espada, "porque los que tomen la espada, a espada perecerán" (Mateo 26:52). Jesús dijo: "Mi reino no es de este mundo. Si mi reino fuera de este mundo, entonces mis servidores pelearían... mas ahora mi reino no es de aquí" (Juan 18:36). El cristianismo no se extiende por el derramamiento de sangre de los demás, ni siquiera si está mezclada con la nuestra. Cuando avanza por el sufrimiento de los mártires, se trata de un sufrimiento cuyo objetivo es dar vida, y no causar muerte (Marcos 10:45; Colosenses 1:24).

Uno de los desafíos más sorprendentes e impactantes del segundo congreso de Lausanne sobre la Evangelización del Mundo, celebrado en

Manila en 1989, fue el de George Otis, cuando habló del llamamiento al martirio. Sin pelos en la lengua, lanzó las siguientes preguntas: "¿Será que nuestra lucha no tiene éxito en los países musulmanes porque hoy no hay cristianos dispuestos a enfrentarse al martirio? ¿Cómo queremos que algunas iglesias crezcan, si no hacen ningún esfuerzo por salir de su escondite? ¿Será que las iglesias jóvenes necesitan nuevos mártires?". Hoy, en muchos lugares del mundo se ha entendido el impacto radical de las palabras de Jesús: escoger a Cristo es escoger la muerte o, al menos, el riesgo a morir. David Barrett estimó que en el año 2002, aproximadamente 164.000 cristianos morirían como mártires y que la media de mártires cristianos aumentará hasta llegar, en el año 2025, a 210.000.[42] En la edición del año 2001 de la *World Christian Encyclopedia*, se recoge que en el siglo XX hubo 45.400.000 mártires.[43]

"He sido crucificado con Cristo"

Es cierto que tomar nuestra cruz supone que se da una transacción espiritual por la que nuestra "vieja naturaleza" o "la carne" muere con Cristo y pasamos a ser "una nueva criatura". Ésta es una de las formas en las que el apóstol Pablo se aplica el llamamiento de Jesús a tomar nuestra cruz. "Pues los que son de Cristo Jesús *han crucificado la carne* con sus pasiones y deseos" (Gálatas 5:24). "*Con Cristo he sido crucificado*, y ya no soy yo el que vive, sino que Cristo vive en mí; y la vida que ahora vivo en la carne, la vivo por fe en el Hijo de Dios, el cual me amó y se entregó a sí mismo por mí" (Gálatas 2:20). "Nuestro viejo hombre *fue crucificado con Él*, para que nuestro cuerpo de pecado fuera destruido, a fin de que ya no seamos esclavos del pecado" (Romanos 6:6). "Poned la mira en las cosas de arriba, no en las de la Tierra. Porque *habéis muerto*, y vuestra vida está escondida con Cristo en Dios" (Colosenses 3:2-3).

Pero la importancia de esta muerte espiritual no está en que se materializa en una aplicación práctica y real de las enseñanzas de Jesús, sino

---

[42] David Barrett, "Annual Statistical Table on Global Mission: 2002", *International Bulletin of Missionary Research* 26, núm. 1 (enero 2002): 23.

[43] David Barrett, George T. Kurian y Todd M. Johnson, *World Christian Encyclopedia: A Comparative Survey of Churches and Religions – AD 30 to 2200*, vol. 1 (Oxford: Oxford University Press, 2001), 11. Para que no caigamos en el error de pensar que los mártires cristianos son los únicos que se cuentan por millones, Barrett compara el cristianismo con el Islam: si miramos la historia de las dos religiones las cifras hablan de 80 millones de mártires musulmanes, y 70 millones de mártires cristianos. También observa que hay 210 países donde se realizaron muchos martirios y que ahora están completamente evangelizados (11).

que la importancia está en que esa aplicación es posible. Precisamente porque nuestro viejo yo, egoísta, orgulloso y temeroso, ha muerto con Cristo, y porque Él nos ha hecho nuevas criaturas, criaturas llenas de fe, de esperanza y de amor, precisamente por eso tenemos la capacidad de arriesgarnos, de sufrir el dolor e incluso de morir, pues lo haríamos llenos de esperanza, y no marcados por la desesperación que abruma a aquellos que no tienen a Dios.

"Si me persiguieron a mí, también os perseguirán a vosotros"

Así que no podemos suavizar el llamamiento a sufrir. No podemos rebajar o acomodar la enseñanza del Nuevo Testamento sobre la aflicción y la persecución solo porque todo nos va bien. Puede que no hayamos escogido vivir de la vida plenamente entregada a la que Jesús nos llama. Puede que nuestro momento para sufrir aún no haya llegado. Pero no sirve tomar la comodidad de la que ahora disfrutamos como medida para interpretar el mensaje de la Biblia.

Jesús vino al mundo a dar su vida en rescate por muchos (Marcos 10:45). Era necesario que Él sufriera: "El Hijo del Hombre *debía* padecer muchas cosas" (Marcos 8:31; cf. Lucas 17:25).Porque ésa era su vocación, el sufrimiento también se convierte en la vocación de los que le siguen. Queda implícito en las palabras de Juan: "Como el Padre me ha enviado, así también yo os envío". Pero Jesús mismo lo expresó de forma explícita: "Acordaos de la palabra que yo os dije: "Un siervo no es mayor que su señor." Si me persiguieron a mí, también os perseguirán a vosotros" (Juan 15:20). "Si al dueño de la casa lo han llamado Beelzebú, ¡cuánto más a los de su casa!" (Mateo 10:25).

Si Él ya ha sufrido por nosotros, ¿por qué tenemos que sufrir?

Sería fácil cometer el error de hacer una lectura superficial del la muerte de Cristo como una propiciación sustitutoria. El error consistiría en decir que como Cristo ha muerto por mí, no necesito sufrir por los demás. Dicho de otro modo, si su muerte realmente fue sustitutoria, ¿por qué tengo que pasar por lo que Él ya pasó? ¿Por qué voy a tener que morir yo si Él en la cruz murió esa muerte que yo debía morir?

La respuesta es que Cristo murió por nosotros para que no tuviéramos que morir por nuestro pecado, no para que no tuviéramos que morir por los demás. Cristo sufrió el castigo por nuestro pecado para que nuestra muerte y nuestro sufrimiento ya no fueran por el castigo de Dios. El llamamiento a sufrir con Cristo no es un llamamiento a que suframos por nuestros pecados de la forma en la que Él sufrió por ellos, sino a que amemos de la forma en la que Él amó. La muerte de Cristo por el pecado de mi egoísmo no tiene el objetivo de librarme del sufrimiento por amor, ¡sino el de capacitarme para ello! Como Cristo pagó por mi culpa y mi castigo y me reconcilió con Dios, no necesito aferrarme más a las comodidades de esta tierra para vivir con contentamiento. Soy libre de dejar todas esas cosas a un lado para dar a conocer el inmenso valor de la Supremacía de Dios.

La muerte de Cristo: sustitución y modelo

Pedro nos muestra que la muerte de Cristo es tanto un acto sustitutorio que debemos recibir, como un modelo que debemos seguir. Y lo hace hablando a esclavos cristianos que quizá estaban siendo maltratados por sus amos no creyentes:

> *Pues ¿qué mérito hay, si cuando pecáis y sois tratados con severidad lo soportáis con paciencia? Pero si cuando hacéis lo bueno sufrís por ello y lo soportáis con paciencia, esto halla gracia con Dios.* Porque para este propósito habéis sido llamados, pues también Cristo sufrió por vosotros, dejándoos ejemplo para que sigáis sus pisadas. *(1ª Pedro 2:20-21)*

Fijaos en la corta, pero importante expresión "por vosotros". Cristo sufrió "por vosotros". Eso es la propiciación sustitutoria. Él tomó nuestro lugar e hizo por nosotros lo que nosotros no podíamos hacer por nosotros mismos. "Él mismo llevó nuestros pecados en su cuerpo sobre la cruz" (2ª Pedro 2:24). El Hijo de Dios era el único que podía hacer algo así por nosotros (Romanos 8:3). Aquel acto no se puede imitar ni duplicar. Cuando Jesús murió por nuestros pecados, lo hizo una vez para siempre. "Pero ahora, *una sola vez* en la consumación de los siglos, se ha manifestado para destruir el pecado por el sacrificio de sí mismo" (Hebreos 9:26). Ésa es la base de toda nuestra esperanza, de todo nuestro gozo, de toda nuestra libertad, de todo nuestro amor. Nuestros pecados han sido perdonados, y tenemos vida eterna (Juan 3:16; Efesios 1:7). Dios es por nosotros, y nada nos puede separar de su amor (Romanos 8:31, 35-39).

Por tanto, cuando Pedro dice que Jesús os dejó "ejemplo para que sigáis sus pisadas", no se está refiriendo a que estamos llamados a sufrir en propiciación por los pecados. Lo que el apóstol quería decir es que estamos llamados a amar como Jesús amó y a estar dispuestos a sufrir haciendo lo bueno como Él lo hizo. El modelo que seguimos no es el de la propiciación, sino el del amor y el dolor. La relación entre ambas ideas es crucial. La sustitución es el fundamento de la imitación, y no viceversa. No ganamos el perdón sufriendo como Jesús sufrió. Somos libres para amar como Jesús amó porque nuestros pecados han sido perdonados. Como Él sufrió *por* nosotros, nosotros podemos sufrir *como* Él.

De hecho, Pedro dice: "para este propósito [para sufrir de esta forma] habéis sido llamados". Es vuestra vocación. No cometáis el error de decir: "Esas palabras del apóstol estaban dirigidas a los esclavos que tenían amos crueles, pero no tienen nada que ver con nosotros". Eso es un error porque las palabras de 1ª Pedro 3:8-9 están dirigidas a todos los creyentes y recogen la misma idea: "En conclusión, sed *todos* de un mismo sentir ... no devolviendo mal por mal, o insulto por insulto, sino más bien bendiciendo, *porque fuisteis llamados* con el propósito de heredar bendición". Así, no estamos hablando solamente del llamamiento de los esclavos. Ese llamamiento es para todos los cristianos. La forma en la que Cristo vivió, sufrió y murió es un llamamiento a mostrar con nuestras vidas la supremacía de su amor, y a hacerlo viviendo como Él vivió.

Así que Pedro continúa describiendo el modo en el que Jesús soportó el sufrimiento injusto. Y estamos llamados a enfrentarnos al sufrimiento de la misma forma: "[Jesús] NO COMETIÓ PECADO, NI ENGAÑO ALGUNO SE HALLÓ EN SU BOCA; y quien cuando le ultrajaban, no respondía ultrajando; cuando padecía, no amenazaba, sino que se encomendaba a aquel que juzga con justicia" (1ª Pedro 2:22-23).

Armaos con la misma "actitud"

Luego, para que ese llamamiento quede aún más claro, Pedro dice: "Por tanto, puesto que Cristo ha padecido en la carne, armaos también vosotros con la misma actitud" (1ª Pedro 4:1). El sufrimiento de Cristo es un llamamiento a tener cierta actitud ante el sufrimiento, y la actitud es la siguiente: que el sufrimiento es normal, sobre todo en el camino del amor y las misiones. Por eso, Pedro escribe: "Amados, no os sorprendáis del fuego de prueba que en medio de vosotros ha venido para probaros, como si alguna cosa extraña os estuviera aconteciendo" (1ª Pedro 4:12). El sufrimiento con Cristo no debe extrañarnos; es nuestro llamamiento, nuestra vocación. Hemos de recordar que "las mismas experiencias de sufrimiento se van cumpliendo en vuestros hermanos en todo el mundo" (1ª Pedro 5:9). Ésa es la "actitud" que debemos ponernos como armadura; si no, el sufrimiento nos pillará por sorpresa, hallándonos vulnerables.

Preparaos para sufrir, ¡y hacedlo ya!

Richard Wurmbrand soportó catorce años de cárcel y tortura en Rumanía desde el 1948 al 1964. Él estaba liderando un ministerio clandestino cuando el comunismo entró en Rumanía e intentó controlar a la Iglesia y utilizarla para sus fines. Wurmbrand, como el apóstol Pedro, subrayó la importancia de prepararse espiritualmente para el sufrimiento.

¿Qué haremos con estas torturas? ¿Seremos capaces de soportarlas? Si no las resisto, por mi culpa irán a prisión cincuenta o sesenta hombres más, porque eso es lo que los comunistas quieren, que traicione a los que trabajan conmigo. Y es entonces cuando veo la importancia que tiene estar preparado para el sufrimiento, ¡y debemos empezar ya! Es demasiado difícil *prepararse cuando los comunistas ya te han metido en prisión.*

Me acuerdo de mi última clase de Confirmación antes de marchar de Rumanía. Un domingo por la mañana, cogí entre diez y quince niños y niñas y en lugar de llevarlos a la Iglesia, los llevé al zoo. Cuando estábamos ante la jaula de los leones, les dije: "Vuestros padres en la fe fueron arrojados a unos leones como estos a causa de su fe. Sabed que vosotros también tendréis que sufrir. No os echarán a los leones, pero tendréis que enfrentaros a hombres que serán peores que leones. Decidid aquí y ahora si queréis ser fieles a Cristo". Con lágrimas en los ojos, todos dijeron que sí.

Tenemos que prepararnos ahora, antes de que nos metan en la cárcel. En la cárcel lo pierdes todo. Te quitan la ropa y te dan un traje de prisionero. Allí no hay muebles, ni alfombras, ni cortinas. Ya no tienes esposa, ni tampoco hijos. Ya no tienes tu biblioteca. Allí no crece ni una sola flor. Las cosas que hacen que la vida sea bella, no permanecen. Quien anteriormente no ha renunciado a los placeres de la vida, no resiste.[44]

Pablo intentó preparar a los creyentes para el sufrimiento. Como Pedro, los armó con esta "actitud" o "mentalidad": que estamos llamados a sufrir. A los creyentes en Tesalónica les escribió lo siguiente: "Enviamos a Timoteo... para fortaleceros y alentaros respecto a vuestra fe; a fin de que nadie se inquiete por causa de estas aflicciones, porque vosotros mismos sabéis que *para esto hemos sido destinados*" (1ª Tesalonicenses 3:2-3).

De igual modo, cuando Pablo volvía de su primer viaje misionero, visitó a las iglesias jóvenes y animaba a los creyentes a que tuvieran esta "mentalidad". Iba "fortaleciendo los ánimos de los discípulos, exhortándolos a que perseveraran en la fe, y diciendo: Es necesario que *a través de muchas tribulaciones entremos en el reino de Dios*" (Hechos 14:22). Era importante que los creyentes "se armaran con esa actitud": que el camino al reino es el camino del Calvario, un camino de muchas tribulaciones. Es Dios quien ha establecido que así sea: "*Es necesario*" que entremos de ese modo. Es nuestro llamamiento. "Todos los que quieren vivir piadosamente en Cristo Jesús, *serán perseguidos*" (2ª Timoteo 3:12).

"Salgamos a Él fuera del campamento"

Como Pedro, el autor de la epístola a los Hebreos también relaciona la obra propiciatoria de Cristo y el modelo del sufrimiento, aunque lo hace usando palabras diferentes:

> *Por lo cual también Jesús, para santificar al pueblo mediante su propia sangre, padeció fuera de la puerta. Así pues, salgamos a Él fuera del campamento, llevando su oprobio.* (Hebreos 13:12-13)

Jesús sufrió de un modo en el que nosotros no podíamos sufrir: "para santificar al pueblo mediante su propia sangre". La muerte del Hijo de Dios es única en este sentido. No obstante, fijémonos en el conector "así pues". Cristo murió por nosotros de ese modo; *así pues*, salgamos fuera del campamento y enfrentémonos a los abusos que Él

---

[44] Richard Wurmbrand, "Preparing the Underground Church", *Epiphany Journal 5*, núm. 4 (verano 1985): 46-48.

tuvo que soportar. El texto no dice: "Él sufrió por nosotros; así pues, podemos llevar una vida cómoda libre de todo sufrimiento, de ataques y de peligro". ¡Todo lo contrario! El sufrimiento de Jesús *es la base* sobre la que caminamos con Él y, por tanto, soportamos la misma persecución que Él soportó.

Este texto es, sobre todo, un texto misionero. Fuera del campamento significa fuera de la zona donde hay seguridad y comodidad. Fuera del campamento se refiere a las "otras ovejas" que no son de nuestro rebaño. Fuera del campamento se refiere a las naciones donde aún no ha llegado el Evangelio. Fuera del campamento es donde están esos lugares y esas personas a las que va a ser difícil llegar. Salir fuera del campamento será todo un sacrificio. Pero a eso hemos sido llamados: "Salgamos y suframos el reproche que Él soportó". Es nuestra vocación.

Sudán: sufriendo los ataques que Él soportó

Los ataques pueden ser muy variados: pueden ir de la forma más leve de ostracismo a la agonía extrema de la tortura y la muerte. Es muy probable que *cada día* ambos extremos se den en diferentes partes del mundo. Lo que llega a nuestros oídos es tan solo una pequeña parte de lo que verdaderamente ocurre. Como ejemplo, veamos parte de un informe que *Mission Frontiers* elaboró en 1988:

> *En 1983, Sudán se declaró república islámica. Se impuso sobre todos los ciudadanos del país la ley islámica y, desde entonces, decenas de pastores cristianos han muerto asesinados, y muchas iglesias cristianas han sido incendiadas.*
>
> *El 27 y 28 de marzo de este año [1987], según la página 33 de un informe publicado por los catedráticos musulmanes Ushari Ahmad Mahmud y Suleyman Ali Baldo de la Universidad de Jartum, en la ciudad de Diein, al oeste de Sudán, más de 1000 hombres, mujeres y niños pertenecientes a la etnia dinka fueron masacrados e incinerados.*
>
> *La masacre se produjo cuando una muchedumbre de musulmanes de la tribu rizeigat, armados con palos, lanzas, hachas, y fusiles klashnikov, interrumpieron una reunión de oración y sacaron a la calle a 25 cristianos de la etnia dinka. Aquella noche, los atacantes asesinaron entre cinco y siete dinkas, y también incendiaron docenas de casas.*
>
> *A la mañana siguiente, cuando se estaba efectuando la evacuación de los dinkas, subiéndolos al tren que les sacaría de aquella ciudad, cientos de rizeigats*

armados asaltaron la estación de tren y atacaron a los indefensos dinkas. A muchos los apiñaron colocándoles encima colchones ardiendo; a otros les dispararon; a otros los mutilaron; a otros los mataron a golpes. Por la noche, habían fallecido más de 1.000 dinkas.[45]

Éste es un relato horrible. Pero Pedro dijo que cuando los ataques feroces llegaran, no deberíamos extrañarnos. Es cierto que en Occidente estamos tan acostumbrados a la comodidad, que nos cuesta entender esta idea. Pero creo que Dios nos está llamando a armarnos con esta mentalidad: Cristo padeció fuera de la puerta de forma brutal e injusta, dejándonos un ejemplo para que siguiéramos sus pisadas.

¿Pasamos la noche con los condenados a muerte?

Charles Wesley nos da un ejemplo de cómo obedecer el texto de Hebreos 13:13 y salir "fuera del campamento" y soportar el sufrimiento que Él soportó. El 18 de julio de 1738, dos meses después de su conversión, Charles Wesley hizo algo increíble. Había estado testificando a sus compañeros de prisión durante toda la semana con un amigo llamado "Bray", al que describió como "un mecánico pobre e ignorante". Uno de los hombres con los que hablaron era "un [esclavo] negro que había robado a su amo". Estaba enfermo, con mucha fiebre, y estaba condenado a muerte.

El martes, Wesley y Bray pidieron a los guardias que aquella noche los encerraran con los prisioneros que iban a ser ejecutados al día siguiente [¡eso es fuera del campamento!]. Aquella noche les explicaron el Evangelio. Hablaron a aquellos hombres de "Aquel que había venido de los cielos para salvar a los pecadores", describiendo el sufrimiento, la agonía y la muerte del Hijo de Dios.

A la mañana siguiente todos aquellos hombres montaron en el carro que les llevaría a Tyburn, lugar al que todos los londinenses podían acceder para ver las ejecuciones. Wesley fue con ellos. Una vez allí, les colocaron la soga alrededor del cuello y, cuando el carro arrancara, quedarían colgando hasta morir ahogados.

El fruto del trabajo de Wesley y Bray durante aquella noche fue más que sorprendente. He aquí lo que Wesley escribió después:

---

[45] *Mission Frontiers* 10, núm. 1 (enero 1988): 29.

Estaban contentos, llenos de consuelo, de paz y de victoria; seguros y per-suadidos de que Cristo había muerto por ellos, y de que les esperaba y les recibiría en el paraíso... El [esclavo] negro... me saludó con la mirada. Cada vez que mis ojos se cruzaban con los suyos, sonreía con el semblante más gozoso que había visto jamás.

Estaban listos para encontrarse con su Señor, preparados para el Esposo. Cuando el carro arrancó, ninguno de ellos luchó por sobrevivir, sino que man-samente entregaron su espíritu. Murieron al mediodía. Entonces, hablé unos instantes a la multitud allí reunida, y regresé, lleno de paz y seguro de la felicidad de nuestros amigos. Aquellos minutos bajo la horca fueron los minutos más bendecidos de toda mi vida.[46]

Hay dos cosas en esta historia que me maravillan y me inspiran. Una es el poder del mensaje de Wesley sobre la verdad y el amor de Cristo. Todos los sentenciados a muerte se convirtieron, y estaban tan convencidos de lo que habían creído que fueron capaces de mirar a la muerte cara a cara (sin que hubiera un periodo de "seguimiento" o "discipulado") y abandonar la vida con plena confianza de que Cristo les iba a recibir. Ellos no habían sufrido por una causa justa, pero lo que habían encontrado en Jesús funcionaba exactamente igual: les sostenía. Ellos vieron el sufrimiento como algo por lo que debían pasar antes de llegar al cielo, y la esperanza de la gloria era tan real que se enfrentaron a la muerte llenos de paz.

La otra cosa que me sorprende es que Wesley fuera a la prisión y pidiera que le encerraran toda una noche con los criminales condena-dos a muerte. ¡Aquellos hombres no perdían nada si mataban a otra persona! Wesley no fue porque estuviera cumpliendo órdenes de algún jefe o superior. Tampoco era un ministro religioso ordenado para ir a las prisiones, así que lo más cómodo hubiera sido quedarse en casa cenando con sus amigos. Entonces, ¿por qué fue?

Fue porque Dios lo puso en su corazón. Y Wesley cedió. Muchas veces Dios llama a sus hijos e hijas a hacer cosas radicales y extrañas por la causa de la obra misionera. No todos recibimos el mismo lla-mamiento. Tú recibirás un llamamiento único. Puede que sea algo que nunca se te ha pasado por la cabeza. Puede que sea algo que siempre has anhelado. Pero te animo a que, con urgencia, escuches al Espíritu,

---

[46] Charles Wesley, *Journal,* vol. 1 (Grand Rapids: Baker, 1980), 120-23.

que estés atento a su guía, para ver en qué lugar "fuera del campamento" te quiere llevar para que sufras "el reproche que Él soportó".

"Yo le mostraré cuánto debe padecer"

Las aflicciones son nuestra vocación, seamos misioneros o no lo seamos. Pero el sufrimiento es, especialmente, un llamamiento para los que llevan el Evangelio a lugares del mundo donde éste aún no ha llegado. Pablo es el prototipo de ese tipo de misioneros. Cuando el Señor envió a Ananías para que se encontrara con Pablo, le envió para que le transmitiera la idea que ya vimos en 1ª Pedro 4:1. El Señor le dijo: "Ve, porque él me es un instrumento escogido, para llevar mi nombre en presencia de los gentiles, de los reyes y de los hijos de Israel; porque *yo le mostraré cuánto debe padecer por mi nombre*" (Hechos 9:15-16). Y el Señor siguió transmitiéndole a Pablo la realidad del sufrimiento: "El Espíritu Santo solemnemente me da testimonio en cada ciudad, diciendo que *me esperan cadenas y aflicciones*" (Hechos 20:23).

El sufrimiento era parte del llamamiento de Pablo. Llegó a ser una parte tan importante de su identidad y ministerio, que lo tomó como una de las evidencias de la autenticidad de su apostolado.

> *En todo nos recomendamos a nosotros mismos como ministros de Dios, en mucha perseverancia, en aflicciones, en privaciones, en angustias, en azotes, en cárceles, en tumultos, en trabajos, en desvelos, en ayunos, en pureza, en conocimiento, en paciencia, en bondad, en el Espíritu Santo, en amor sincero, en la palabra de verdad, en el poder de Dios; por armas de justicia para la derecha y para la izquierda; en honra y en deshonra, en mala fama y en buena fama; como impostores, pero veraces; como desconocidos, pero bien conocidos; como moribundos, y he aquí, vivimos; como castigados, pero no condenados a muerte; como entristecidos, mas siempre gozosos; como pobres, pero enriqueciendo a muchos; como no teniendo nada, aunque poseyéndolo todo.* (2ª Corintios 6:4-10)

El sufrimiento intenso que Pablo tuvo que soportar nos deja helados. La larga lista que aparece en 2ª Corintios 11:23-28 es abrumadora, especialmente si pensamos en el dolor de cada una de esas experiencias y en el dolor que va acumulando a medida que la lista aumenta. En pocos minutos tenemos un compendio escalofriante de las penalidades de la vida misionera de Pablo:

... En muchos más trabajos, en muchas más cárceles, en azotes un sinnú-
mero de veces, a menudo en peligros de muerte. Cinco veces he recibido de los
judíos treinta y nueve azotes. Tres veces he sido golpeado con varas, una vez fui
apedreado, tres veces naufragué, y he pasado una noche y un día en lo profundo.
Con frecuencia en viajes, en peligros de ríos, peligros de salteadores, peligros de
mis compatriotas, peligros de los gentiles, peligros en la ciudad, peligros en el
desierto, peligros en el mar, peligros entre falsos hermanos; en trabajos y fatigas,
en muchas noches de desvelo, en hambre y sed, a menudo sin comida, en frío y
desnudez. Además de tales cosas externas, está sobre mí la presión cotidiana
de la preocupación por todas las iglesias.

Muchas veces no nos detenemos a pensar lo que estos versículos
significan. Considera lo que debió de significar "cuarenta azotes menos
uno". Significa que le quitaron la ropa, lo ataron a un poste para que no
se pudiera fugar y para que no se desplomara. Entonces, una persona
que se había entrenado para ello, cogía un látigo, que a veces llevaba
huesos o pedazos de loza en las puntas, y le propinaba treinta y nueve
latigazos. A la mitad, o a veces antes, la carne ya estaba toda rasgada y
ensangrentada. Las heridas no eran cortes limpios, por lo que luego las
heridas sanaban de forma muy lenta, y en la mayoría de ocasiones el
proceso de cura se complicaba por las infecciones. En aquellos tiempos
no se sabía nada sobre la esterilización y no había antisépticos. Normalmente pasaban meses hasta que podían vestirse.

Con todo eso en mente, piensa que se lo volvieron a hacer una
segunda vez, abriéndole las antiguas heridas. Esta vez las heridas se cer-
raron más lentamente. Y entonces, se lo volvieron a hacer una tercera
vez. Piensa cómo debía de tener la espalda. Y aún se lo hicieron una
vez más. Y por último, una quinta vez. Y ésta es, tan solo, una de las
penalidades por las que Pablo tuvo que pasar.

¿Los mensajeros de Dios sufren porque Dios lo permite, o porque ése es su destino?

¿Por qué Dios permite que pasen cosas así? No, no es así como
debemos formular la pregunta. Lo que en todo caso deberíamos preguntarnos es: ¿Por qué Dios *ha determinado* que ocurran cosas así? Estas
cosas forman parte del plan de Dios para su pueblo, del mismo modo
en que el sufrimiento y la muerte de Jesús eran parte del plan de Dios

para la Salvación (Isaías 53:10; Hechos 4:27-28). Es verdad que Satanás puede ser el agente inmediato del sufrimiento, pero él no puede hacer nada si no tiene el permiso de Dios.[47]

Pablo describe el sufrimiento como un don de Dios: "Porque a vosotros se os ha concedido por amor de Cristo, no solo creer en Él, sino también *sufrir por Él*" (Filipenses 2:19). En dos ocasiones Pedro menciona que el sufrimiento puede ser parte de la voluntad de Dios: "Pues es mejor padecer por hacer el bien, *si así es la voluntad de Dios*, que por hacer el mal... los que sufren *conforme a la voluntad de Dios*, encomiendan sus almas al fiel Creador, haciendo el bien" (1ª Pedro 3:17, 4:19).[48]

Santiago dice claramente que todo lo que ocurre en la vida, incluso las cosas que estorban o truncan nuestros planes, está bajo la soberana voluntad de Dios: "Oíd ahora, los que decís: Hoy o mañana iremos a tal o cual ciudad y pasaremos allá un año, haremos negocio y tendremos ganancia... Más bien deberíais decir: *Si el Señor quiere*, viviremos y haremos esto o aquello" (Santiago 4:13, 15). Un pinchazo, un accidente de coche, una carretera en obras – cualquier obstáculo que te impida llevar a cabo tus planes – están dentro de la voluntad de Dios. *Si Dios quiere*, vivirás y harás esto o aquello.

---

[47] Los demonios no pueden hablar si no tienen el permiso de Jesús: "Y [Jesús] no dejaba hablar a los demonios" (Marcos 1:34). Y si no pueden hablar con el consentimiento divino, menos aún podrán hacer algo más dañino si no tienen permiso, como explica Job en 1:12, 21; 2:6-7, 10. No obstante, es cierto que Satanás persigue a la Iglesia: "He aquí, el diablo echará a algunos de vosotros en la cárcel para que seáis probados" (Apocalipsis 2:10). Más sobre este tema en John Piper, *The Pleasures of God* (Portland, Ore.: Multnomah, 2000), 66-75.

[48] Encontrará una explicación de las dos formas de entender la voluntad de Dios (su voluntad soberana y su voluntad revelada [*N. de la T.* "will of decree" y "will of command"]) en John Piper, 'Are There Two Wills in God? Divine Election and God's Desire for All to Be Saved", en *Pleasures of God: Meditations on God's Delight in Being God* (Sisters, Ore.: Multnomah, 2000), 313-40. La cuestión es que, cuando hablamos de la voluntad de Dios, debemos distinguir entre las acciones que Él ordena, como "No matarás" (Éxodo 20:13), y las acciones que en su soberanía planea, como la muerte de su Hijo en manos de unos asesinos (Hechos 2:23; 4:27-28). Dicho de otro modo, a veces Dios planea que ocurran cosas según su *voluntad soberana* que están en contra de su *voluntad revelada* (o las órdenes que Él nos da). Eso es lo que ocurrió, por ejemplo, en la crucifixión de su Hijo, que Dios planeó desde la eternidad y en la que, no obstante, era necesario el pecado de los hombres para que ellos llevaran a cabo esa ejecución. Pero la mayoría de cristianos siempre han creído que para Dios sería pecado incluir en su voluntad la existencia del pecado. Este tema no es un tema sencillo, y solo lo menciono aquí porque quizá algunos lectores se hayan preocupado cuando he descrito el sufrimiento como parte de la voluntad de Dios. En cierto sentido sí lo es, en cierto sentido, podría no serlo. Y aún así el hombre siempre es el responsable último de que el sufrimiento exista. Espero que el lector a quien le preocupe este tema lea la sección mencionada, y también otras partes de ese libro, como por ejemplo el capítulo 2, "The Pleasure of God in All That He Does", 47-75.

El autor de Hebreos dice más: todo nuestro sufrimiento tiene que ver con la disciplina de un Dios que nos ama. El sufrimiento por el que pasamos no es un accidente que Dios permite; es el plan que Él ha establecido para santificarnos.

Porque todavía, en vuestra lucha contra el pecado, no habéis resistido hasta el punto de derramar sangre; además, habéis olvidado la exhortación que como a hijos se os dirige: HIJO MÍO, NO TENGAS EN POCO LA DISCIPLINA DEL SEÑOR, NI TE DESANIMES AL SER REPRENDIDO POR ÉL; PORQUE EL SEÑOR AL QUE AMA, DISCIPLINA, Y AZOTA A TODO EL QUE RECIBE POR HIJO. (Hebreos 12:4-6)

El sufrimiento de los misioneros no es algo que el Señor no conozca. Él ya lo vio, lo experimentó, y envió a sus discípulos a que pasaran por los mismos peligros. "Mirad, yo os envío como ovejas en medio de lobos" (Mateo 10:16). "Les enviaré profetas y apóstoles y ellos matarán a algunos y perseguirán a otros" (Lucas 11:49). Como Pablo dice en 1ª Tesalonicenses 3:3: "hemos sido destinados" para estas cosas.

Seis razones por las que Dios ha establecido que sus siervos sufran

Nuestra pregunta sigue siendo: ¿por qué? ¿Por qué Dios estableció que Pablo habría de sufrir tanto? Dios es Soberano. Hasta un niño sabe que Dios podría acabar con Satanás hoy mismo si quisiera, y acabar con los ataques que lanza sobre la Iglesia. Pero Dios quiere que la misión de la Iglesia avance en medio de la tormenta y del sufrimiento. ¿Por qué? Mencionaré seis razones:

1. El sufrimiento produce fe y santidad

Como acabamos de ver en Hebreos 12, Dios disciplina a sus hijos mediante el sufrimiento. Su objetivo es que nuestra fe y nuestra santidad aumenten. "Él nos disciplina para nuestro bien, para que participemos de su santidad" (v. 10). Jesús también pasó por esa experiencia. "Y aunque era Hijo, aprendió obediencia por lo que padeció" (Hebreos 5:8). Eso no quiere decir que Jesús pasara de ser desobediente a ser obediente. El mismo autor dice que Jesús nunca pecó (Hebreos 5:8). El proceso por el que creció en obediencia fue el proceso del sufrimiento. Nuestra obediencia no solo necesita ser probada, sino también purificada de ese sentimiento de autosuficiencia que a veces nos caracteriza, y de la influencia que el mundo ejerce sobre nosotros.

Pablo describió esta experiencia en su propia vida de la siguiente manera:

> *Porque no queremos que ignoréis, hermanos, acerca de nuestra aflicción sufrida en Asia, porque fuimos abrumados sobremanera, más allá de nuestras fuerzas, de modo que hasta perdimos la esperanza de salir con vida. De hecho, dentro de nosotros mismos ya teníamos la sentencia de muerte,* a fin de que no confiáramos en nosotros mismos, sino en Dios que resucita a los muertos. (2ª Corintios 1:8-9)

Pablo no achaca su sufrimiento a Satanás, sino que dice que Dios lo planeó para que su fe aumentara. Dios derribó todos los elementos de apoyo del apóstol para que éste no tuviera más remedio que caer rendido ante Dios y recibir su esperanza de la promesa de la resurrección. Ése es el propósito principal del sufrimiento misionero: alejarnos de lo que el mundo ofrece y empujarnos a poner nuestra esperanza única y exclusivamente en Dios (cf. Romanos 5:3-4). Dado que la libertad para amar fluye de este tipo de esperanza radical (Colosenses 1:4-5), el sufrimiento es el medio principal que Dios usa para que sus siervos crezcan en compasión.

Miles de misioneros a lo largo de los siglos han descubierto que las penalidades de la vida han sido para ellos la escuela de Cristo donde han aprendido lecciones sobre la fe que no habrían podido aprender en ningún otro lugar. Por ejemplo, John G. Paton, que nació en 1824 en Escocia, estuvo de misionero en las Nuevas Hébridas (hoy, las islas Vanuatu) en el Océano Pacífico desde 1858 hasta casi el día de su muerte, en 1907. Perdió a su mujer cuatro meses después de llegar a la isla de Tanna, cuando solo tenía treinta y cuatro años. Dos semanas después moría también su bebé. Estaba solo, y los tuvo que enterrar con sus propias manos. "Si no hubiera sido por Jesús, y por la comunión que me concedió allí, me habría vuelto loco y habría muerto allí mismo, en aquel cementerio, solo".[49] Se quedó en aquella isla donde pasó cuatro

---

[49] James Paton, ed., *John G. Paton: Missionary to the New Hebrides, an Autobiography* (1889, 1898; reimpresión, Edinburgh: Benaer of Truth Trust, 1965), 80.

años terribles, siempre expuesto al peligro. Al final, un grupo se levantó contra él, y decidió que era el momento de escapar. Buscó la ayuda de la única persona en la isla en la que podía confiar, su amigo Nowar. Su huida fue para él un redescubrimiento de la Gracia que le marcó el resto de su vida. Nowar le dijo que huyera del poblado y se escondiera en un árbol que su hijo le mostraría, y que se quedara allí hasta que saliera la luna.

> *Estaba a la merced de aquellos dudosos amigos. Perplejo de mí mismo, decidí que lo mejor era obedecerles. Subí al árbol, y allí me quedé, escondido entre las ramas. Recuerdo cada uno de los minutos que pasé allí como si fuera ayer. Oía los frecuentes disparos de los mosquetes, y los alaridos de los salvajes. Y allí estaba yo, en la copa de aquel árbol, y a salvo en los brazos de Jesús. Había pasado por muchas dificultades, pero nunca antes mi Señor se había acercado tanto a mí. Habló suavemente a mi alma. Así que en medio de aquella terrible oscuridad, saqué todo lo que había en mi corazón. Estaba solo, ¡y sin embargo no estaba solo! Si fuera para glorificar a mi Dios, no me importaría pasar más noches en un árbol como aquel, para poder sentir de nuevo la presencia espiritual de mi Salvador, para disfrutar de su comunión y consuelo. Si te encontraras así, solo, por la noche, en un árbol, en medio del peligro, probablemente ante la muerte, ¿tendrías un Amigo que no te fallara?[50]*

2. El sufrimiento hace que tu copa aumente

Cuando soportamos el sufrimiento con paciencia, lo que ocurre es que la recompensa de experimentar la gloria de Dios en los cielos aumenta. Esto es parte de lo que Pablo dice en 2ª Corintios 4:17-18:

> *Pues esta aflicción leve y pasajera nos produce un eterno peso de gloria que sobrepasa toda comparación, al no poner nuestra vista en las cosas que se ven, sino en las que no se ven; porque las cosas que se ven son temporales, pero las que no se ven son eternas.*

La aflicción de Pablo "prepara" o "produce" un peso de gloria que sobrepasa toda comparación. Debemos tomar estas palabras muy en

---

[50] Ibíd., 200. Encontrará un breve resumen de la vida y ministerio de Paton en John Piper: " 'You Will Be Eaten by Cannibals!' Courage in the Cause of World Missions: Lessons from the Life of John G. Paton", en www.DesiringGod.org.

serio. No solo está diciendo que la esperanza que tiene en los cielos le ayuda a soportar el sufrimiento. Eso es cierto. Pero también está diciendo que el sufrimiento tiene un efecto sobre el peso de gloria. Parece que hay una relación entre el sufrimiento que uno soporta y el grado de gloria del que disfrutará. Está claro que la gloria supera con creces el sufrimiento, como Pablo dice en Romanos 8:18: "Pues considero que los sufrimientos de este tiempo presente *no son dignos de ser comparados con la gloria* que nos ha de ser revelada". No obstante, el peso de esa gloria, o la experiencia de esa gloria, parece depender, en parte, de las aflicciones que hayamos soportado con fe y con paciencia.

Jesús apuntó a la misma idea cuando dijo: "Bienaventurados seréis cuando os insulten y persigan, y digan todo género de mal contra vosotros falsamente, por causa de mí. Regocijaos y alegraos, porque *vuestra recompensa en los cielos es grande*" (Mateo 5:11-12). Estas palabras deberían ser suficientes para regocijarnos en medio de cualquier tribulación, si lo que Jesús está diciendo es que cuanto más sufras por la fe, mayor será tu recompensa. Si un cristiano que ha sufrido mucho por la causa de Jesús experimentara la misma gloria final de Dios del mismo modo y en el mismo grado que un cristiano que no ha sufrido mucho, resultaría extraño decirle al cristiano que sufre que se alegre y salte de gozo (en el día del sufrimiento; cf. Lucas 6:23) por una recompensa que iba a recibir de todos modos. Parece ser, pues, que la recompensa recibida será en función del sufrimiento que uno ha soportado. Aunque este texto no lo dice de forma explícita, queda claramente implícito en otros pasajes del Nuevo Testamento. Dejaré que Jonathan Edwards así lo demuestre. Leamos una de las reflexiones más profundas que jamás he leído sobre este tema. En estas líneas, Edwards explica, de una forma impresionante, la posibilidad de que en un mundo de gozo completo haya diferentes grados de felicidad.

En el cielo hay diferentes grados de felicidad y de gloria... La gloria de los santos en los cielos se corresponderá a la eminencia de su santidad y buenas obras aquí en la Tierra [y la paciencia en medio de la tribulación es una de las buenas obras más elevadas, cf. Romanos 2:7]. Cristo recompensará a todos los cristianos según sus obras. El que ganó diez minas recibió autoridad sobre diez ciudades y el que ganó cinco minas, sobre cinco ciudades (Lucas 19:17-19). "El que siembra escasamente, escasamente también segará; y el que siembra abundantemente, abundantemente también segará" (2ª Corintios 9:6). Y el após- tol Pablo nos dice que del mismo modo en el que una estrella es distinta a otra en gloria, así también será en la resurrección de los muertos (1ª Corintios 15:41). Cristo dice que el que dé un vaso de agua fría a un discípulo en el nombre de un discípulo, no perderá su recompensa. Pero eso no sería cierto si una persona que hubiera hecho muchas buenas obras no fuera a recibir una mayor recompensa que si no hubiera hecho tantas buenas obras.

No obstante, eso no significa que el hecho de que haya personas con una gloria mayor afectará a los de menor gloria y felicidad: todos experimentarán una felicidad perfecta, una satisfacción perfecta. Todas las vasijas de aquel océano de felicidad estarán llenas, aunque habrá vasijas más grandes que otras. En el cielo no habrá envidia, sino que en aquella sociedad reinará el amor perfecto. Los que tengan una gloria menor no tendrán envidia de los que tengan una gloria mayor, sino que los amarán con un amor tan puro, tan intenso, que se gozarán por su felicidad superior; los amarán de tal forma que se regocijarán al saber que son más felices que ellos; así que en lugar de afectarles negativamente, les hará más felices.

Y, por otro lado, los que tienen una gloria mayor, de forma proporcional también tendrán más benevolencia y más amor, y tendrán más amor hacia Dios y hacia los santos que aquellos que son inferiores en santidad y felicidad. Y, además, los que tienen más gloria tendrán más humildad. Aquí en este mundo, los que están por encima de los demás son objeto de envidia; pero en el cielo no ocurrirá así, sino que los santos de mayor felicidad, serán mayores en santidad y, en consecuencia, en humildad... Aunque en los cielos se exaltará más a unos que a otros, eso no disminuirá el gozo perfecto de los que están por debajo de los que han recibido una mayor exaltación; la unión será tal que los unos serán partícipes de la felicidad de los otros y viceversa. Entonces se cumplirá de forma perfecta lo que dice en 1ª Corintios 12:26: "Y si un miembro es honrado, todos los miembros se regocijan con él".[51]

---

[51] Jonathan Edwards, *The Works of Jonathan Edwards*, vol. 2 (Edimburg: Banner of Truth Trust, 1974), 902. La parábola de los obreros de la viña (Mateo 20:1-16) que ganaron todos el mismo salario no se contradice necesariamente con lo que Edwards dice ni con los textos que él cita. Lo que ese texto enseña es que todos entramos al mismo océano de felicidad. Otra de las enseñanzas de esa parábola es que Dios es libre de dar a quien quiera un grado mayor de bendición del que en realidad merece, y si hay alguien que se autocompadece de sus tribulaciones o que está orgulloso de ellas, Dios es libre de exaltar a una persona por encima de él para humillarle y hacerle ver que en el Cielo lo que reina es la Gracia. Creo que Jonathan Edwards responde acertadamente a la pregunta de Craig Blomberg: "¿No es fundamentalmente contradictorio hablar de diferentes grados de perfección?" "Degrees of Reward in the Kingdom of Heaven", *Journal of the Evangelical Theological Society* 35, núm. 2 (junio 1992): 162-63. No obstante, yo estoy de acuerdo con Blomberg cuando éste rebate a aquellos que hablan de "ganar" la recompensa y que convierten las promesas condicionales del Cielo en promesas sobre los diferentes niveles de recompensa.

Así, uno de los objetivos del sufrimiento de los santos es aumentar su capacidad de disfrutar la gloria de Dios tanto aquí como en la era venidera. Cuando Dios recoja sus vasos de entre "la escoria del mundo" (1ª Corintios 4:13) y los lance al océano celestial de la felicidad, contendrán más felicidad cuanto más despegados hayan estado del mundo y más dependientes hayan sido de Dios.

3. El sufrimiento es el precio que a veces hay que pagar para que otros sean valientes

Dios usa el sufrimiento de sus misioneros para despertar a otros de la indiferencia y hacerles valientes. Cuando Pablo estaba encarcelado en Roma, escribió a la Iglesia en Filipos diciendo: "La mayoría de los hermanos, confiando en el Señor por causa de mis prisiones, tienen mucho más valor para hablar la Palabra de Dios sin temor" (Filipenses 1:14). Si tiene que hacerlo, Dios usará el sufrimiento de sus devotos emisarios para que la Iglesia que duerme se despierte y esté dispuesta a correr riesgos por el avance del Evangelio.

Los sufrimientos y la dedicación del joven David Brainerd han tenido ese efecto sobre miles de personas. Henry Martin escribió en muchas ocasiones en su diario, sobre el impacto que la vida de Brainerd había causado en él:

> *11 de septiembre de 1805: "¡Qué ejemplo tan grande ha sido para mí en muchos momentos, especialmente cuando pienso que él era de débil constitución!"*
>
> *8 de mayo de 1806: "¡Bendito sea aquel santo varón! Estoy muy feliz de haberme traído su libro a la India, y así poder disfrutar y beneficiarme de su compañía y de su ejemplo".*
>
> *12 de mayo de 1086: "Dios, en su compasión que nunca cesa, hoy ha levantado mi alma, haciéndome sentir su presencia en las cosas más cotidianas; especialmente me ha animado leer el relato de D. Brainerd sobre las dificultades con las que se tuvo que enfrentar mientras ayudaba en una misión a los paganos. ¡Oh, bendito sea aquel santo querido! No hay autor no inspirado que me haya hecho tanto bien. Yo estaba muy contento de trabajar entre los pobres nativos; y mi disposición estaba, creo, más despojada de aquellas ideas románticas, que a veces me han llenado de un ánimo incorrecto".[52]*

---

[52] *Journal and Letters of Henry Martyn*, 240, 326-28.

Cinco mujeres inspiradoras

En nuestros días, es difícil exagerar el impacto que el martirio de Jim Elliot, Nate Saint, Ed McCully, Pete Fleming y Roger Youderian ha tenido sobre toda una generación de estudiantes.[53] La palabra que aparecía una y otra vez en los testimonios de aquellos que oían la historia de los huaorani era "entrega". Pero en muchísimas ocasiones, lo que nos empujó a muchos de nosotros a desear tener la entrega que ellos tuvieron fue la fuerza de sus mujeres.

Barbara Youderian, la mujer de Roger, escribió en su diario aquella noche de enero de 1956:

> *Esta noche el capitán nos ha dicho que ha encontrado cuatro cadáveres en el río. Uno llevaba una camiseta y unos tejanos. Roger era el único que iba vestido así... Dios me dio este versículo hace dos días, el Salmo 48:14: "Porque éste es Dios, nuestro Dios por siempre jamás; Él nos guiará hasta la muerte". Mientras pensaba en las noticias sobre la muerte de Roger, mi corazón se llenó de alabanza. Dios lo consideró digno de llevárselo a casa. Señor, ayúdame a ser tanto madre como padre.[54]*

No es difícil ver aquí la enseñanza de Pablo. El sufrimiento de los siervos de Dios, vivido con fe e incluso con alabanza, puede trastornar a los santos apáticos cuyas vidas están vacías en medio de una infinidad de comodidades.

Después de su muerte, se duplicó el número de solicitudes

La ejecución del misionero de Wycliffe Chet Bitterman por la guerrilla colombiana M-19 el 6 de marzo de 1981 logró suscitar un gran celo por la causa de Cristo. Chet había estado secuestrado durante siete semanas, mientras su mujer, Brenda, y sus hijitas, Anna y Esther, esperaban en

---

[53] Encontrará esta estremecedora historia en varios libros: Elisabeth Elliot, *Portales de Esplendor* (Editorial Portavoz); Elisabeth Elliot, *Shadow of the Almighty: The Life and Testament of Jim Elliot* (San Francisco: Harper-SanFrancisco, 1989); Elisabeth Elliot, *The Savage My Kinsmen*, edición del 40 aniversario (Ann Arbor, Mich.: Servant, 1996); Steve Saint, "Did They Have to Die?", *Christianity Today* 40, núm. 10 (16 de septiembre de 1996): 20-27; y Russell T. Hitt, *Jungle Pilot: The Gripping Story of the Life and Witness of Nate Saint, Martyred Missionary to Ecuador* (Grand Rapids: Discovery House, 1997).

[54] Citado en Elisabeth Elliot, *Portales de Esplendor* (Editorial Portavoz).

Bogotá. La petición del grupo M-19 era que Wycliffe abandonara su trabajo en Colombia.

Le asesinaron un día al atardecer, de un solo disparo en el pecho. La policía encontró su cuerpo en el autobús donde murió, en un parking al sur de la ciudad. Estaba limpio, afeitado, con el semblante tranquilo, envuelto en una bandera de la guerrilla. No tenía señales de tortura.

El año siguiente al asesinato, "el número de solicitudes para trabajar con Wycliffe se duplicó".[55] Éste no es el tipo de movilización misionera que escogeríamos. Pero en ese caso, fue el que Dios escogió. "Si el grano de trigo no cae en tierra y muere, quedará él solo; pero si muere, produce mucho fruto" (Juan 12:24).

4. El sufrimiento completa lo que falta de las aflicciones de Cristo

El sufrimiento de los mensajeros de Cristo ministra a los que éstos están evangelizando y puede hacer que se abran al Evangelio. Ésa es una de las formas en las que Pablo llevó el Evangelio a los tesalonicenses. "Sabéis qué clase de personas demostramos ser entre vosotros *por amor a vosotros.* Y vosotros *vinisteis a ser imitadores de nosotros* y del Señor, *habiendo recibido la palabra, en medio de mucha tribulación,* con el gozo del Espíritu Santo" (1ª Tesalonicenses 1:5-6). Los tesalonicenses habían imitado a Pablo soportando la aflicción con gozo. Sabían que él había vivido así por ellos. Y fue su sufrimiento el que les atrajo hacia su amor y su verdad.

Éste es el tipo de misionero que Pablo tenía en mente cuando dijo: "Porque así como los sufrimientos de Cristo son nuestros en abundancia, así también abunda nuestro consuelo por medio de Cristo. Pero si somos atribulados, es para vuestro consuelo y salvación; o si somos consolados, es para vuestro consuelo, que obra al soportar las mismas aflicciones que nosotros también sufrimos" (2ª Corintios 5-6). Su sufrimiento fue el medio que Dios usó para llevar salvación a la iglesia de Corinto. Los corintios pudieron ver en Pablo el amor entregado de Cristo. Los corintios pudieron ver cómo Pablo participaba de los padecimientos de Cristo, por lo que pudieron entenderlos de una forma más real.

Eso es parte de lo que Pablo quiso decir con aquella magnífica declaración que encontramos en Colosenses 1:24: "Ahora me alegro de mis sufrimientos por vosotros, y en mi carne, *completando lo que falta de las aflicciones de Cristo, hago mi parte por su cuerpo* (que es la Iglesia)". A las

---

[55] Steve Estes, *Called to Die* (Grand Rapids: Zondervan, 1986), 252.

aflicciones de Cristo no les falta nada en cuanto a su suficiencia expiatoria. Cuando Pablo dice "lo que falta de las aflicciones de Cristo" se refiere a que aún no todo el mundo las conoce ni ha aceptado que Jesús tuvo que pasar por aquellas aflicciones por su causa. Pablo se entrega no solo a llevar el mensaje de esas aflicciones a las naciones, sino que también se entrega para sufrir con Cristo y por Cristo para que la gente pueda ver "los padecimientos de Cristo". Así, él sigue el ejemplo de Cristo poniendo su vida por la vida de la Iglesia. "Todo lo soporto por amor a los escogidos, para que también ellos obtengan la salvación que está en Cristo Jesús, y con ella gloria eterna" (2ª Timoteo 2:10).

"Cuando vimos sus pies heridos"

En 1992 tuve la oportunidad de escuchar a J. Oswald Sanders. Su mensaje en aquella ocasión se centró en el sufrimiento. En aquel entonces tenía ochenta y nueve años, y aún viajaba por todo el mundo para predicar. ¡Desde que tenía setenta años había escrito un libro por año! Menciono estos detalles solo para que nos regocijemos por una vida entregada completamente al Evangelio desde los sesenta y cinco años de edad hasta la tumba.[56]

Nos contó la historia de un misionero indio que, descalzo, iba de aldea en aldea predicando el Evangelio en la India. Un día, después de haber caminado muchos Kilómetros y haber recibido mucho rechazo, llegó a una aldea donde intentó hablar del Evangelio y donde volvió a ser rechazado. Así que se fue a la salida de la aldea, y se echó debajo de un árbol para dar algo de descanso a su cuerpo exhausto.

Cuando se despertó, toda la aldea se había reunido para escucharle. El líder de la aldea le explicó que le habían estado observando mientras dormía. Cuando vieron sus pies heridos, llegaron a la conclusión de que debía de ser un hombre santo y que habían actuado mal al rechazarle. Le pidieron disculpas y le rogaron que les diera el mensaje por el que había estado dispuesto a sufrir de aquella manera.

---

[56] Ver la nota 25 sobre la iniciativa *Finishers Project*, que se dedica a motivar a la gente que está llegando a la jubilación a dar su energía, sus habilidades y su corazón a la causa de Cristo. Parte de su Declaración de Visión dice: "Podemos dárselos [los muchos recursos y talentos] a Jesús y atesorarlos en el Cielo, o perderlos".

A la tercera paliza, la mujer lloró

Nadie hubiera pensado que José, un guerrero masai, acabara participando en la Conferencia de Evangelistas Itinerantes en Ámsterdam patrocinada por la Asociación de Billy Graham. Pero su historia le llevó a recibir una invitación del mismo Billy Graham. Michael Card nos habla del increíble testimonio de este hombre.

Un día que José caminaba por una de aquellas carreteras sucias y calurosas de África, se encontró con alguien que le habló del Evangelio de Jesucristo. En aquel mismo momento, y en aquel mismo lugar, aceptó a Jesús como su Salvador. El poder del Espíritu empezó a transformar su vida; estaba tan emocionado, tan lleno de gozo, que lo primero que quería hacer era volver a su aldea y compartir aquellas Buenas Nuevas con los miembros de su tribu.

José empezó a ir puerta por puerta hablando a todo el que se encontraba de la cruz de Jesús y de la salvación que ofrecía, esperando que las caras de sus interlocutores se iluminaran, igual que le había ocurrido a él. Para su sorpresa, los habitantes de su aldea no solo se mostraron indiferentes, sino que además respondieron de forma violenta. Los hombres de la aldea lo tiraron al suelo y lo agarraban mientras las mujeres le golpeaban con varas de alambre de espino. Luego lo arrastraron fuera de la ciudad al lado de un arbusto, y lo abandonaron allí para que muriera solo.

De algún modo, José se las arregló para arrastrarse hasta un charco, y allí, después de unos días en los que perdió el conocimiento en varias ocasiones, encontró las fuerzas suficientes para levantarse. Se estuvo preguntando sobre el recibimiento hostil que había recibido de la gente que conocía de toda la vida. Llegó a la conclusión de que se tenía que haber dejado parte de la historia de Jesús, o que debía de haberla contado mal. Después de ensayar la narración que a él le habían contado, decidió volver a la aldea y hablarles de Jesús una vez más.

José cojeó hasta el círculo de cabañas y empezó a proclamar el mensaje de Jesús. "Él murió por vosotros, para que podáis encontrar perdón y llegar a conocer al Dios vivo". De nuevo, se echaron sobre él, y le golpearon, abriéndole las heridas que hacía poco que se habían empezado a cerrar. Y otra vez, lo arrastraron inconsciente fuera de la aldea, y lo abandonaron.

Sobrevivir a la primera paliza ya fue algo remarcable. Pero sobrevivir a la segunda, fue un milagro. Otra vez, después de unos días, José volvió en sí allí en el desierto, amoratado, herido, y decidido a volver a su aldea.

Volvió, y esta vez, le atacaron antes de que pudiera abrir la boca. Mientras lo azotaban por tercera y quizá por última vez, empezó a hablarles de Jesucristo, el Señor. Antes de desmayarse, la última cosa que vio fue que las mujeres que le estaban pegando empezaban a llorar.

Esta vez ser despertó en su cama. Los que le habían agredido de una forma tan salvaje ahora le estaban curando las heridas intentando así salvarle la vida. Toda la aldea se había convertido a Cristo.[57]

Está claro que esto viene a ser lo que Pablo quería decir cuando dijo: "Completando lo que falta de las aflicciones de Cristo, hago mi parte por su cuerpo".

5. El sufrimiento refuerza la Gran Comisión

Dios usa el sufrimiento de la Iglesia para colocar a las tropas misioneras en lugares a los que, de otra forma, no habrían ido. Esto es lo que Lucas quiere que veamos en la historia del martirio de Esteban y la persecución que tuvo lugar inmediatamente después. Dios envía a la Iglesia al servicio misionero a través del sufrimiento que ésta experimenta. Por tanto, no podemos juzgar con demasiada rapidez los aparentes fracasos de la Iglesia. Si miramos las cosas con los ojos de Dios, el Estratega por excelencia, podremos ver que todos los fracasos son una posición en la que las tropas retoman fuerzas para un avance y un despliegue mayor de su sabiduría, poder y amor.

Hechos 8:1 describe la estrategia divina de la persecución: "En aquel día [el día en que asesinaron a Esteban] hubo una gran persecución contra la Iglesia que estaba en Jerusalén, y todos, salvo los apóstoles, fueron esparcidos por las tierras *de Judea y de Samaria*". Hasta ahora nadie había salido a Judea y a Samaria a pesar de lo que Jesús había dicho en Hechos 1:8: "Pero recibiréis poder cuando haya venido sobre vosotros el Espíritu Santo, y me seréis testigos en Jerusalén, en toda Judea, en Samaria". No es casualidad que ésas fueran precisamente las regiones a las que la Iglesia tuvo que huir a causa de la persecución. Lo que no ocurre por la obediencia, ocurrirá por la persecución.

Para reafirmar el propósito misionero de la persecución, Lucas lo vuelve a mencionar en Hechos 1:19: "Ahora bien, los que habían sido esparcidos a causa de la persecución que hubo con motivo de Esteban, pasaron hasta Fenicia, Chipre y Antioquía, sin hablar a nadie la Palabra,

---

[57] Michael Card, "Wounded in the House of Friends", *Virtue* (marzo/abril 1991): 28-29, 69.

sino solo a los judíos". Dicho de otro modo, la persecución envió a la Iglesia no solo a Judea y a Samaria (Hechos 8:1), sino también a las demás naciones (Hechos 11:19).

La inercia de la comodidad, la apatía de la abundancia

La lección que hemos de aprender aquí no solo consiste en que Dios es Soberano y convierte los fracasos en victoria. También tenemos que ver que la comodidad, la prosperidad, la seguridad y la libertad muchas veces causan una penosa inercia en la Iglesia. Estas condiciones que deberían asegurar la existencia de personas que invirtieran tiempo y dinero por la causa misionera, producen todo lo contrario: debilidad, apatía, aletargamiento, egocentrismo y una preocupación obsesiva por la seguridad.

Varios estudios han mostrado que cuanto más ricos somos, menos dinero damos a la Iglesia y las misiones. La parte más pobre de la Iglesia, que se corresponde con la quinta parte, da el 3,4 por ciento de sus ingresos a la Iglesia, mientras que la parte más rica da el 1,6 por ciento.[58] Es un principio muy extraño que probablemente tiene que ver con la raíz de nuestra pecaminosidad y con la suficiencia de Cristo: las dificultades, como la persecución, suelen ser más eficaces que la comodidad a la hora de motivar a la gente para las misiones, para orar, y para ofrendar.

Jesús dijo que un rico difícilmente entraría en el reino de los cielos (Mateo 19:23). Y difícilmente ayudará a los demás a entrar. Así lo dijo Jesús en la parábola del sembrador. "Los afanes de este siglo, *el engaño de las riquezas* y *las codicias de otras cosas*, entran y ahogan la palabra, y la hacen infructuosa" (Marcos 4:19); infructuosa para las misiones y casi para cualquier otra buena obra.

La persecución puede tener efectos dañinos sobre la Iglesia, pero parece ser que la prosperidad es aún más devastadora para la misión a la que Dios nos ha llamado. Lo que quiero decir no es que debamos buscar la persecución. Eso no sería más que arrogancia, como saltar desde lo alto del templo. Lo que quiero decir es que deberíamos desconfiar de la prosperidad, la comodidad y la abundancia excesivas. Y no deberíamos desanimarnos, sino llenarnos de esperanza, si nos persiguen por causa de la justicia, porque lo que vemos en Hechos 8:1 es que Dios utiliza la persecución para beneficio de la misión de la Iglesia.

---

[58] Datos extraídos de un artículo del *Minneapolis Star Tribune* el 3 de mayo de 1991.

No nos dejemos engatusar. El precio para que la obra misionera avance es inmenso. Esteban pagó con su vida. Y Esteban fue una de las estrellas más brillantes en el cielo de Jerusalén. Sus enemigos "no podían resistirse a la sabiduría y al Espíritu con que hablaba" (Hechos 6:10). Podríamos pensar: "Pero vivo valía más. Era alguien necesario. ¡No había nadie como Esteban!". Pero Dios lo vio de otra forma.

Stalin sirvió a la causa de Cristo

La forma en la que Dios obró cuando poblaciones enteras uzbekas se convirtieron a Cristo en el siglo XX es una gran ilustración de cómo Dios usa los trastornos políticos y el desplazamiento forzado. Bill y Amy Stearns nos cuentan la historia en un libro lleno de esperanza, *Catch the Vision 2000*.[59] El elemento clave fue Stalin.

En la década de 1930, miles de coreanos huyeron de lo que ahora es Corea del Norte, a consecuencia de la invasión japonesa. Muchos de ellos se instalaron alrededor de Vladivostok. Cuando a finales de la década de los 30 y a principios de los años 40, Stalin empezó a desarrollar Vladivostok como un centro de producción de armamento, creyó que los coreanos eran un peligro y los recolocó en cinco zonas diferentes de la Unión Soviética. Una de esas áreas era Tashkent, eje de los uzbekos, etnia firmemente musulmana. Durante cientos de años, los uzbekos resistieron violentamente los esfuerzos de Occidente por introducir el cristianismo.

Cuando los coreanos se instalaron en Tashkent, los uzbekos no tuvieron ningún problema pues el pueblo coreano era un pueblo amable e industrializado. Durante unas décadas, los coreanos formaron parte de casi todas las facetas de la vida y la cultura ukbekas.

Como ocurre en muchas ocasiones, Dios, en sus planes estratégicos, había plantado entre los coreanos desplazados a un gran número de sus hijos. Lo que Stalin no sabía era que este pueblo no solo iba a experimentar un avivamiento, sino que también iba a llevar a los pies de Cristo a muchos de sus amigos musulmanes uzbekos y kazakos.

La primera evidencia pública del avivamiento de los coreanos y de su influencia entre los uzbekos y los kazakos llegó el 2 de junio de 1990, cuando en el primer encuentro cristiano público en la historia del Asia Central soviética, un

---

[59] Bill y Amy Stearns, *Catch the Vision 2000* (Minneapolis: Bethany, 1991), 12-13.

joven coreano de América predicó a una gran multitud en las calles de Alma-Ata, la capital de Kazajstán.

El resultado de estas maniobras que duraron décadas, por medio de las cuales Dios puso a hijos suyos en lugares inaccesibles para los misioneros, es que los musulmanes están confesando que Isa (Jesús) es el camino, la verdad y la vida. Esta estrategia ha supuesto un coste muy elevado para muchos creyentes. Cuando expulsaron a los coreanos de su tierra, y luego los volvieron a echar de su nuevo hogar en Vladivostok, muchos vieron cómo su fe era probada. ¿Dios es bueno? ¿No ha prometido Él que tiene planes de amor para nuestras vidas? La verdad es que Dios tenía un plan de amor, y además ese plan no solo era para ellos, sino también para muchos musulmanes uzbekos y kazakos.

Testificando gracias a un arresto

La forma, muchas veces incomprensible, en la que Dios guía la obra misionera ya se hizo evidente en la forma en la que Jesús les dijo a sus discípulos que para ponerles en contacto con gente a la que era muy difícil llegar, Dios usaría la táctica del arresto y del encarcelamiento. "Pero antes de todas estas cosas os echarán mano, y os perseguirán, entregándoos a las sinagogas y cárceles, llevándoos ante reyes y gobernadores por causa de mi nombre. *Esto os dará oportunidad de testificar*" (Lucas 21:12-13; cf. Marcos 13:9).

El número de *Mission Frontiers* de junio/julio de 1989 contenía un artículo firmado con el pseudónimo Frank Marshall. Este misionero que estaba sirviendo en un país sudamericano políticamente inestable, escribió la historia de su reciente encarcelamiento. Él y sus colaboradores ya habían sido apaleados y encarcelados en varias ocasiones. Esta vez los agentes federales le acusaban de fraude y soborno porque dieron por sentado que no podía haber conseguido una documentación en regla sin mentir. No le creyeron cuando él les dijo que había nacido en aquel país.

En la cárcel, el Señor le libró de los abusos sexuales con los que el matón de turno obsequiaba a todos los recién llegados. Cuando lo pusieron en la celda con ese desalmado, Frank empezó a hablarle del Evangelio mientras oraba: "Señor, líbrame de este mal". El hombre cambió de color, a gritos le pidió a Frank que se callara y que le dejara en paz.

Cuando salían al patio, Frank empezaba a hablar de Cristo a los demás. Un musulmán llamado Satawa se entregó a Cristo la primera semana e invitó a Frank a contestar a las preguntas de otros quince musulmanes. Después de dos semanas, Frank consiguió un abogado, y también una caja de Biblias. El domingo siguiente, cuarenta y cinco hombres se reunieron alrededor de él para oírle predicar. Él habló de lo difícil que era estar lejos de su familia, y de lo mucho que Dios amaba a su Hijo y que aún así lo entregó por los pecadores para que pudiéramos creer y vivir. Treinta de los cuarenta y cinco hombres se quedaron para orar y pedirle al Señor que les guiara y les perdonara. A los pocos días Frank fue puesto en libertad y deportado a los Estados Unidos, pero ahora conoce de primera mano el significado de las palabras de Jesús: "Esto os dará oportunidad de testificar".

Milagros en Mozambique

Durante la década de 1960, el Señor levantó en la Iglesia de Mozambique un líder llamado Martinho Campos. La historia de su ministerio, *Life Out of Death in Mozambique*, es un claro testimonio de cómo Dios, a veces, usa medios inesperados para bendecir la obra misionera.

Martinho estaba liderando una serie de encuentros en el área de Gurue, a sesenta millas de Nauela, el área en la que él vivía. La policía le arrestó y le metió en la cárcel sin juicio previo. El jefe de la policía, un europeo, dio por sentado que aquellos encuentros tenían que ver con el nuevo grupo guerrillero llamado FRELIMO. Pero incluso cuando el cura católico le dijo que aquellos hombres no eran más que un "grupo de herejes", no se preocupó de hacer justicia, aunque sí se quedó extrañado de que tanta gente trajera comida a aquel prisionero, como si se tratara de alguien importante.

Una noche que llevaba en su camión a media docena de prisioneros, vio "a un hombre vestido de un blanco resplandeciente, parado en medio de la carretera, mirándole". Frenó de forma tan brusca que el camión volcó, y él quedó atrapado. Los prisioneros fueron los que levantaron el vehículo para que el jefe de policía pudiera salir.

Después de pasar unos días en el hospital, volvió para hablar con Martinho, pues sabía que había algún tipo de conexión entre la visión que había tenido y aquel prisionero. Entró en la celda de Martinho y le pidió perdón. Martinho le dijo que lo que necesitaba era el perdón de Dios, y le explicó cómo obtenerlo. El jefe de policía dijo humildemente: "Por favor, ora por mí". Inmediatamente el jefe pidió que trajeran agua caliente para que el prisionero pudiera asearse, lo sacó de la celda, y se aseguró de que tuviera un juicio justo. Martinho fue puesto en libertad.

Pero lo más increíble fue lo que ocurrió a continuación: "El Jefe de la Policía no solo respetó la fe que Martinho profesaba, sino que le concedió un permiso oficial para poder viajar por toda el área bajo su jurisdicción, para que pudiera predicar y celebrar cultos evangelísticos".[60] Ese permiso nunca lo habría conseguido a través de las gestiones normales. Pero Dios abrió un camino a través del sufrimiento. Aquel encarcelamiento sirvió para el avance del Evangelio.

Servimos mejor a Cristo en la cárcel

El 9 de enero de 1985, el pastor Hristo Kulichev de Bulgaria, fue arrestado y encarcelado. Su crimen había sido predicar en su iglesia, aunque el Estado había nombrado a otro hombre como pastor, alguien que la congregación no había elegido. El juicio fue descaradamente injusto y, así, le condenaron a ocho meses de prisión. Durante aquellos meses, testificó de Cristo tanto como pudo.

Cuando salió, escribió: "Tanto los prisioneros como los carceleros tenían muchas preguntas, y resulta que tuvimos un ministerio más fructífero allí que el que hubiéramos tenido en la iglesia. Servimos mejor a Cristo en la cárcel que si hubiéramos estado libres".[61] En muchos lugares del mundo, las palabras de Jesús son tan relevantes como si las hubiera pronunciado ayer. "Os echarán mano, y os perseguirán, entregándoos a las... cárceles... Esto os dará oportunidad de testificar" (Lucas 21:12-13). El dolor de nuestros planes frustrados tiene lugar en los propósitos de Dios para el avance de la Gracia.

6. La Supremacía de Cristo se hace manifiesta en el sufrimiento

Dios usa el sufrimiento de los misioneros para magnificar el poder y la suficiencia de Cristo. Al final, el sufrimiento sirve para mostrar la Su-

---

[60] Phyllis Thompson, *Life out of Death in Mozambique* (London: Hodder & Stoughton), 111.

[61] Herbert Schlossberg, *Called to Suffer, Called to Triumph* (Portland, Ore: Multnomah, 1990), 230.

premacía de Dios. Cuando Dios se negó a librar a Pablo del sufrimiento que le causaba el "aguijón en la carne", le dijo: "Te basta mi Gracia, pues *mi poder se perfecciona en la debilidad*". A esto, Pablo respondió: "Por tanto, muy gustosamente me gloriaré en mis debilidades, para que el poder de Cristo more en mí. Por eso me complazco en las debilidades, en insultos, en privaciones, en persecuciones y en angustias por amor a Cristo; porque cuando soy débil, entonces soy fuerte" (2ª Corintios 12:9-10).

Pablo era fuerte cuando le perseguían, porque "el poder de Cristo" estaba sobre él y se perfeccionaba en él. Dicho de otro modo, el poder de Cristo era el único poder de Pablo cuando los sufrimientos acababan con todos sus recursos y sus fuerzas y se tenía que dejar completamente en las manos de Jesús. Éste era el propósito que Dios tenía para el aguijón de Pablo, y es el propósito de todos nuestros sufrimientos. Dios quiere que descansemos en Él, que tengamos en Él una confianza plena. "A fin de que no confiáramos en nosotros, sino en Dios que resucita a los muertos" (2ª Corintios 1:9). La razón por la que Dios quiere que depositemos en Él nuestra confianza es porque ese tipo de confianza muestra su poder y su amor supremos, que nos sostiene cuando nosotros no podemos hacer nada para sostenernos.

Empezamos este capítulo con la siguiente afirmación: La pérdida y el sufrimiento, cuando son aceptados con gozo por causa del reino de Dios, muestran la Supremacía de Dios en el mundo de una forma más clara que toda la adoración y la oración. Hemos visto esta verdad implícita al analizar seis razones por las que Dios ha establecido que los mensajeros de su Gracia sufran. Pero ahora diremos de forma explícita que la razón principal del sufrimiento es la Supremacía de Dios. Dios ha determinado el sufrimiento porque a través de las otras razones, el sufrimiento muestra al mundo la Supremacía del valor que Dios tiene sobre cualquier otro tesoro.

Jesús deja bien claro cómo podemos regocijarnos en medio de la persecución. "Bienaventurados seréis cuando os insulten y persigan, y digan todo género de mal contra vosotros falsamente, por causa de mí. Regocijaos y alegraos, porque vuestra recompensa en los cielos es grande" (Mateo 5:11-12). Podemos regocijarnos en medio del sufrimiento porque el valor de nuestra recompensa en los cielos es mayor que el valor de todo lo que perdemos a causa del sufrimiento en esta tierra. Por tanto, el sufrimiento con gozo muestra al mundo que nuestro tesoro está en los cielos, no en la Tierra, y que ese tesoro es mayor que todo lo que el mundo ofrece. La Supremacía del valor de Dios resplandece a través del dolor que su pueblo sufrirá gozoso por amor a su nombre.

Muy gustosamente me gloriaré en la debilidad y la angustia

Uso la expresión "muy gustosamente" porque así hablaban los santos cuando se referían al sufrimiento. Un ejemplo son las palabras de Pablo, cuando dice: "Por tanto, muy gustosamente me gloriaré en mis debilidades... en insultos, en privaciones, en persecuciones y en angustias" (2ª Corintios 12:9-10). Dice lo mismo en Romanos 5:3: "Nos gloriamos en las tribulaciones". Y la razón que da es que las tribulaciones producen paciencia, un carácter probado y una esperanza indestructible (Romanos 5:3-4). Dicho de otro modo, su gozo fluía de su esperanza, tal como Jesús dijo que debía ser. Y Pablo dice claramente que la recompensa es la gloria de Dios. "Nos gloriamos en la esperanza de la gloria de Dios" (Romanos 5:2). Así que la Supremacía de Dios reluce por medio del gozo de Pablo en medio de la aflicción.

Los otros apóstoles reaccionan del mismo modo en Hechos 5:41 después de haber sido azotados por predicar: "Ellos, pues, salieron de la presencia del concilio, regocijándose de que hubieran sido tenidos por dignos de padecer afrenta por su Nombre". Este gozo indestructible y atrevido en medio del peligro y el dolor, muestra la superioridad de Dios sobre todo lo que el mundo ofrece.

Aceptasteis con gozo el despojo de vuestros bienes

Y también tenemos el ejemplo de los cristianos que visitaban a sus amigos que estaban en la cárcel, y lo hacían con gozo aunque eso les costó sus posesiones. "Porque tuvisteis compasión de los prisioneros y aceptasteis con gozo el despojo de vuestros bienes, sabiendo que tenéis para vosotros mismos una mejor y más duradera posesión" (Hebreos 10:34).El gozo en medio del sufrimiento nace de la esperanza en una gran recompensa. Los cristianos no están llamados a llevar una vida malhumorada, ni siquiera en medio del sufrimiento. Hemos sido llamados a gozarnos. "En la medida en que compartís los padecimientos de Cristo, regocijaos" (1ª Pedro 4:13). "Tened por sumo gozo, hermanos míos, el que os halléis en diversas pruebas" (Santiago 1:2).

El amor de Dios es mejor que la vida

La base de este gozo indomable es la Supremacía del amor de Dios por encima de la vida misma. "Tu misericordia es mejor que la vida" (Salmo 63:3). Los placeres de esta vida son "temporales" (Hebreos 11:25), y las aflicciones son "leves y pasajeras" (2ª Corintios 4:17). Pero el amor y la misericordia de Dios son para siempre. Todos sus placeres son superiores, y ya no habrá más dolor. "En tu presencia hay plenitud de gozo; en tu diestra, deleites para siempre" (Salmo 16:11).

El sufrimiento gozoso brilla más fuerte que la gratitud

Es cierto que deberíamos dar testimonio de la Supremacía de la bondad de Dios, recibiendo sus buenos regalos con gratitud (1ª Timoteo 4:4). Pero muchos cristianos creen que ésa es la única forma de glorificar a Dios. Dios ha sido bueno dándoles muchas cosas. Por tanto, dan testimonio de la realidad de Dios aceptando sus regalos y siendo agradecidos.

Pero aunque es verdad que deberíamos disfrutar con gratitud de todo lo que tenemos, la Biblia no nos llama a acumular más y más cosas, sino a dar y a desprenderse de las cosas si el amor a los demás y al reino de Dios así nos lo indica. No hay reglas sencillas que nos digan si hemos sido llamados a dar todo lo que tenemos, como el joven rico, o a dar la mitad de lo que tenemos, como Zaqueo. Lo que sí queda claro en el Nuevo Testamento es que Jesús brilla con mucha más fuerza a través del sufrimiento con gozo, que a través de la gratitud por las riquezas.

Nadie puede dudar de que la Supremacía de Cristo brille con todo su resplandor en una vida como ésta:

> *Pero todo lo que para mí era ganancia, lo he estimado como pérdida por amor de Cristo. Y aún más, yo estimo como pérdida todas las cosas en vista del incomparable valor de conocer a Cristo Jesús, mi Señor, por quien lo he perdido todo, y lo considero como basura a fin de ganar a Cristo.* (Filipenses 3:7-8)

No podemos mostrar el valor de una persona mostrándonos contentos por los regalos que nos da. Es cierto que si no somos agradecidos, quedará claro que no amamos a quien nos los ha dado, pero la gratitud no prueba que la persona que los da sea muy valiosa. Lo que muestra el valor de una persona es la disposición alegre a renunciar a todos sus regalos para poder estar con ella. Es por esa razón por la que el sufrimiento es un elemento central de la misión de la Iglesia. El objetivo de nuestra misión es que las personas de todas las naciones adoren al Dios verdadero. Pero la adoración implica valorar a Dios por encima de todo, incluso la vida misma. No es coherente pedirle a la gente que ame a Dios si nuestro estilo de vida transmite amor hacia las cosas. Por tanto, Dios ha establecido que el sufrimiento de sus mensajeros les haga romper sus lazos con el mundo. Cuando el gozo y el amor nos ayudan a superar esa ruptura, estamos preparados para decirle a las naciones con autenticidad y poder: ¡Esperad en Dios!

¿De qué modo se hace visible la esperanza en Dios?

Pedro habla de la visibilidad de esta esperanza: "Santificad a Cristo como Señor en vuestros corazones, estando siempre preparados para presentar defensa ante todo el que os demande razón de la esperanza que hay en vosotros" (1ª Pedro 3:15). ¿Por qué iba la gente a preguntarnos sobre nuestra esperanza? ¿Cómo hemos de vivir la vida si se supone que la gente se tendría que estar preguntando por la esperanza que tenemos? Si nuestra seguridad y felicidad en cuanto al futuro estuvieran basadas en lo que el mundo basa su futuro, nadie nos preguntaría sobre nuestra esperanza. Porque nadie vería nada diferente a lo que ya tiene. Lo que Pedro está diciendo es que el mundo debería ver en la vida de los cristianos una esperanza diferente, no una esperanza puesta en la seguridad del dinero, del poder, de la vivienda o las propiedades, sino una esperanza puesta en la seguridad de "la Gracia que se os traerá en la revelación de Jesucristo" (1ª Pedro 1:13).

Por tanto, Dios ha establecido el sufrimiento para ayudarnos a desprendernos de las esperanzas terrenales y a poner nuestra esperanza "en Dios" (1ª Pedro 1:21). Las pruebas hacen que nuestra dependencia en las cosas terrenales vaya desapareciendo hasta dejar la "fe genuina" (1ª Pedro 1:7). "Los que sufren conforme a la voluntad de Dios, encomienden sus almas al fiel Creador, haciendo el bien" (1ª Pedro 4:19). La Supremacía de la gran fidelidad de Dios sobre cualquier otra seguridad nos libera para regocijarnos "en la medida en que compartimos los padecimientos de Cristo" (1ª Pedro 4:13). Por tanto, si nos gozamos cuando sufrimos por causa de Cristo, haremos brillar la Supremacía de

Cristo mucho más intensamente que cuando mostramos gratitud por las riquezas que nos da.

Por amor a la obra misionera, austeridad como en tiempos de guerra

Jesús nos anima a que vivamos como si estuviéramos en tiempos de guerra, y no lo hace por lo que la austeridad es en sí, sino por lo que la austeridad aporta a la causa de la evangelización del mundo. Jesús dijo: "Vended vuestras posesiones y dad limosnas; haceos bolsas que no se deterioran, un tesoro en los cielos que no se agota" (Lucas 12:33). "Haceos amigos por medio de las riquezas injustas, para que cuando falten, os reciban en las moradas eternas" (Lucas 16:9). "Vosotros, pues, no busquéis qué habéis de comer, ni qué habéis de beber, y no estéis preocupados. Porque los pueblos del mundo buscan ansiosamente todas estas cosas; pero vuestro Padre sabe que necesitáis estas cosas. Mas buscad su reino, y estas cosas os serán añadidas" (Lucas 12:29-31).

La cuestión es que un salario normal o alto no tiene por qué llevarnos a un estilo de vida derrochador. Dios nos llama a ser canales de su Gracia, y no "calles sin salida". El gran peligro hoy en día es que pensamos que ese canal tiene que ser de oro. No hace falta. También sirve si es de cobre. De hecho, no importa lo agradecidos que estemos a Dios, un canal de oro no hará que el mundo piense "¡Qué bueno es vuestro Dios"; sino que pensarán "¡Qué bueno es vuestro oro!". Eso no honra a Dios.

El amor al dinero mata

El deseo de amasar riquezas lleva a la muerte. Giezi, el siervo de Eliseo, fue castigado con la lepra porque se quedó con una recompensa que no era para él (2° Reyes 5:26-27). Ananías cayó muerto porque su deseo de aumentar riquezas le llevó a mentir (Hechos 5:5-6). El joven rico no pudo entrar en el reino de Dios (Marcos 10:22-23). El hombre rico que celebraba grandes banquetes y que rechazó a Lázaro recibió su recompensa en el Hades (Lucas 16:23). Pablo dijo que los que quieren enriquecerse caen en la ruina y la destrucción (1ª Timoteo 6:9).

Dios no nos cuenta estas tragedias para que odiemos el dinero, sino para que le amemos a Él. La severidad del castigo por haber amado el dinero es una señal de la Supremacía de Dios. Cuando codiciamos, estamos menospreciando el infinito valor de Dios. Por eso Pablo dice que la avaricia es idolatría, y que la ira de Dios caerá sobre los que la practiquen (Colosenses 3:4-5).

"No tenía camisa que ponerme"

Para los estadounidenses (o, léase, cualquier occidental) es imposible ver la profundidad de las palabras de Jesús cuando alaba a la viuda que "de su pobreza, echó todo lo que tenía para vivir" (Lucas 21:4). Para entenderlas un poco mejor, tendríamos que salir del primer mundo y viajar a un lugar donde haya verdadera necesidad. Stanford Kelly nos cuenta una historia de Haití que nos sirve como ilustración.

La Iglesia estaba celebrando una fiesta de Acción de Gracias, y se había animado a todos los miembros a traer una ofrenda de amor. Un hombre llamado Edmund trajo un sobre con 13 dólares. Mientras contaba la ofrenda, Kelly se quedó muy sorprendido, tan sorprendido como se habría quedado cualquier diácono en los Estados Unidos que, contando el dinero de la ofrenda, se encontrara un sobre con 6.000 dólares en metálico. Se volvió buscando a Edmund, pero no lo vio.

Más tarde, Kelly se lo encontró en el pueblo y le preguntó cómo era que no le había visto en la fiesta. Después de mucho insistir, Edmund le contestó que había vendido su caballo para poder darle a Dios aquella ofrenda de 13 dólares. Pero eso no respondía a la pregunta de Kelly. "Pero, ¿por qué no te quedaste en la fiesta?". No quería contestar.

Al final, Edmund le dijo: "No tenía camisa que ponerme".[62]

La jubilación y los pueblos a donde aún no ha llegado el Evangelio

En los Estados Unidos se están dando dos fenómenos al mismo tiempo: por un lado, tenemos el reto de entregarnos de forma plena a la parte que nos toca de la labor misionera y, por otro, tenemos a la generación del *baby-boom*, que está ganando más dinero que nunca y se va acercando a la "jubilación".[63] ¿Cómo van a reaccionar los

---

[62] Norm Lewis, *Priority One: What God Wants* (Orange, Calif.: Promise Publishing, 1988), 120.

[63] Desde la primera edición de este libro, en 1993, uno de los avances más significativos en la estrategia misionera cristiana ha sido la creación de ministerios cuyo objetivo es

cristianos de esa generación ante el tentador sueño americano? ¿Es un sueño bíblico?

Ralph Winter pregunta: "¿En qué lugar de la Biblia encontramos el concepto de la jubilación? ¿Se jubiló Moisés? ¿Se jubiló Pablo? ¿O Pedro? ¿O Juan? ¿Se jubilan los militares si están en medio de una guerra?".[64]   Ya mencioné anteriormente que Oswald Sanders estuvo sirviendo por todo el mundo hasta que murió a la edad de noventa años, y que escribió un libro por año desde que cumplió los setenta hasta los ochenta y nueve.

Por qué la fuerza de Simeon se cuadruplicó a los sesenta

Hace doscientos años, Charles Simeon, pastor de Trinity Church en Cambridge, aprendió una lección muy dolorosa sobre la actitud de Dios hacia su "jubilación". En 1807, después de veintinueve años de ministerio en aquella Iglesia, su salud se debilitó muchísimo. Quedó muy débil, y tuvo que estar de baja durante mucho tiempo. Handley Moule cuenta la fascinante historia de lo que Dios estaba haciendo en la vida de Simeon.

Aquella recaída duró trece años, hasta que Simeon cumplió los sesenta y, de repente, sin aparente explicación médica, recuperó sus fuerzas. Estaba realizando

---

movilizar a la gente de mediana edad en adelante para que dediquen su tiempo a acabar la Gran Comisión. Las palabras de Pablo en Hechos 20:24 se han convertido en la declaración de miles de personas de este grupo. Muchos han optado por una mejor forma de finalizar su vida en la Tierra que malgastando sus últimos años jugando al golf o pescando, y escondiéndose así en el antibíblico mundo de fantasía que hemos llamado "jubilación". Pablo dijo: "Pero en ninguna manera estimo mi vida como valiosa para mí mismo, a fin de poder terminar mi carrera y el ministerio que recibí del Señor Jesús, para dar testimonio solemnemente del Evangelio de la Gracia de Dios". Encontrará información sobre este movimiento en la página web de *Finishers Project*: www.finishers.gospelcom.net/. El ministerio *Finishers Project* es un servicio diseñado para ofrecer a los cristianos adultos información y formación sobre cómo descubrir oportunidades ministeriales en la obra misionera: tanto a corto plazo, como a tiempo parcial, como a todo tiempo. La Declaración de Visión de este ministerio dice lo siguiente: "El *Finishers Project* es un movimiento que informa, reta y guía a la gente a trabajar con Dios para que su gloria sea manifiesta entre las naciones. La generación de los *baby-boomers* será la primera generación que cuando se haya quedado con el nido vacío, aún tendrá fuerzas para trabajar. Y es la primera generación de gente de mediana edad y de edad avanzada que estará tan bien formada y tendrá tantos recursos y talentos. Podemos dárselos a Jesús y atesorarlos en el Cielo, o perderlos".

[64] Ralph D. Winter, "The Retirement Booby Trap", *Mission Frontiers* 7 (julio 1985): 25.

su última visita a Escocia... en 1819 y, para su sorpresa, cuando cruzó la frontera, "las fuerzas le fueron renovadas de forma tan perceptible como cuando la mujer que padecía flujo de sangre tocó el manto del Señor". Él no vio este avivamiento como un milagro, en el sentido estricto de la palabra, sino como una clara señal de la Providencia del Señor.

uenta que antes de caer enfermo estaba determinado a vivir una vida muy activa hasta los sesenta y luego, sabat [¡jubilación!]; pero que ahora le parecía oír la voz del Señor diciéndole: "Te he quitado las fuerzas porque albergabas la idea de llegar a cierta edad, y dejar de trabajar; y ahora que has llegado a esa edad, y has cambiado de idea decidiendo usar para mí las pocas fuerzas que te quedan, yo te duplico, triplico, cuadruplico esas fuerzas, para que puedas llevar a cabo tus deseos de una forma mucho más extensa de lo que habías imaginado".[65]

¡Cuántos cristianos ponen su mirada en la llegada del "sabat" de la vida! Descansar, jugar, viajar, etcétera. La gente de este mundo no cree que habrá algo después de la muerte y, por eso, sustituye el Cielo por todas esas satisfacciones. La mentalidad del ser humano es que nuestros años de duro trabajo merecen una recompensa. Pero una recompensa aquí, en esta vida. No me vengas con el gozo y el descanso eterno después de la muerte. ¡Estos cristianos son unos ingenuos! Pero, reflexionemos: ¿cómo vamos a dedicar veinte años de nuestra vida al ocio y al placer mientras millones de personas se mueren sin haber conocido las buenas nuevas de Jesús? ¡Qué desperdicio vivir así los últimos años antes de entrar en la presencia de nuestro Rey, que vivió hasta el último día en esta tierra de una forma tan diferente a la que nosotros soñamos!

¿Por qué no ser como Ramón Llull?

Ramón Llull nació en 1235 en una ilustre familia de Palma de Mallorca, en el archipiélago balear, España. Fue un joven muy libertino y despilfarrador. Pero tuvo cinco visiones que le hicieron cambiar completamente y llevar una vida de devoción a Cristo. Lo primero que hizo fue entrar en un monasterio, pero más adelante marchó de misionero a

---

[65] Handley C. G. Moule, *Charles Simeon* (1892); reimpresión, London: Inter-Varsity, 1948), 125. Encontrará una biografía de Simeon en "Charles Simeon: The Ballast of Humilation and the Sails of Adoration", en John Piper, *The Roots of Endurance: Invincible Perseverance in the Lives of John Newton, Charles Simeon, and William Wilberforce* (Wheaton: Crossway, 2002). Encontrará una versión anterior a este ensayo en www.DesiringGod.org.

los países musulmanes del norte de África. Aprendió árabe, y ya en su vejez, con setenta y nueve años, usó este conocimiento para dar clases de árabe en Europa.

Sus alumnos y amigos querían que Llull acabara sus días en un lugar tranquilo, apacible, donde pudiera dedicarse al placer del estudio y al calor de la compañía.

Pero ése no era el deseo de Llull. Su ambición era morir como misionero, no como profesor de filosofía. Ni siquiera su "Ars Magna" favorita fue más fuerte que el ars maxima *que encontramos en este célebre escritor: "Aquel que vive por la vida no puede morir".*

En las Contemplaciones de Llull *leemos: "Los hombres, Señor, suelen morir cuando llegan a una edad avanzada, porque dejan de tener su calor natural, y el frío acaba por consumirles... Pero, si es tu voluntad, tu siervo no querría morir así; preferiría morir por amor, del mismo modo en el que Tú moriste por mí".*

Fueron los mismos peligros y dificultades que hicieron que Llull volviera de sus aventuras y se refugiara en Génova en 1291 los que le llevaron de nuevo al norte de África en 1314. Su amor no se había enfriado, sino que ardía con más intensidad, "con aquella falta de calor natural y con la debilidad de la vejez". No solo anhelaba obtener la corona del martirio, sino ver una vez más al pequeño grupo de creyentes [que había dejado en África]. Animado por ese pensamiento, fue a Bugía el 14 de agosto y, durante un año, trabajó de forma clandestina con un pequeño círculo de conversos, que habían abrazado la fe cristiana por el trabajo realizado en sus visitas anteriores.

Finalmente, cansado de andar a escondidas, y anhelando el martirio, salió a la luz y en medio del mercado, se presentó como aquel hombre al que un día habían expulsado de la ciudad. Empezó a decirles que la ira de Dios caería sobre ellos si no reconocían sus errores. Lo hacía con amor, pero exponiendo de forma clara toda la verdad. Es fácil adivinar cuáles fueron las consecuencias. Llenos de una furia fanática ante aquella valentía insólita, y viéndose incapaces de rebatir sus argumentos, los ciudadanos de aquel lugar lo cogieron y lo arrastraron fuera de la ciudad; allí, por orden del rey (o, al menos, con su consentimiento), fue apedreado el 30 de junio de 1315.[66]

Llull tenía ochenta años cuando dio su vida por los musulmanes del norte de África. Como el ciervo anhela las corrientes de agua, deseo que

---

[66] Samuel Zwemer, *Raymond Lull: First Missionary to the Moslems* (New York: Revell, 1902), 132-45.

aumenta cuanto más cerca está el arroyo y en el ambiente ya se puede notar el frescor del agua, así clama el alma del santo por ver a Cristo y glorificarle aún con su muerte (cf. Juan 21:19). ¿No nos resultaría incomprensible que los soldados de la cruz se contentaran con retirarse de la batalla antes de que la trompeta anunciara la victoria, o justo antes de la ceremonia de coronación?

Aprovecha los descuentos para pensionistas

No estoy diciendo que tengamos que continuar con nuestras profesiones y con tantas actividades después de los sesenta y cinco o los setenta años. Lo que estoy diciendo es que, a partir de los sesenta y cinco, para la mayoría de personas empieza un nuevo capítulo. Y si nos hemos armado con la actitud del Salvador sufriente y hemos llenado nuestras mentes con una compresión de la Supremacía de Dios sobre todas las cosas, en ese último capítulo de nuestras vidas invertiremos nuestro tiempo y energía de forma muy diferente a como nos propone nuestra sociedad. Millones de personas "jubiladas" deberían involucrarse en todos los ámbitos en cientos de proyectos repartidos por todo el mundo. ¡Ahora podéis viajar! Dejad a un lado los viajes recreativos y aprovechad los descuentos de pensionista para ir adonde las agencias misioneras os necesiten. Dejad que los pueblos que aún no han recibido el Evangelio cosechen los beneficios de vuestra vida de ganancias. "Serás recompensado en la resurrección de los justos" (Lucas 14:14).

"¡Los caníbales te van a comer!"

Un cristiano de avanzada edad desaprobó la decisión de John G. Paton de ir como misionero a las islas del Océano Pacífico, diciéndole: "¡Los caníbales te van a comer!". A esto, Paton respondió:

> *Sr. Dickson, usted es un hombre mayor, al que no le queda mucho para ir a la tumba, donde los gusanos le van a comer; le confieso que, si puedo vivir y morir sirviendo y honrando al Señor Jesús, me dará igual que me coman los caníbales o los gusanos; y en el Gran Día mi cuerpo resucitado se levantará, como el de usted, a semejanza de nuestro Redentor resucitado.*[67]

---

[67] Paton, *John G. Paton*, 56.

Cuando el mundo vea a millones de cristianos "jubilados" derramando las últimas gotas de sus vidas con gozo por amor a los que aún no han escuchado el Evangelio, veremos brillar la Supremacía de Dios con todo su esplendor. No puede brillar con tanta fuerza en los animados lugares de ocio ni en las segundas residencias, tranquilas y aisladas.

Sirvamos sin autocompadecernos

Desde el más joven al más anciano, Cristo está llamando a su Iglesia a que se involucre de forma radical en el mundo de las misiones. Él ha dejado claro que eso va a acarrear dolor. Pero no nos autocompadezcamos, no nos quejemos, no nos hagamos las víctimas. Me encanta la coherencia de los testimonios de misioneros que han sufrido por el Evangelio. Casi todos ellos dan testimonio del gozo abundante y de que Dios les compensó con todo lo necesario. Aquellos que han sufrido, la mayoría de las ocasiones hablan de forma increíblemente generosa sobre la bendición y el gozo que supone dar sus vidas por los demás.

Lottie Moon dijo: "Verdaderamente, no hay mayor gozo que salvar almas". Sherwood Hedí dijo de Amy Carmichael: "Su vida fue la ofrenda más fragante, el sacrificio más gozoso que jamás conocí". Samuel Zwemer, después de cincuenta años de trabajo (y la pérdida de sus dos hijas de cuatro y siete años), dijo: "Recuerdo el profundo gozo en medio de todo aquello. Con alegría volvería a pasar por aquello". Y tanto Hudson Taylor como David Livingstone, después de haber vivido grandes dificultades y dolorosas pérdidas, dijeron: "Nunca he hecho ningún sacrificio".[68]

Gracias a este descubrimiento he aprendido que el camino del amor pasa por negarse a sí mismo, y por encontrar en ello un gozo indescriptible. Nos negamos los placeres pasajeros del pecado, del lujo, del egocentrismo, para así poder buscar primero el reino de Dios. Al hacer eso, miramos por el bien de los demás, magnificamos a Cristo exaltándole como el mejor de todos los tesoros, y encontramos nuestra mayor satisfacción.

Dios se glorifica más en nosotros cuanto más satisfechos estamos en Él. Y la Supremacía de esa gloria brilla con más fuerza cuando la satisfacción que encontramos en Él perdura a pesar del sufrimiento y el dolor por causa de la misión de amor que Él nos ha encomendado.

---

[68] Ver John Piper, "La consigna del hedonismo cristiano", en *Sed de Dios* (Viladecavalls, Barcelona: Andamio, 2001), 256 y 259.

Parte 2

LA SUPREMACÍA DE DIOS EN LAS MISIONES

La necesidad y la naturaleza de la tarea

Parte 2

LA SUPREMACÍA DE
DIOS EN LAS MISIONES

Su propósito y exclusividad de la tarea

4
La Supremacía de Cristo como el centro explícito de la fe que salva

La Supremacía de Dios en las misiones se afirma bíblicamente afirmando la Supremacía de su Hijo, Jesucristo. El Nuevo Testamento enseña que desde la encarnación del Hijo de Dios, la fe que salva es la fe en Él y en su obra. Eso no siempre fue así, y el tiempo anterior a Jesús se ha llamado "los tiempos de ignorancia" (Hechos 17:30). Pero ahora sí es cierto, y Cristo es el centro explícito de la misión de la Iglesia. El objetivo de la obra misionera es "promover la obediencia a la fe entre todas las naciones, *por amor a su nombre*" (Romanos 1:5). Con la venida de Cristo entra en juego un nuevo elemento. La voluntad de Dios es glorificar a su Hijo convirtiéndole en el centro explícito de la fe que salva.

La pregunta ineludible

La pregunta que hay detrás de todo este capítulo es si la Supremacía de Cristo significa que Él es el único medio de salvación. Pero esta pregunta general se desglosa, a su vez, en tres preguntas más, todas ellas cruciales para la obra misionera de la Iglesia de Cristo.

¿Habrá quienes experimentarán un tormento eterno y consciente bajo la ira de Dios?

Hay mucha gente hoy en día que cree que Cristo es la única esperanza para el ser humano, pero que niega que haya un castigo eterno

por no creer en Él.[1] Algunos dicen que todo el mundo será salvo, independientemente de si oyen o no sobre Cristo en esta vida. Por ejemplo,
aunque ya murió en 1905, las obras del predicador y novelista George
MacDonald se siguen publicando y leyendo como nunca en los Estados
Unidos, y así se está extendiendo la influencia de su "universalismo". En
el infierno, al final la justicia de Dios destruirá todos los pecados de sus
criaturas. Y de esta forma, un día Dios llevará a todas sus criaturas a la
gloria.[2] Todo el mundo será salvo. El infierno no es eterno.

Otros dicen que aunque no todo el mundo será salvo, no habrá un
castigo eterno porque el fuego del juicio aniquila a los que han rechazado
a Cristo. Así, los no creyentes dejan de existir y no experimentan un
castigo consciente. El infierno no es un lugar de castigo eterno, sino una
aniquilación que se dará en un momento concreto. Ésta es la opinión de
eruditos como Clark Pinnock* , John Stott, Edward Fudge y otros.[3]

[1] Encontrará un estudio completo sobre las recientes interpretaciones que se apar-
tan de la creencia histórica de que el infierno consiste en el tormento eterno y consciente
de los impíos, en Ajith Fernando, *Crucial Questions about Hell* (Wheaton: Crossway, 1994);
Robert A. Peterson, *Hell on Trial: The Case for Eternal Punishment* (Phillipsburg, N.J.: Pres-
byterian & Reformed, 1995); D. A. Carson, *Amordazando a Dios* (Viladecaballs, Barcelona:
Andamio, 1999), p. 589-613 ; Larry Dixon, *The Other Side of the Good News: Confronting
the Contemporary Challenges to Jesus' Teaching on Hell* (Ross-shire, Scotland: Christian Focus
Publications, 2003); Robert A. Peterson y Edward William Fudge, *Two Views on Hell: A
Biblical and Theological Dialogue* (Downers Grove, Ill.: InterVarsity, 2000); y Robert Peterson
y Chris Morgan, editores, *Hell under Fire* (Grand Rapids: Zondervan, 2004).

[2] Ver, por ejemplo, su sermón sobre la "Justicia" en Creation in Christ, editor Rolland
Hein (Wheaton: Shaw, 1976), 63-81, donde argumenta que "el castigo existe para que
haya corrección y propiciación. Por su amor, Dios está obligado a castigar el pecado para
librar a su criatura: por su justicia, está obligado a destruir el pecado de su creación"
(72). Yo mismo he escrito una extensa crítica a la interpretación que MacDonald hace de
la justicia divina, la auto-propiciación y el universalismo en *The Pleasures of God* (Sisters,
Ore.: Multnomah, 2000), 168-74.

* Nota del editor: Clark Pinnock es autor de *Revelación Bíblica*, n° 8 de nuestra Colección Telógica Contemporánea. Es una defensa de la infalibilidad, inspiración y veracidad
de las Escrituras. Pertenece a la primera etapa del escritor. En la actualidad, no obstante,
mantiene posturas teológicas muy distintas en ésta y otras doctrinas. Se autodenomina
"teísta creativo del amor". Todas las críticas de Piper hacia Pinnock que aparecen en
esta segunda parte del libro se refieren a su actual postura teológica.

[3] Clark Pinnock y Delwin Brown, *Theological Crossfire: An Evangelical/Liberal Dialogue*
(Grand Rapids: Zondervan, 1990), 226-27. "Mi cuestionamiento de la creencia tradicional
sobre el tormento eterno y consciente no nació, en primer lugar, de un estudio de las
Escrituras, sino de una repugnancia moral y de varias consideraciones teológicas. Es
que no tiene ningún sentido que un Dios de amor condene a la gente a un tormento
eterno por los pecados realizados en el contexto de una vida finita… Es hora de que los
evangélicos digan que la doctrina bíblica y moralmente adecuada sobre el infierno es la
aniquilación, y no el tormento eterno". Cf. Clark Pinnock, "The Conditional View", en
Four Views of Hell, editor William Crockett (Grand Rapids: Zondervan, 1996), 135-66.

David Edwards, *Evangelical Essentials, with a Response from John Stott* (Downers Grove,
Ill.: InterVarsity, 1988), 314-20. "Emocionalmente, creo que el concepto [del tormento

Por tanto, la pregunta que tenemos que hacernos incluye otra pregunta: ¿habrá gente que quedará separada de Cristo de forma eterna y que experimentará un tormento eterno consciente bajo la ira de Dios?

¿Es necesaria la obra de Cristo?

Hay gente hoy en día que niega que Cristo sea la única esperanza para el Hombre. Muchos son los que creen que aunque Cristo es el medio que Dios ha provisto para los cristianos, hay otras formas (otras religiones) para llegar a Dios y alcanzar la bendición eterna. Resumiendo: la obra de Cristo es útil para los cristianos, pero no es necesaria para los no cristianos.

Por ejemplo, el teólogo británico John Hick defiende que las diferentes religiones son "iguales, aunque cada una tenga un énfasis distinto". El cristianismo no es superior, sino que solo es una de tantas opciones en la búsqueda de la salvación. No tenemos que buscar una religión, sino que hemos de desear ver llegar el día en que "el espíritu ecuménico que tanto ha transformado el cristianismo influya cada vez más a las relaciones entre las religiones del mundo".[4]

eterno y consciente] es intolerable y no entiendo cómo la gente puede vivir con él sin traumatizarse o, para evitar eso, sin cauterizar sus sentimientos". Este autor ofrece cuatro argumentos que, según él, sugieren que "las Escrituras apuntan a una aniquilación, y que 'el tormento eterno y consciente' es una tradición que tiene que someterse a la suprema autoridad de la Biblia... No quiero dogmatizar sobre la conclusión a la que he llegado. Reconozco que me puedo equivocar. Pero lo que sí pido es que entre los evangélicos pueda haber un diálogo franco y basado en las Escrituras. También creo que la aniquilación última de los impíos debería aceptarse, al menos, como una alternativa bíblica y legítima a la interpretación del tormento eterno y consciente".

Edward William Fudge, *The Fire That Consumes: The Biblical Case for Conditional Inmortality*, edición revisada (Carlisle, U.K.: Paternoster, 1994).

[4] John Hick, "Whatever Path Men Choose Is Mine", en Christianity and Other Religions, editor John Hick y Brian Hebblethwaite (Philadelphia: Fortress, 1980), 188. Hick acaba con una cita del texto sagrado indio, el *Bhagavad Gita*, iv, 11: "Según la manera en que los hombres se abren a Mí, así yo me muestro a ellos. Tal y como me aman, yo los amo. Pues, *aunque muchos son los senderos del Hombre, finalmente todos llegan a Mí*". Encontrará un estudio del pensamiento de Hick, junto con una respuesta contundente, en Harold Netland, *Dissonant Voices: Religious Pluralism and the Question of Truth* (1991: reimpresión, Vancouver: Regent Publishers, 1998); ídem, *Encountering Religious Pluralism: The Challenge to Christian Faith and Mission* (Downers Grove, Ill.: InterVarsity, 2001). De forma similar, John Parry, el Secretario del Departamento de Misiones de la Iglesia Reformada Unida en Londres, escribió en 1985: "Estamos llamados a la fe de Jesucristo. El cambio de preposición es significativo. No estamos hablando de la fe *en* Jesucristo, sino de la fe *de* Jesucristo. Se trata de una fe que queda evidenciada en la confianza que uno pone en Dios, en la medida en la que uno se rinde ante los propósitos de Dios, en la entrega personal. Yo he visto esa fe en amigos de otras creencias. No puedo creer que ellos

Eso significa que la pregunta que nos estamos haciendo incluye otro interrogante: ¿la obra de Cristo es el medio que Dios ha provisto para todo el mundo o solo para los cristianos?

¿Es necesario tener fe en Cristo de forma consciente?

Algunos evangélicos dicen que no saben si la fe consciente en Cristo es absolutamente necesaria.[5] Otros, sin negar la realidad del juicio eterno o la necesidad de la obra de Cristo, dicen lo siguiente: "Sí, Cristo es la única esperanza para el Hombre, *pero* Él salva a algunos de los que nunca han oído hablar de Él a través de una fe que no tiene a Cristo por objeto (al menos, de forma consciente)". Por ejemplo, Millard Erickson representa a algunos evangélicos[6] que argumentan que, al igual que los santos del Antiguo Testamento, algunas personas que hoy no han oído las buenas nuevas sobre Jesús "recibirán el beneficio de la muerte de Cristo aunque no le han conocido de forma consciente y aunque no han creído de forma consciente en su nombre".[7]

---

están lejos del reino de los cielos; es más, como escribe el Dr. Starkey: "... la gente no será juzgada por tener una creencia doctrinal correcta, sino por su fe. Los que en el día del juicio entrarán en el reino son los que con fe han respondido al amor de Dios amando a los demás". "Exploring the Ways of God with Peoples of Faith", *International Review of Missions* 74, núm. 296 (octubre 1985): 512.

[5] Edwards, *Evangelical Essentials*, 327. Por ejemplo, John Stott dice: "Creo que la posición más cristiana consiste en enfrentarse a esta cuestión con cierto agnosticismo ... El hecho es que Dios, aunque sí nos ha hecho llegar solemnes advertencias de la responsabilidad que tenemos de responder al Evangelio, no nos ha revelado la forma en la que tratará a los que nunca lo hayan oído". En William V. Crockett y James G. Sigountos, editores, *Through No Fault of Their Own* (Grand Rapids: Baker, 1991), Timothy Phillips, Aida Besançon Spencer, y Tite Tienou "prefieren dejar ese asunto en las manos de Dios" (259, n. 3).

[6] Crockett y Sigountos (*Through No Fault of Their Own*) incluyen algunos ensayos escritos por evangélicos para transmitir la idea de que aquellos que nunca han oído el Evangelio pueden llegar a la salvación a través de la revelación general. Su conclusión es la siguiente: "Los que oyen el Evangelio y lo rechazan están perdidos. Y los que abrazan la luz de la revelación general tienen que estar dispuestos a dejar los ídolos muertos para servir al Dios vivo y verdadero (1ª Tesalonicenses 1:9). Por tanto, la revelación general crea en ellos un deseo de rechazar su religión pagana." (260). Encontrará una buena respuesta a estas conclusiones en Ajith Fernando, *Sharing the Truth in Love: How to Relate to People of Other Faiths* (Grand Rapids: Discovery House, 2001), 211-33.

[7] Millard Erickson extrae algunos elementos de la Revelación que podemos encontrar en la Naturaleza según Romanos 1-2 y 10:18. Los elementos esenciales del "mensaje del Evangelio" que encontramos en la Naturaleza son: "1) La creencia de que existe un único Dios, bueno y poderoso. 2) La creencia de que el Hombre debe obedecer de forma perfecta la ley de este Dios. 3) La comprensión por parte del Hombre de que no puede obedecer esa ley de forma perfecta y que, por tanto, es culpable y está

Así que tenemos que tener bien claro cuál es la pregunta que nos estamos haciendo: ¿la gente necesita oír de Cristo para poder tener la vida eterna? Es decir, ¿puede alguien hoy en día ser salvo por la obra de Cristo aun cuando no haya tenido la oportunidad de escuchar sobre esa salvación?

Por tanto, cuando preguntamos "¿Es Jesucristo la única esperanza para la salvación?" estamos preguntando tres cosas:

1. ¿Habrá quienes experimentarán un tormento eterno y consciente bajo la ira de Dios?

2. ¿La obra de Cristo es el medio necesario que Dios ha provisto para la salvación eterna?

3. ¿Es necesario que la gente oiga de Cristo para poder alcanzar la salvación eterna?

---

condenado. 4) La comprensión de que nada de lo que pueda ofrecer a Dios servirá para compensarle por sus pecados y culpa. 5) La creencia de que Dios es misericordioso, y que perdonará y aceptará a los que confíen en su misericordia. ¿No sería lógico que si un hombre creyera y actuara según estos principios, recibiera la redención que Dios ofrece a través de la muerte de Cristo, independientemente de si conoce o no, de si comprende o no, los detalles de la obra redentora de Cristo? Se supone que eso es lo que ocurre con los creyentes del Antiguo Testamento... Si eso es posible, si los judíos poseían la salvación en tiempos del Antiguo Testamento a través del Evangelio, aunque no tuvieran su contenido, ¿no podemos extender ese principio? ¿No sería lógico que los que no hayan oído de Cristo en estos tiempos en los que ya contamos con la revelación especial, participen de la salvación siguiendo ese mismo principio? No sería justo pedirles cuentas por no haber respondido ante un mensaje de salvación que no han oído...". Pero llegado a este punto, su argumento se vuelve algo más tímido, pues sigue diciendo: "Lo que Pablo nos dice en Romanos es que muy pocos, si es que hay alguno, que lleguen a entender la salvación de Dios fijándose solo en la revelación natural". Millard Erickson, "Hope for Those Who Haven't Heard? Yes, But...", *Evangelical Missions Quarterly* 11, núm 2 (abril 1975): 124-25. En este punto, Erickson sigue a A. H. Strong: "La persona de entre los paganos que se salve será salva de igual forma [esto es, de igual forma que los patriarcas del Antiguo Testamento] viéndose a sí mismos como pecadores condenados y entregándose al plan y a la misericordia de Dios, que han podido vislumbrar, aunque de forma débil, en la Naturaleza y la Providencia". *Systematic Theology* (Westwood, N.J.: Revell, 1907), 842. Esta interpretación es diferente a la del teólogo reformado Charles Hodge, que defendía que el llamamiento a la salvación solo venía por el leer o el oír la Palabra de Dios. *Systematic Theology*, vol. 2 (Grand Rapids: Eerdmans, 1952), 646.

Sentido de urgencia

Las respuestas bíblicas a estas tres preguntas son cruciales porque en cada uno de los tres casos, una respuesta negativa reduciría el sentido de urgencia que normalmente asociamos con la causa misionera. Claro está que los evangélicos como Erickson no pretenden reducirlo, y su interpretación no entra en la categoría de las interpretaciones de Hick o MacDonald. Ellos solo dicen que la salvación sin predicación del Evangelio es la excepción y no la regla y que, por eso, es muy importante predicar a todo el mundo.

No obstante, el sentido de urgencia es muy diferente cuando uno cree que oír el Evangelio es la única esperanza que la gente tiene de escapar de la condena del pecado y de vivir por siempre feliz para la gloria de la Gracia de Dios. La idea de William Crockett y James Sigountos suena extraña; ¿cómo se entiende que la existencia de "cristianos implícitos" (salvos a través de la revelación general, sin haber oído de Cristo) ha de "acrecentar la motivación" para la obra misionera? Dicen que estos conversos que no han oído del Evangelio "están ansiosos por oír más sobre [Dios]". Si llegamos a ellos y les enseñamos, "surgirá una Iglesia fuerte, que dará la gloria a Dios y evangelizará a sus vecinos paganos".[8] Por más que lo intento, no puedo dejar de pensar que esta idea no es más que un intento fútil de hacer que una debilidad parezca una fortaleza. Por el contrario, el sentido común nos hace llegar a la siguiente conclusión: cuanta más probabilidad haya de que la gente se pueda salvar sin la predicación del Evangelio, menos sentido de urgencia habrá por el crecimiento de la obra misionera.

Así, si pensamos en estas tres preguntas, veremos que hay mucho en juego. Sin embargo, al final, lo más importante no es nuestro deseo de mantener la urgencia de la causa misionera, sino responder a la pregunta: ¿Qué es lo que enseñan las Escrituras?

Mi objetivo en esta sección es ofrecer datos bíblicos que, en mi opinión, nos llevan a encontrar una respuesta afirmativa para cada una de las preguntas que nos hemos planteado. Espero demostrar que, en el sentido más amplio, Jesucristo es la única esperanza de salvación para el ser humano. Para ello, dividiré los textos en tres grupos, según la pregunta con la que estén más relacionados. Y a lo largo de mi exposición, iré haciendo los comentarios pertinentes.

---

[8] Crockett y Sigountos, *Through No Fault of Their Own*, 260.

Un infierno de tormento eterno y consciente

Y muchos de los que duermen en el polvo de la Tierra despertarán, unos para la vida eterna, y otros para la ignominia, para el desprecio eterno. (Daniel 12:2)

Es cierto que la palabra hebrea *olam* no siempre significa "eterno", pero en este contexto parece que sí, pues apunta a una división definitiva entre el gozo y la miseria después de la muerte y la resurrección. Del mismo modo que la *vida* es eterna, *la ignominia y el desprecio* también son eternos.

"El bieldo está en su mano y limpiará completamente su era; y recogerá su trigo en el granero, pero quemará la paja en *fuego inextinguible*" (Mateo 3:12; cf. Lucas 3:17). Aquí tenemos la predicción de Juan el Bautista sobre el juicio que Jesús realizará al final. Juan habla de una separación definitiva. El término "fuego inextinguible" hace pensar en un fuego que no se apagará nunca y, por tanto, en un castigo que no tendrá fin. Así lo confirma el texto que encontramos en Marcos 9:43-48:

> *Y si tu mano te es ocasión de pecar, córtala; te es mejor entrar en la vida manco, que teniendo las dos manos ir al infierno, al fuego inextinguible, donde el gusano de ellos no muere, y* el fuego no se apaga. *Y si tu pie te es ocasión de pecar, córtalo; te es mejor entrar cojo a la vida, que teniendo los dos pies ser echado al infierno, donde el gusano de ellos no muere, y el fuego no se apaga. Y si tu ojo te es ocasión de pecar, sácatelo; te es mejor entrar al reino de Dios con un solo ojo, que teniendo dos ojos ser echado al infierno, donde el gusano de ellos no muere, y* el fuego no se apaga.

Aquí está claro que el "fuego que no se apaga" se refiere al infierno, y la última línea muestra que la idea principal es que la miseria de los que allí van no tendrá fin ("donde el gusano de ellos no muere"). Si aquí se estuviera hablando de la aniquilación (la enseñanza de que algunos dejarán de existir después de la muerte o después de un periodo limitado de castigo consciente en el infierno)[9], ¿por qué se iba a enfatizar que el fuego no se apaga y que el gusano no muere? John Stott trata

---

[9] Clark Pinnock del McMaster Divinity Collage argumenta que "el 'fuego' del juicio de Dios consume a los perdidos... Dios no resucita a los impíos para torturarles por siempre, sino para declarar su juicio sobre los impíos y para condenarles a la extinción, que es la muerte segunda". "Fire, Then Nothing", *Christianity Today* 44, núm 10 (20 marzo, 1987): 49.

de solventar este problema diciendo que el gusano no morirá y que el fuego no se apagará "hasta que supuestamente su obra de destrucción haya finalizado".[10] Pero eso no es lo que el texto dice. Al contrario, Mateo 18:8 confirma el carácter eterno de ese fuego: "Y si tu mano o tu pie te es ocasión de pecar, córtatelo y échalo de ti; te es mejor entrar en la vida manco o cojo, que teniendo dos manos y dos pies, ser echado en el *fuego eterno*".

Aquí no solo dice que es inextinguible, sino que dice de forma más explícita que es "eterno". Este fuego no solo es un fuego purificador de la era que está por venir (es así como algunos interpretan la palabra *aionion*) porque así lo prueban las siguientes sentencias de Jesús, especialmente aquella que hace referencia al pecado imperdonable (Mateo 12:31-32; Lucas 12:10). "Y no temáis a los que matan el cuerpo, pero no pueden matar el alma; más bien temed a aquel que puede hacer perecer tanto el alma como el cuerpo en el infierno" (Mateo 10:28; cf. Lucas 12:4-5). La "destrucción" a la que aquí se refiere es definitiva y final, pero eso no significa necesariamente "borrar" o "aniquilar". La palabra *apollymi* significa, frecuentemente, "arruinar" o "destruir", "perder", "perecer" o "deshacerse de" (Mateo 8:25; 9:17; 10:6; 12:14). No implica aniquilar. Se trata de una destrucción eterna (ver 2ª Tesalonicenses 1:9).

"Entonces dirá también a los de su izquierda: "Apartaos de mí, malditos, al fuego eterno que ha sido preparado para el diablo y sus ángeles... Y éstos irán al castigo eterno, pero los justos a la vida eterna" (Mateo 25:41, 46). Queda bien claro, de forma explícita, que el fuego eterno es "castigo", y que lo opuesto es la vida eterna. No haremos justicia al significado del término "vida eterna" si decimos que solo se refiere a una cualidad de vida sin connotaciones eternas.[11] Por tanto, no sería verdad decir que el "castigo eterno" no se está refiriendo a una duración eterna. Como dice Leon Morris: "Es difícil ver el destino de los impíos como algo menos permanente que el destino del creyente".[12]

---

[10] Edwards, *Evangelical Essentials*, 317.

[11] Scot McKnight trata de forma extensa el texto de Mateo 25:46 como respuesta a esfuerzos recientes (como el de John Stott) que interpretan la consecuencia eterna de la injusticia como la aniquilación. Su conclusión es contundente: "Los términos eterno/eterna en Mateo 25:46 pertenecen a la era final, y una característica de la era final, a diferencia de esta era en la que vivimos, es que es eterna, infinita, temporalmente ilimitada. Por tanto, lo más probable es que el significado de Mateo 25:46 sea que del mismo modo en el que la vida con Dios es temporalmente ilimitada para los justos, el castigo por el pecado por rechazar a Cristo también será temporalmente ilimitado... El estado final de los impíos es de tormento eterno y consciente". "Eternal Consequences or Eternal Consciousness", en *Through No Fault of Their Own*, 157.

[12] Leon Morris, "The Dreadful Harvest", *Christianity Today* 35, núm. 6 (27 mayo, 1991).

No solo eso, sino que cuando comparamos este texto con Apocalipsis 20:10, el caso a favor del tormento eterno y consciente se ve reforzado. Aquí, en Mateo 25:41, los cabritos son sentenciados al "fuego eterno preparado para *el diablo y sus ángeles*". Eso es precisamente lo que aparece en Apocalipsis 20:10, es decir, el destino final del diablo. Y queda claro que su condición será la del tormento consciente (ver más adelante).

"El Hijo del Hombre se va, según está escrito de él; pero ¡ay de aquel hombre por quien el Hijo del Hombre es entregado! Mejor le fuera a ese hombre no haber nacido" (Mateo 26:24). Si Judas hubiera estado destinado para la gloria al final de todo (como dice el universalismo) o destinado para ser aniquilado, es difícil saber por qué hubiera sido mejor para él no haber nacido.[13] En Juan 17:12, se le llama "el hijo de perdición" (o "el hijo de destrucción"), un término relacionado con la palabra "destruir" que aparece en Mateo 10:28.

"Cualquiera que blasfeme contra el Espíritu Santo no tiene jamás perdón, sino que es culpable de *pecado eterno*" (Marcos 3:29). "Y a cualquiera que diga una palabra contra el Hijo del Hombre, se le perdonará; pero al que hable contra el Espíritu Santo, no se le perdonará ni en este siglo *ni en el venidero*" (Mateo 12:32). Esto no deja lugar para la idea de que después de un tiempo de sufrimiento en el infierno, los pecadores serán perdonados y podrán entrar en el Cielo. Mateo dice que no habrá perdón en el siglo venidero para el pecado imperdonable, y por eso Marcos lo llama el pecado eterno, lo que demuestra que el vocablo "eterno" sí que tiene la connotación temporal de duración infinita, es decir, que no solo se refiere a un periodo limitado en el siglo venidero.

"Y, además de todo esto, hay un gran abismo puesto entre nosotros y vosotros, de modo que los que quieran pasar de aquí a vosotros no puedan, y *tampoco nadie pueda cruzar de allá a nosotros*" (Lucas 16:26). Éstas son las palabras que Abraham le dirige al hombre rico del Hades. Implícitamente, queda claro que el sufrimiento que allí hay es ineludible. No hay forma de escapar de él.

[Dios] pagará a cada uno conforme a sus obras: a los que por la perseverancia en hacer el bien buscan gloria, honor e inmortalidad: vida eterna; pero a los que son ambiciosos y no obedecen a la verdad, sino que obedecen a la injusticia: ira e indignación. (Romanos 2:6-8)

---

[13] En Edwards, *Evangelical Essentials*, 314, John Stott intenta honrar este texto diciendo: "Ciertamente tenemos que decir que esta expulsión lejos de Dios será real, terrible (tanto, que "mejor le fuera a ese hombre no haber nacido", Marcos 14:21) y eterno". Pero no explica por qué a un hombre que come, bebe, es feliz durante setenta años, y luego deja de ser consciente de lo que le ocurre le hubiera sido mejor no haber existido.

Éste es un texto importante, porque la ira y la indignación o furia son las alternativas a la "vida eterna". Eso parecer apuntar a que la ira y la indignación son lo que experimentarán algunos en lugar de experimentar la vida de forma eterna; es decir, experimentarán la ira y la indignación por siempre.

> *Estos sufrirán el castigo de* eterna destrucción, *excluidos de la presencia del Señor y de la gloria de su poder, cuando Él venga para ser glorificado en sus santos en aquel día y para ser admirado entre todos los que han creído.* (2ª Tesalonicenses 1:9-10)

La palabra que traducimos por "destrucción" (*olethros*) significa "ruina" (1ª Corintios 5:5; 1ª Timoteo 6:9). No tenemos aquí la descripción de una aniquilación, sino de la ruina de la vida humana que quedará separada de la presencia de Dios para siempre.

> *Por tanto, dejando las enseñanzas elementales acerca de Cristo, avancemos hacia la madurez, no echando otra vez el fundamento del arrepentimiento de obras muertas y de la fe hacia Dios, de la enseñanza sobre lavamientos, de la imposición de manos, de la resurrección de los muertos y del juicio eterno.* (Hebreos 6:1-2)

> *Estos son escollos ocultos en vuestros ágapes... son olas furiosas del mar, que arrojan como espuma su propia vergüenza; estrellas errantes para quienes la oscuridad de las tinieblas ha sido reservada para siempre.* (Judas 12-13)

> *Y el humo de su tormento asciende* por los siglos de los siglos; y no tienen reposo, *ni de día ni de noche, los que adoran a la bestia y a su imagen, y cualquiera que reciba la marca de su nombre.* (Apocalipsis 14:11)

En griego no hay una expresión tan clara y contundente para referirse a la eternidad como ésta: "por los siglos de los siglos" (*eis aionas aionon*). "Y dijeron por segunda vez: ¡Aleluya! el humo de ella sube *por los siglos de los siglos*" (Apocalipsis 19:3). "Y el diablo que los engañaba fue arrojado al lago de fuego y azufre, donde también están la bestia y el falso profeta; y serán atormentados día y noche *por los siglos de los siglos*" (Apocalipsis 20:10). De nuevo esta expresión tan fuerte se usa para referirse una duración eterna, sin fin: por los siglos de los siglos (*eis tous aionas ton aionon*). John Stott vuelve a intentar escapar de la claridad con la que se habla en Apocalipsis del carácter eterno de los tormentos y del lago de fuego. Dice que Apocalipsis 20:10 se refiere a la bestia y al falso profeta que "no son personas concretas, sino símbolos del mundo y de su hostilidad hacia Dios. Dado que es así, no pueden experimentar dolor".[14]

Pero Stott se olvida de mencionar Apocalipsis 20:15, donde dice que "Y [todo nombre] que no se encontraba inscrito en el libro de la vida [no solo el de la bestia y el del falso profeta] fue arrojado al lago de fuego". De forma similar, Apocalipsis 21:8 dice que "estar en el lago que arde con fuego y azufre, que es la muerte segunda" será la herencia de *todos los pecadores*, es decir, la herencia que cada uno de ellos, *de forma individual*, recibirá. Y ese tormento que dura por los siglos de los siglos en Apocalipsis 14:10 es precisamente el tormento "con fuego y azufre", es decir, el tormento del "lago que arde con fuego y azufre" (21:8). Dicho de otro modo, el "lago de fuego" no solo aparece, como Stott defiende, cuando la bestia, el falso profeta, la Muerte y el Hades (20:13) son arrojados, sino que también aparece cuando las personas que no han creído son condenadas (14:10-11; 20:15; 21:8). Esto demuestra de forma contundente que los que no crean experimentarán un tormento consciente y eterno.[15]

---

[14] Ibíd., 318.

[15] John Stott ha tenido la amabilidad de mantener correspondencia conmigo en cuanto a este tema del destino eterno de los perdidos. Para ser justo con alguien a quien considero un hermano y que ha sido un piadoso mentor teológico y pastoral durante más de treinta años, voy a explicar cuál es su punto de vista sobre lo que yo he escrito citando una carta que él me envió el 1 de marzo de 1993: "Si quiero ser honesto, no puedo decir que hayas hecho justicia a lo que escribí en *Evangelical Essentials*... Por ejemplo, afirmo de forma clara todos los versículos donde aparecen las ideas de "eternidad" y de "no extinción" que tú citas, y también creo en el "castigo eterno". Lo que estamos cuestionando no es el concepto de eternidad, sino la naturaleza del castigo. Y tú ahí no estableces ninguna diferencia clara. También creo en el tormento en el estado intermedio (pues así lo muestra la historia de Lázaro), y en que "habrá un terrible llanto y crujir de dientes" cuando los perdidos se den cuenta de cuál es su destino. Pienso que creo con la misma convicción que tú que "es cosa temible caer en manos del Dios vivo". Lo que me preocupa es la forma en la que sueles citar versículos como piezas clave de tu argumentación, y escoges versículos que son de difícil interpretación (es decir, versículos que pueden tener más de una interpretación). Creo que eres demasiado dogmático, como ya te dije en mi carta anterior, y no dejas lugar a un agnosticismo humilde que cree que Dios no lo ha revelado todo de forma tan claramente como tú crees". En una carta anterior al Dr. Stott yo había mencionado que mi actitud un tanto negativa hacia el "agnosticismo" quizá esté influenciada por el omnipresente relativismo en el que me muevo, tanto fuera como dentro de la Iglesia. No quiero que parezca que no estoy dispuesto a aprender o a cambiar si la luz de las Escrituras está apuntando en otra dirección. Pero el diagnóstico que hago de la enfermedad de nuestro siglo no me lleva tanto hacia un "agnosticismo humilde", sino más bien hacia (lo que espero que sea) una afirmación humilde. Dejaré que sean los lectores los que determinen si

El infierno es una realidad aterradora. Cuando hablamos de este tema a la ligera es porque no hemos entendido el horror que allí hay. No conozco a nadie que haya sido demasiado exagerado al hablar de lo terrible que es el infierno. Es difícil superar las horripilantes imágenes que Jesús usó. Al pensar en el infierno, deberíamos estremecernos, temblar.

¿Por qué? Porque Dios ha establecido que los horrores infinitos del infierno sean una demostración viva del valor infinito de su gloria, esa gloria que los pecadores han empequeñecido. El supuesto bíblico de la justicia del infierno[16] es el testimonio más claro de la infinidad del

---

he dejado a un lado la convicción firmemente defendida para encarnar un dogmatismo poco argumentado.

[16] Una de las personas que más ha luchado con la idea de la justicia del infierno y ha llegado a una posición muy poco usual en cuanto a la aniquilación y la perspectiva tradicional de la miseria eterna y consciente es Greg Boyd, que representa una línea de pensamiento llamada "teísmo abierto". En su libro *Satan and the Problem of Evil* (Downers Grove, Ill.: InterVarsity, 2001), presenta los textos que normalmente se citan para probar la existencia de un tormento eterno y consciente, y los textos que se citan para demostrar que habrá una aniquilación, y acaba afirmando "que los dos puntos de vista son esencialmente correctos" (336). Por un lado, dice: "Cuando analizamos y relacionamos todas las evidencias bíblicas, tenemos que admitir que el argumento de la aniquilación es bastante convincente" (336). Pero, por otro lado, encuentra algunos textos que no encajan con la postura aniquilacionista (menciona Apocalipsis 14:10; 20:10; Mateo 25:34, 41; 2ª Tesaloniceses 1:6-9 [336]). Y se pregunta: "¿Qué podemos hacer? En mi opinión, estamos ante un enigma. Creo que ni la posición tradicional ni la posición aniquilacionista explican de forma adecuada las evidencias bíblicas citadas para defender la posición contraria. No obstante, creo que la Biblia no puede contradecirse (Juan 10:35). Con lo cual, me pregunto: ¿es posible ser coherente y lógico, y afirmar que ambas posiciones son esencialmente correctas?" (336-37). Llega a la conclusión de que sí es posible: "Intentaré ir más allá del ámbito de la comprensión tradicional y aniquilacionista del castigo eterno y así construir un modelo del infierno que nos permita afirmar la esencia de las dos posiciones" (339). Intenta demostrar que "el infierno es el sufrimiento eterno de los agentes que han sido aniquilados" (356). Elabora una premisa crucial: "No puede haber una realidad compartida entre los que han aceptado a Dios y los que le han rechazado, del mismo modo que no puede haber una realidad compartida entre la realidad que Dios afirma y las posibilidades que Dios anula" (347). Véase la conclusión que se desprende de una premisa así: "El amor tiene que ver con las relaciones, y las relaciones tienen que ver con compartir la realidad. Por tanto, cuando en el siglo venidero la realidad está exhaustivamente definida por el amor de Dios, la "realidad" de cualquier agente que se oponga al amor no puede ser compartida por nadie más y, por tanto, no puede ser real para nadie más. Será real *desde el interior* de aquel que la sostiene gracias a que la desea de forma activa. Pero para los que participan de la realidad – es decir, aquellos que están abiertos a Dios y a los demás a través del amor de Dios – no es nada. Y desearán que siga siendo nada por toda la eternidad" (350). "El infierno solo es real desde el interior" (348). Así, "podemos afirmar que en un sentido los habitantes del infierno son aniquilados, aunque sufrirán eternamente. Desde la perspectiva de aquellos que comparten la realidad en el siglo venidero, los malditos dejarán de existir o, dicho de otro modo, "serán como si no hubieran sido" (Abdías 16). Existen solo como una negación… Continúan experimentando el tormento,

pecado por no haber glorificado a Dios. Todos nosotros hemos fallado en eso. Todas las naciones. Por tanto, el peso de la culpa infinita pesa sobre todo ser humano porque nos hemos deleitado más en nuestra propia autosuficiencia que en Dios.

La visión de Dios en las Escrituras es la de un Dios majestuoso y soberano que hace todas las cosas para magnificar la grandeza de su gloria y para el disfrute ilimitado de su pueblo. La visión del Hombre en las Escrituras es la de un hombre que oculta esa verdad y encuentra más gozo en su propia gloria que en Dios.

Cuando Clark Pinnock[17] y John Stott[18] repiten esa vieja objeción de que un castigo *eterno* es desproporcionado si lo comparamos a una vida de pecado *finita*, pasan por alto aquel elemento esencial que Jonathan Edwards vio con tanta claridad: el grado de condena no está determinado por la cantidad de tiempo que has estado ofendiendo la dignidad, sino por el valor de la dignidad que has ofendido.

> *El crimen de despreciar a alguien es más o menos atroz en proporción al grado de obediencia que se le debe a ese alguien. Y, por tanto, si hay un ser al que debemos amor y honor infinitos, y una obediencia total, actuar de forma contraria es absolutamente condenable.*
>
> *Nuestra obligación a amar, honrar y obedecer será proporcional al amor, honor y autoridad de ese ser... Pero Dios es un ser de un amor infinito, porque Él ya tenía una excelencia y una belleza infinitas...*
>
> *Así que el pecado contra Dios, siendo una violación de obligaciones infinitas, tiene que ser un crimen infinitamente atroz y, por tanto, merece un castigo infinito... La eternidad del castigo de los hombres impíos lo convierte en infinito...*

---

pero es un tormento que se debe a su patética elección, tormento que tiene lugar en una realidad ilusoria de su imaginación maldita" (350). "Como dicen las Escrituras, se extinguirán, serán reducidos a cenizas, serán olvidados para siempre... Pero también podríamos aceptar la enseñanza bíblica referente a la eternidad del tormento de los condenados... Desde el interior de la experiencia rebelde, esa no existencia o "nada" que han deseado es experimentada como "algo". Para todos los demás, sigue siendo nada" (353). No creo que el "modelo" complejo y paradójico de Boyd pueda pasar el examen de un estudio serio. Para elaborar una crítica de su perspectiva haría falta más espacio del que ocupa este libro, pero he escrito una respuesta parcial titulada "Greg Boyd on 'The Eternal Suffering of Agents Who Have Been Annihilated'", disponible en www.DesiringGod.org.

[17] "No tiene sentido decir que un Dios de amor torturará a la gente durante toda la eternidad por los pecados que han hecho en el contexto de una vida finita", Pinnock y Brown, *Theological Crossfire*, 226.

[18] "¿No habría una grave desproporción entre los pecados cometidos conscientemente en el tiempo y el tormento consciente en la eternidad?", Edwards, *Evangelical Essentials*, 318.

y, por tanto, lo convierte en algo que es tan solo proporcional a aquello de lo que son culpables.[19]

Una diferencia clave entre Edwards y nuestros portavoces contemporáneos que abandonan la perspectiva bíblico-histórica del infierno es que Edwards estaba radicalmente comprometido con desarrollar sus ideas sobre la justicia y el amor de Dios a partir de Dios mismo. Pero parece que cada vez más, los evangélicos contemporáneos se están entregando a lo que "encaja" con sus propios juicios morales.[20] Esta forma de pensar no va a fortalecer a la Iglesia ni a su misión. Lo que necesitamos es comprometernos con la Supremacía de Dios para así poder determinar lo que es real y lo que no lo es.

La necesidad de la expiación de Cristo para la Salvación

La segunda pregunta que debemos responder para seguir con nuestro estudio es si la obra expiatoria de Cristo es necesaria para la salvación de los que vayan a ser salvos. ¿La gente puede salvarse de algún otro modo que no sea por la obra de Cristo? ¿Son suficientes las religiones y los medios que ofrecen para llevar a la gente a una felicidad eterna con Dios?

Los siguientes textos bíblicos nos llevan a la conclusión de que la expiación de Cristo es necesaria para la salvación de aquellos que serán salvos. No hay salvación fuera de la salvación que Cristo logró a través de su muerte y resurrección.

Porque si por la trasgresión de uno, por éste reinó la muerte, mucho más reinarán en vida por medio de uno, Jesucristo, los que reciben la abundancia de la Gracia y del don de la justicia. Así pues, tal como por

---

[19] Jonathan Edwards, "The Justice of God in the Damnation of Sinners", en *The Works of Jonathan Edwards*, vol. 1 (Edimburgh: Banner of Truth Trust, 1974), 669. Encontrará exposiciones de la perspectiva que Edwards tenía del infierno en John Gerstner, *Jonathan Edwards on Heaven and Hell* (Morgan, Pa.: Soli Deo Gloria Publishers, 1999); and Chris Morgan, *Hell and Jonathan Edwards: Toward a God-Centered Theology of Hell* (Ross-shire, Scotland: Christian Focus Publications, 2003).

[20] Ver la cita de Pinnock y de Stott en la nota 3. Ver también la crítica que hago de la forma en la que Pinnock sigue el mismo procedimiento a la hora de hablar de la Omnisciencia de Dios en mi libro *Pleasures of God*, 57-59, n. 6. Otra cosa que se pasa por alto es que en el infierno los pecados de los que no se han arrepentido durarán para siempre. En el infierno no llegarán a ser justos. Allí han sido entregados a la corrupción de su naturaleza para que continúen rebelándose sin cesar y sigan mereciendo castigo eterno. Mi colega Tom Steller fue quien me abrió los ojos en cuanto a este tema.

una trasgresión resultó la condenación de todos los hombres, así también por un acto de justicia resultó la justificación de vida para todos los hombres. Porque así como por la desobediencia de un hombre los muchos fueron constituidos pecadores, así también por la obediencia de uno los muchos serán constituidos justos. (Romanos 5:17-19)

El tema con el que aquí nos encontramos es *la universalidad de la obra de Cristo.* Jesús no murió solo por los judíos. La obra de Cristo, el segundo Adán, se corresponde con la obra del primer Adán. Del mismo modo en que el pecado de Adán lleva a la condenación a toda la Humanidad que está unida a él porque él es su cabeza, así también la obediencia de Cristo lleva a la justicia a toda la Humanidad que está unida a Cristo porque le tiene por cabeza: lleva a la justicia a "los que reciben la abundancia de la Gracia" (v. 17). La obra de Cristo en la obediencia de la cruz se nos presenta como la respuesta divina a la grave situación de la Humanidad.

Porque ya que la muerte entró por un hombre, también por un hombre vino la resurrección de los muertos. Porque así como en Adán todos mueren, también en Cristo todos serán vivificados. Pero cada uno en su debido orden: Cristo, las primicias; luego los que son de Cristo en su venida. (1ª Corintios 15:21-23)

En este texto, la resurrección de Cristo es la respuesta a la muerte, que es la miseria universal de la Humanidad. Adán es la cabeza de la vieja Humanidad, que está marcada por la muerte. Cristo es la cabeza de la nueva Humanidad, que está marcada por la resurrección. Los miembros de esta nueva Humanidad son "los que son de Cristo" (v. 23).[21] Cristo no

---

[21] Véase que entender que aquí se está enseñando el universalismo, que dice que todos los seres humanos serán salvos, es hacer una lectura muy superficial e incorrecta de este texto, y también de Romanos 5:17-19. Cuando en el capítulo 5 dice que "todos" son absueltos, en 5:17 queda claro que se refiere a todos "los que reciben la abundancia de la Gracia". Y cuando en 1ª Corintios 15:22 dice que "todos" serán vivificados, también se limita el alcance de ese determinante a todos "los que son de Cristo". La expresión "justificación de vida para todos los hombres" que aparece en Romanos 5:18 no significa que todos los seres humanos que están en Adán también serán justificados y así nadie perecerá, ni tampoco significa que el castigo eterno no existe. Y así lo afirmo por las siguiente razones: (1) El versículo 17 habla de *recibir* el regalo de la justicia, es decir, que algunos lo reciben, y otros no. Versículo 17: "Porque si por la transgresión de uno, por éste reinó la muerte, mucho más reinarán en vida por medio de uno, Jesucristo, *los que reciben la abundancia de la Gracia y del don de la justicia*". Tal como aparece en este texto, no parece que todos lo reciban. (2) Cuando en Romanos 5:18 habla de la "justificación de vida para todos los hombres" no significa que todos los hombres sean justificados, porque Pablo enseña en ese mismo libro que hay castigo eterno y que no todos los seres humanos son justificados. Por ejemplo, en Romanos 2:5 dice: "Mas por causa de tu terquedad y de tu corazón no arrepentido, estás acumulando ira para ti en el día de la ira y de la revelación del justo juicio de Dios". Y luego, en el

es una deidad tribal que se preocupa solo de las desgracias de un pueblo. Nos ha sido dado como la respuesta al problema universal de la muerte. Los que llegan a la resurrección de los muertos llegan a ella en Cristo.

"Porque hay un solo Dios, y también un solo mediador entre Dios y los hombres, Cristo Jesús Hombre, quien se dio a sí mismo en rescate por todos" (1ª Timoteo 2:5-6). La obra de Cristo se corresponde con su papel de único mediador en el Universo entre Dios y los hombres.

> *Digno eres de tomar el libro y de abrir sus sellos, porque tú fuiste inmolado y con tu sangre compraste para Dios a gente de toda tribu, lengua, pueblo y nación. Y los has hecho un reino y sacerdotes para nuestro Dios; y reinarán sobre la Tierra.* (Apocalipsis 5:9-10)

Todo el libro del Apocalipsis presenta a Cristo como el Rey de reyes y Señor de señores (17:14; 19:16), el rey universal que gobierna sobre todos los pueblos y todos los poderes. Apocalipsis 5:9 muestra que compró para sí gente de todas las tribus y lenguas del mundo. Su expiación es el único medio, independientemente de la cultura, por el que hombres y mujeres pasan a formar parte de su reino. (Ver Juan 11:51-52).

"Y en ningún otro hay salvación, porque no hay otro nombre bajo el cielo dado a los hombres, en el cual podamos ser salvos" (Hechos 4:12). Aquí no se menciona de forma explícita la obra de Cristo, pero la universalidad de su nombre como el único camino a la salvación implica que lo que hizo (es decir, el derramamiento de su propia sangre [Hechos 20:28]), tiene una aplicación universal. No hay más caminos para alcanzar la salvación. Las religiones del mundo no pueden salvar. El que quiera ser salvo, lo podrá ser solo en el nombre de Cristo. "Por cuanto todos pecaron y no alcanzan la gloria de Dios, siendo justificados gratuitamente por su Gracia por medio de la redención que es en Cristo Jesús, a quien Dios exhibió públicamente como propiciación por su sangre a través de la fe" (Romanos 3:23-25).

---

versículo 7 y 8 contrasta esa ira con la "vida eterna" mostrando así que se trata de una ira eterna y no de una ira temporal. Por tanto, habrá los que no serán justificados sino que estarán bajo la ira de Dios para siempre, y los que tendrán vida eterna. (3) La "justificación de vida para todos los hombres" de Romanos 5:18 no apunta a que todos los seres humanos serán justificados, porque en toda la epístola hasta este punto vemos que la justificación no es automática, como si todos los hombres la recibieran por defecto, sino que es "por fe". Romanos 5:1: "¹Por tanto, habiendo sido *justificados por la fe...*". Romanos 3:28: "Porque concluimos que el Hombre es *justificado por la fe* aparte de las obras de la ley". Además, una lectura universalista del "todos" paulino hace que el intenso pesar del apóstol (Romanos 9:3: ¡hasta el punto de querer morir para que otros sean salvos!) sea incomprensible.

Romanos 3:9-20 establece que todos los seres humanos, judíos y gentiles, están bajo el poder del pecado e indefensos ante al juicio de Dios. Por tanto, la muerte de Cristo se presenta como una respuesta a este problema universal del pecado. No se trata de una forma más en la que Dios acaba con el pecado. Es la *única* forma a través de la cual Dios justifica al pecador.

Entonces, respondiendo a la segunda pregunta, el Nuevo Testamento deja claro que la obra expiatoria de Cristo no solo es para los judíos, o para una sola nación, tribu o lengua. Se trata del único camino por el que la gente puede llegar a Dios. El problema del pecado es universal, y nos ha separado de Dios. La solución a ese problema es la muerte expiatoria del Hijo de Dios en nuestro lugar de una vez para siempre. Y éste es el fundamento de la obra misionera. Dado que la obra de Cristo es el único medio de salvación,[22] tenemos que llevar este mensaje a todas las naciones, como dice Lucas 24:46-47:

> *Así está escrito, que el Cristo padeciera y resucitara de entre los muertos al tercer día; y que en su nombre se predicara el arrepentimiento para el perdón de los pecados a todas las naciones, comenzando desde Jerusalén.*

La necesidad que la gente tiene de oír de Cristo para poder ser salva

La cuestión que nos preocupa llegados a este punto es saber si algunas personas (quizá tan solo unas pocas) son tocadas por el Espíritu Santo y salvas por Gracia a través de la fe en un Creador misericordioso, aunque en toda su vida no hayan oído hablar de Jesús. Dicho de otro modo, ¿hay gente devota de otras religiones que humildemente confían en la Gracia del Dios que han conocido a través de la Naturaleza (Romanos 1:19-21) y, por eso, recibirán la salvación eterna?[23]

---

[22] Para un estudio más amplio del significado de la muerte de Cristo, considere los siguientes textos: Mateo 26:28; Marcos 10:45; Juan 1:29; 6:51; Romanos 4:25-5:1; 5:6; 8-10; 1ª Corintios 15:3; 2ª Corintios 5:18-21; Gálatas 1:4; 4:4; Efesios 1:7; 2:1-5, 13, 16, 18; 5:2, 25; Colosenses 1:20; 1ª Tesalonicenses 5:9; Tito 2:14; 1ª Timoteo 4:10; Hebreos 1:3; 9:12, 22, 26; 10:14; 12:24; 13:12; 1ª Pedro 1:19; 2:24; 3:18; 1ª Juan 2:2; Apocalipsis 1:5.

[23] Ver las notas 6 y 7, donde mencionamos a representantes de este punto de vista. Clark Pinnock cree que hay gente de otras religiones que serán salvas sin conocer a Cristo. "No podemos ver la Iglesia como el arca de la salvación, y que todos los que están fuera irán al infierno; al contrario, debemos verla como el testimonio escogido de la *plenitud* de la salvación que ha venido al mundo a través de Jesús" (la cursiva es mía).

Cuando el Hijo de Dios vino a este mundo ocurrió algo de una inmensa importancia histórica. Aquel suceso fue tan importante que, a partir de entonces, la fe que salva iba a estar relacionada solo y exclusivamente con Jesucristo. Cristo recoge de forma perfecta toda la revelación de Dios y todas las esperanzas del pueblo de Dios, y a partir de su venida es una deshonra a su nombre si decimos que la fe que salva también se encuentra en otros nombres.[24]

El *"misterio de Cristo"*

En vista de lo cual, leyendo, podréis comprender mi discernimiento del misterio de Cristo, *que en otras generaciones no se dio a conocer a los hijos*

Clark Pinnock, "Acts 4:12 – No Other Name Under Heaven", en *Through No Fault of Their Own*, 113. Ver también Clark H. Pinnock, *A Wideness in God's Mercy: The Finality of Jesus Christ in a World of Religions* (Grand Rapids: Zondervan, 1992); e ídem, "An Inclusivist View", en *More Than One Way? Four Views on Salvation in a Pluralistic World*, ed. Dennis L. Okholm y Timothy R. Phillips (Grand Rapids: Zondervan, 1995), 95-123. Sigue a otros autores que van, más o menos, en la misma línea: Charles Kraft, *Christianity in Culture* (Maryknoll, N.Y.: Orbis, 1979), 253-57; James N. D. Anderson, *Christianity and World Religions* (Downers Grove, Ill.: InterVarsity, 1984), cap. 5; John E. Sanders, "Is Belief in Christ Necessary for Salvation?", *Evangelical Quarterly* 60 (1988): 241-59; y John Sanders, *No Other Name: An Investigation into the Destiny of the Unevangelized* (Grand Rapids: Eerdmans, 1992). Encontrará un breve estudio de los representantes de ambas perspectivas en cuanto a esta cuestión en Malcolm J. McVeigh, "The Fate of Those Who've Never Heard? It Depends", *Evangelical Missions Quarterly* 21, núm 4 (octubre 1985: 370-79. En cuanto a libros donde aparecen múltiples perspectivas, ver Gabriel Fackre, Ronald H. Nash y John Sanders, *What about Those Who Have Never Heard? Three Views on the Destiny of the Unevangelized* (Grand Rapids: Zondervan, 1995); y Ockholm y Phillips, *More Than One Way?* En cuanto a críticas a la perspectiva inclusivista ver Carson, *Amordazando a Dios*, 315-357; Dick Dowsett, *God, That's Not Fair!* (Sevenoaks, Kent: OMF Books, 1982); Ronald H. Nash, *Is Jesus the Only Savior?* (Grand Rapids: Zondervan, 1994); Richard Ramesh, The Population of Heaven (Chicago: Moody, 1994); Paul R. House y Gregory A. Thornbury, eds., *Who Will Be Saved? Defending the Biblical Understanding of God, Salvation, and Evangelism* (Wheaton: Crossway, 2000), 111-60; y las contribuciones de R. Douglas Geivett y W. Gary Phillips en *More Than One Way?*

[24] Hay una continuidad entre la línea hacia la salvación que Dios traza en los tiempos del Antiguo Testamento y la línea a través de la fe en Jesús en los tiempos del Nuevo Testamento. Incluso antes de Cristo, la gente solo se salvaba a través de la revelación especial que Dios había dado. Ver Fernando, *Sharing the Truth in Love*, 224-33. La cuestión no es que la revelación general a través de la Naturaleza solo sirviera para producir fe *antes* de que Jesús viniera. Según Romanos 1:18-23, la revelación general a través de la Naturaleza *siempre ha sido suficiente* para que la gente se dé cuenta de que tiene que rendir cuenta a un Creador, de que tiene que glorificarle y darle gracias, *pero* que *no ha sido eficaz*. La razón que el texto da es que la gente, por su naturaleza, rechaza la verdad. Ver la nota 40. Así, la revelación especial siempre ha sido el camino a la salvación, y esta revelación especial estaba centrada en Israel, en la promesa de un redentor, y en el atisbo de esa salvación en el sistema de sacrificios del Antiguo Testamento. Jesús es ahora el clímax y el cumplimiento de esa revelación especial, así que la fe que salva, que siempre estuvo centrada en la revelación especial, ahora está centrada en Él.

de los hombres, como ahora ha sido revelado a sus santos apóstoles y profetas por el Espíritu; a saber, que los gentiles son coherederos y miembros del mismo cuerpo, participando igualmente de la promesa en Cristo Jesús mediante el Evangelio, *del cual fui hecho ministro, conforme al don de la Gracia de Dios que se me ha concedido según la eficacia de su poder. A mí, que soy menos que el más pequeño de todos los santos, se me concedió esta gracia: anunciar a los gentiles las inescrutables riquezas de Cristo, y sacar a luz cuál es la dispensación del misterio que por los siglos ha estado oculto en Dios, creador de todas las cosas; a fin de que la infinita sabiduría de Dios sea ahora dada a conocer por medio de la Iglesia a los principados y potestades en los lugares celestiales.* (Efesios 3:4-10)

Había una verdad que no había sido revelada completamente ni claramente antes de la venida de Cristo. Esta verdad, que ahora sí ha sido revelada, se conoce como "el misterio de Cristo". Es verdad que las *personas de todas las naciones del mundo llegarían a ser coherederos en iguales condiciones que el pueblo elegido de Dios* (Efesios 3:6). Se le llama el "misterio de Cristo" porque se revela como verdad "mediante el Evangelio" (3:6), que habla de Cristo.

Por tanto, el Evangelio no es la revelación de que todas las naciones ya pertenecen a Dios. El Evangelio es el instrumento por medio del cual las naciones pueden llegar también a disfrutar de la salvación. El misterio de Cristo (que todas las naciones puedan ser herederas de Abraham) se está dando a través de la predicación del Evangelio. Pablo ve su vocación apostólica como el medio que Dios, en su Gracia, está usando para que las naciones oigan de las riquezas del Mesías (3:8).

Entendamos este importante cambio en la historia de la Redención. Antes de la venida de Cristo, había una verdad que no había sido revelada de forma completa: que las naciones entrarían en la familia de Dios con el mismo estatus que el pueblo escogido (Efesios 2:19). Esa verdad aún no se podía revelar porque Cristo no había sido revelado desde los cielos. La gloria y el honor de unir a todas las naciones quedaba reservado para Él y para su obra salvadora. Entonces, Pablo dice que la única forma en la que las naciones se pueden unir es a través de la predicación del mensaje de Cristo, cuya cruz es la paz que crea la Iglesia universal (Efesios 2:11-21).

Dicho de otro modo, hay una profunda razón teológica por la que la salvación no se extendió a las naciones antes de la encarnación del Hijo de Dios. La razón es que no habría quedado claro que las naciones se unían para la gloria de Cristo. Dios quiere que cuando las naciones reciban la palabra de reconciliación, su Hijo sea el centro de toda la adoración. También, como veremos más adelante, la predicación de Cristo es el medio que Dios ha provisto para la reunificación de las naciones.

(25a) Y a aquel que es poderoso para afirmaros (25b) conforme a mi evangelio y a la predicación de Jesucristo, (25c) según la revelación del misterio que ha sido mantenido en secreto durante siglos sin fin, (26a) pero que ahora ha sido manifestado, (26b) y por las Escrituras de los profetas, (26c) conforme al mandamiento del Dios eterno, se ha dado a conocer a todas las naciones (26d) para guiarlas a la obediencia de la fe, (27) al único y sabio Dios, por medio de Jesucristo, sea la gloria para siempre. Amén. (Romanos 16:25-27)

Ésta es una frase muy compleja. Pero si examinamos de forma paciente sus diferentes partes y vemos cómo se relacionan entre ellas, encontraremos el significado central de la obra misionera.

Estos versículos son una doxología: "Y a aquel que es poderoso para...". Pero Pablo, extasiado, se centra tanto en Dios, que no desciende para volver a las palabras doxológicas hasta el versículo 27: "al único y sabio Dios, por medio de Jesucristo, sea la gloria para siempre. Amén".

Entre esas dos partes doxológicas, encontramos una increíble declaración sobre el significado del evangelio de Pablo en relación con los propósitos eternos de Dios. La idea avanza de la siguiente manera: El poder por el que Pablo ora vendrá a los romanos (25a) conforme a su evangelio y a la predicación de Cristo (25b). Eso significa que el poder de Dios se revela en el evangelio que Pablo predica, y ése es el poder que Pablo pide para que los romanos sean fortalecidos.

A continuación, dice que esa predicación del Evangelio es conforme con la revelación de un misterio que ha estado escondido durante años y ahora ha sido revelado (25c, 26a). Dicho de otro modo, lo que Pablo predica está en sincronización con los propósitos de Dios; es "conforme a" los propósitos de Dios. Los expresa y les da forma. Su predicación es parte del plan de Dios, que ahora está siendo revelado en la Historia.

¿Cómo está siendo revelado? Se está desvelando a través de los escritos proféticos (26c). Eso significa que en el pasado el misterio no estaba *totalmente* escondido. En los escritos proféticos había pistas, tantas, que ahora se usan los escritos del Antiguo Testamento para desvelar el misterio. Cuando Pablo predica el Evangelio, usa los escritos proféticos para poder dar a conocer ese misterio. (Ver, por ejemplo, Romanos 15:9-13).

Entonces, ¿cuál es el misterio? En 26c-26d dice que dar a conocer ese misterio está de acuerdo con "el mandamiento del Dios eterno para la obediencia de la fe de todas las naciones" (traducción del autor). La forma más natural de interpretar estas palabras es entender que el misterio es el propósito de Dios de ordenar a todas las naciones que le obedezcan a través de la fe.

Pero lo que hace que esa declaración sea un misterio es que esa orden de que las naciones lleguen a la obediencia de la fe es una orden concreta: Dios les ordena que depositen su fe en Jesús, el Mesías de Israel. Así, pasan a formar parte del pueblo de Dios y a convertirse en herederos de Abraham (Efesios 2:19-3:6). En Romanos 1:5, Pablo describe su llamamiento a predicar a las naciones de la siguiente manera: "Hemos recibido la Gracia y el apostolado para promover la obediencia a la fe entre todas las naciones, por amor al nombre [de Cristo]". Aquí, queda claro que la expresión "obediencia de la fe" de Romanos 16:26d es un llamamiento por amor al nombre de Cristo. Por tanto, es un llamamiento a reconocer a Cristo, confiar en Él, y obedecerle. Éste es el misterio que ha estado escondido durante años: que todas las naciones recibirían el mandato de confiar en el Mesías de Israel y ser salvas por medio de Él.

La palabra "ahora" en 26a es crucial. Hace referencia a ese momento que Dios había planeado en la historia de la Redención, ese momento en el que Dios iba a poner a Cristo en el centro de la Historia. A partir de "entonces" las cosas iban a ser diferentes. Llega el momento de revelar el misterio. Ha llegado el momento de ordenar a todas las naciones que obedezcan a Dios a través de la fe en Jesús, el Mesías.

En ese momento, Dios está haciendo algo nuevo. Con la venida de Cristo, Dios ya no va a permitir que "todas las naciones sigan sus propios caminos" (Hechos 14:16, ver más abajo). Ha llegado el momento de llamar a todas las naciones al arrepentimiento y de revelar el misterio de forma total: que a través de la fe en Cristo las naciones son "coherederas y miembros del mismo cuerpo, participando igualmente de la promesa en Cristo Jesús *mediante el Evangelio*" (Efesios 3:6). ¡No sin el Evangelio! Sino *mediante* el Evangelio. A medida que avanzamos, esto se va a hacer cada vez más evidente y veremos que es crucial.

"Los tiempos de ignorancia"

Por tanto, habiendo pasado por alto los tiempos de ignorancia, Dios declara ahora a todos los hombres, en todas partes, que se arrepientan, porque Él ha establecido un día en el cual juzgará al mundo en justicia, por medio de un Hombre a quien ha designado, habiendo presentado pruebas a todos los hombres al resucitarle de entre los muertos. (Hechos 17:30-31)

Este texto es una parte del sermón que Pablo dirige a los griegos en el areópago de Atenas. El apóstol había visto que tenían un "altar... AL DIOS DESCONOCIDO". Dicho de otro modo, por si acaso había algún otro dios en el Universo que no conocían, le habían hecho un altar, con la esperanza de que este acto "ignorante" de homenaje fuera aceptado por aquella deidad. Así que Pablo les dijo: "Pues lo que vosotros adoráis sin conocer, eso os anuncio yo" (17:23).

Creer que Pablo está diciendo que, al construir aquel altar, los griegos estaban adorando al Dios verdadero es ir demasiado lejos. Uno no puede adorar lo que no conoce. La adoración de aquel "dios desconocido" no era más que un pensamiento politeísta, pues admitían que quizá había otro dios, desconocido para ellos, y si existía, querían contar con su favor. Esta adoración "ignorante" es una de las cosas que hace que las generaciones pasadas fueran "tiempos de ignorancia" (v. 30). Y veremos que incluso cuando hay algo de conocimiento sobre el Dios verdadero (como en el caso de Cornelio), la adoración "ignorante" del Dios verdadero *no salva*.

Los "tiempos de ignorancia" que Pablo menciona hacen referencia a la época en la que el "misterio de Cristo" aún no había sido revelado (Romanos 16:25; Efesios 3:4-5; Colosenses 1:26). En aquellos tiempos, según Hechos 14:16, Dios "permitió que todas las naciones siguieran sus propios caminos". O, como dice Hechos 17:30, Dios había "pasado por alto aquellos tiempos de ignorancia".

El hecho de que Dios pasara por alto los tiempos de ignorancia no significa que ignoró el pecado y que no castigó a los pecadores. Eso estaría en contradicción con Romanos 1:18 ("La ira de Dios se revela desde el cielo contra toda impiedad e injusticia de los hombres") y Romanos 2:12 ("Todos los que han pecado sin la ley, sin la ley también perecerán"). Cuando Pablo dice que Dios pasó por alto "los tiempos de ignorancia", se está refiriendo a que entregó a los hombres a sus propios caminos. Pasar esos tiempos por alto forma parte de su decisión soberana de posponer la búsqueda intensa de su arrepentimiento a través de la misión de su pueblo. "La razón por la que los hombres se han alejado de la verdad durante tanto tiempo es que Dios no extendió su mano desde los cielos para traerles de nuevo al camino... El mundo estaba invadido por la ignorancia, y lo estaría mientras Dios no decidiera hacer algo al respecto".[25]

Eso no significa que en el Antiguo Testamento no hubiera mandamientos, ni instrucciones para que Israel diera testimonio de la Gracia de Dios a las naciones y las invitara a participar de esa Gracia; los había en un formato adecuado a aquel momento en la historia de la Redención (por ejemplo, Génesis 12:2-3; Salmo 67). Lo que significa es que, durante generaciones, Dios no intervino para purificar, dar poder y enviar a su pueblo como haría más tarde a través de la encarnación, la crucifixión, la Gran Comisión y la entrega del Espíritu Santo. En cambio, según sus sabios propósitos, "permitió que todas las naciones siguieran sus propios caminos", y también permitió que su nación pasara por diferentes etapas de fracaso para que las otras naciones se dieran cuenta de la necesidad absoluta de un redentor que les librara de la corrupción del pecado, de la maldición de la ley y de las limitaciones del antiguo pacto para la evangelización del mundo.

Los caminos de Dios no son nuestros caminos. Incluso hoy, en nuestra época, estamos invadidos por una "dureza" similar; solo que ahora las tornas han cambiado:

> *Porque no quiero, hermanos, que ignoréis este misterio, para que no seáis sabios en vuestra propia opinión: que a Israel le ha acontecido un endurecimiento parcial hasta que haya entrado la plenitud de los gentiles; y así, todo Israel será salvo.* (Romanos 11:25-26)

Hubo un tiempo en el que Dios pasó por alto la ignorancia de los gentiles y se dedicó a la historia de Israel, y en nuestra era, Dios está pasando por alto el endurecimiento de Israel y está reuniendo a todos sus escogidos, procedentes de todas las naciones. En ambos casos, el pueblo de Dios no puede olvidar la misión que ha recibido de llevar el mensaje a judíos o gentiles "y salvar algunos de ellos" (Romanos 11:14; 1ª Corintios 9:22). Pero Dios tiene sus propósitos soberanos para determinar quiénes van a oír y creer en el Evangelio. Y podemos estar seguros de que esos propósitos son sabios y santos, y servirán para darle a Él la máxima gloria.

---

[25] Juan Calvino, *The Acts of the Apostles, 14-28*, trad. John W. Fraser (Grand Rapids: Eerdmans, 1973), 123.

En 1ª Corintios 1:21 vemos un pequeño destello de esta sabiduría divina: "Porque *ya que en la sabiduría de Dios el mundo no conoció a Dios por medio de su propia sabiduría,* agradó a Dios, mediante la necedad de la predicación, salvar a los que creen". Aquí dice que fue la sabiduría de Dios la que determinó que los hombres no le conocieran por medio de su propia sabiduría. Dicho de otro modo, éste es un ejemplo y una ilustración de cómo Dios pasó por alto los tiempos de ignorancia y permitió que los hombres siguieran sus propios caminos.

¿Por qué? Para dejar claro que los hombres por sí solos, por su propia sabiduría (¡religión!), nunca podrán conocer a Dios. Para llevar a la gente a un verdadero conocimiento de Dios es necesaria la acción extraordinaria de Dios, es decir, la predicación del Cristo crucificado: "Agradó a Dios, mediante la necedad de la predicación, salvar a los que creen". Eso es a lo que Pablo se refería en Efesios 3:6, cuando dijo que el misterio de Cristo consiste en que todas las naciones están participando igualmente de la promesa *"mediante el Evangelio"*. Así, 1ª Corintios 1:21 y Efesios 3:6 contienen ideas paralelas y realmente importantes para poder ver que en este momento de la historia de la Redención, conocer el Evangelio es la única forma de convertirse en heredero de la promesa.

Toda jactancia queda excluida porque Dios muestra que la sabiduría del Hombre en todas las naciones, es decir, las religiones que él mismo ha creado, no le llevan a Dios. Pero ahora Dios salva por medio de la predicación que es "piedra de tropiezo para los judíos y necedad para los gentiles; mas para los llamados, tanto judíos como griegos, Cristo es poder de Dios y sabiduría de Dios" (1ª Corintios 1:23-24). Por eso no hay lugar para la vanagloria, porque si Dios no le ofreciera su ayuda, el Hombre nunca podría llegar a Dios.

En su libro *A Vision for Missions,* Tom Wells cuenta cómo William Carey usó esta convicción en la proclamación del Evangelio. Carey era un misionero inglés que marchó a la India en 1793. Nunca más volvió a Inglaterra, sino que perseveró durante cuarenta años al servicio del Evangelio en el lugar al que Dios le había llamado.

En una ocasión en 1797, Carey estaba hablando con un brahmán. Éste, defendía la adoración a los ídolos, y Carey citó Hechos 14:16 y 17:30: Dios anteriormente "hizo sufrir a las naciones permitiendo que siguieran sus propios caminos", pero "ahora declara a todos los hombres, en todas partes, que se arrepientan".

"Estoy de acuerdo", dijo el brahmán. "Creo que Dios debería arrepentirse por no habernos enviado el Evangelio antes".

Carey no se quedó callado, pues tenía qué responderle:

Supón que un reino hubiera sido invadido hace tiempo por los enemigos del rey, un rey que, aunque tenía el poder suficiente para volver a conquistar sus tierras, dejó que el enemigo ganara y se estableciera a su antojo. ¿Cuándo brillarían con más resplandor la valentía y la sabiduría de aquel rey? ¿El día en que, por fin, exterminara al enemigo? Seguro que ese día brillaría con mucha más fuerza que si el día de la invasión lo hubiera vencido y no le hubiera permitido entrar en su reino. Así, por la difusión de la luz del Evangelio, la sabiduría, el poder y la Gracia de Dios brillarán con más fuerza cuando triunfen sobre la idolatría tan fuertemente arraigada, y cuando destruyan toda la oscuridad y el vicio universalmente extendidos. Con más fuerza que si Dios no hubiera permitido que las naciones siguieran sus propios caminos durante tanto tiempo.[26]

Carey explica que Dios permitió que las naciones siguieran sus propios caminos porque así, la victoria final de Dios será mucho más gloriosa. Dios decide cuál es el momento de salvarnos de la oscuridad, haciendo uso de su sabiduría divina. Nuestra reacción debería ser humilde y darnos cuenta de esta realidad; no deberíamos pretender que nuestra teoría sobre la forma en la que Dios debería tratar al mundo rebelde sea mejor que la que Dios ha establecido.

En Hechos 17:30, ¿qué dice Pablo de la adoración ignorante al Dios desconocido (17:23)? Dice que, en vista del juicio inminente que Jesucristo va a hacer, ha llegado el momento de arrepentirse ("Él ha establecido un día en el cual juzgará al mundo en justicia, por medio de un Hombre a quien ha designado" [Hechos 17:31]). Dicho de otro modo, Pablo no les dice a los adoradores de Atenas que ya están preparados para el Juicio porque adoran al Dios verdadero a través de ese altar que han erigido al Dios desconocido (17:23). No están preparados. Tienen que arrepentirse.

Tal como Jesús dijo en Lucas 24:27, a partir de la resurrección sus discípulos debían predicar *"en su nombre* el arrepentimiento para el perdón de los pecados a todas las naciones". Lo que hay que predicar es que si uno confiesa el nombre de Jesús, sus pecados le serán perdonados. Eso no se sabía antes, porque Jesús no había llegado. Pero ahora los tiempos de ignorancia han finalizado. Jesús es el cumplimiento de los propósitos de Dios. "Pues tantas como sean las promesas de Dios, en

---

[26] Tom Wells, *A Vision for Missions* (Edinburgh: Banner of Truth Trust, 1985), 12-13.

[Cristo] todas son sí" (1ª Corintios 1:20). Toda rodilla se doblará ante su trono (Filipenses 2:10). Por tanto, a partir de entonces Él es el objeto de la fe que salva. Dios lo ha declarado Juez y Él es el único que nos puede absolver.

Lo que hemos dicho hasta ahora es lo siguiente: que la venida de Jesucristo a este mundo es un suceso de proporciones tan extraordinarias que, para recibir la salvación, Él debe ser el objeto de nuestra fe. Antes de la venida de Jesús, la fe que salva descansaba en la misericordia y el perdón de Dios demostrados en sucesos como el éxodo, en los sacrificios, y en las promesas proféticas como la de Isaías 53. Nadie sabía de Jesús. Nadie sabía que todas las naciones disfrutarían de la promesa a través de la predicación de *su nombre*. Ése fue un misterio que estuvo guardado durante mucho tiempo: durante los tiempos de ignorancia. Durante los años en los que Dios permitió que las naciones siguieran sus propios caminos.

Pero "ahora", palabra clave en la obra histórica de la Redención, Dios ha hecho algo nuevo. El Hijo de Dios ha venido a nosotros. Ha revelado al Padre. Ha expiado los pecados. Y ha resucitado de entre los muertos. Dios le ha puesto como Juez universal. Y el mensaje de su obra salvadora debe llegar a todas las naciones. Este cambio en la historia de la Redención es para la gloria de Jesucristo. El propósito de este cambio es que Jesús sea, de forma explícita, el centro de la obra salvadora de Dios. Por tanto, conforme a este propósito, diremos que para alcanzar la salvación es necesario creer en la obra de Cristo, y creer que Él es el único que salva. Todo aquel que tenga la capacidad física de conocerle y no lo hace, no será salvo.[27]

---

[27] Me expreso así para dejar abierta la posibilidad de que los niños y los discapacitados mentales pueden ser salvos, aunque no lleguen a entender la revelación de Dios. El principio en cuanto a "rendir cuentas" que aparece en Romanos 1:20 (Dios pone el conocimiento a nuestra disposición "de manera que no tienen excusa") es la base de esta convicción. La Biblia no habla de este tema tan especial con mucho detalle, y lo único que podemos hacer es especular que la relación entre la fe en Cristo y la salvación será preservada a través de la fe de esos niños cuando maduren en el Cielo o en el siglo venidero. Encontrará una defensa de esta perspectiva en Ronald H. Nash, *When a Baby Dies: Answers to Comfort Grieving Parents* (Grand Rapids: Zondervan, 1999); y en Albert Mohler, "The Salvation of the 'Little Ones': Do infants who Die Go to Heaven?", *Fidelitas: Commentary on Theology and Culture* (http://www.sbts.edu/mohler/fidelitas/littleone.html). Mohler destaca que John Newton, Charles Spurgeon, Charles Hodge y B.B. Warfield defendían esta posición. Todos ellos creían en el gran poder del pecado original, como yo, pero también creían que Dios de algún modo ofrecería una vía justa para la salvación de los niños que no contradijera la doctrina del pecado original ni la doctrina de la elección incondicional.

Aquellos que dicen que *hoy* la gente puede salvarse aunque no conozcan a Cristo porque la gente del *Antiguo Testamento* se salvaba sin conocer a Cristo, no toman en serio el tremendo cambio que se da en la historia de la Redención cuando se pasa de los tiempos de ignorancia a la revelación del misterio de Cristo. Por ejemplo, Millard Erickson cree que habrá gente que será salva aunque no conozca a Cristo, lo que demuestra que no ha sido capaz de ver la importancia que el Nuevo Testamento le da al evento histórico de la Encarnación, que colocó un punto y final a los tiempos de ignorancia y puso de manifiesto el misterio de Cristo.

> *Si los judíos poseían la salvación en tiempos del Antiguo Testamento a través del Evangelio, aunque no tuvieran su contenido, ¿no podemos extender ese principio? ¿No sería lógico que los que no hayan oído de Cristo en estos tiempos en los que ya contamos con la revelación especial, participen de la salvación siguiendo ese mismo principio?*[28]

Éste podría ser un buen argumento si el Nuevo Testamento no enseñara que la venida de Cristo fue un momento decisivo en la historia de la Redención, pues de forma explícita establece que la única fe que salva es la fe en Jesucristo.

Pero, ¿es eso cierto? ¿No podemos extraer del Nuevo Testamento algún principio contrario a esa conclusión? ¿Qué ocurre con el caso de Cornelio en Hechos? ¿No era gentil? ¿No fue salvo por su piedad, sin haber depositado su fe en Cristo?

El caso de Cornelio, Hechos 10:1-11:18

La historia de Cornelio, el centurión gentil, podría llevar a la conclusión de que hoy en día uno puede salvarse aunque no conozca el Evangelio, si es temeroso de Dios y si hace el bien.

El texto describe a Cornelio como un hombre "piadoso y temeroso de Dios con toda su casa, que daba muchas limosnas al pueblo judío y oraba a Dios continuamente" (10:2). Un día un ángel le dijo: "Cornelio, tu oración ha sido oída, y tus obras de caridad han sido recordadas delante de Dios. Envía, pues, a Jope, y haz llamar a Simón, que también se llama Pedro" (10:31-32).

---

[28] Erickson, "Hope for Those Who Haven't Heard?", 124-125.

Mientras tanto, el apóstol Pedro había tenido una visión de parte del Señor en la que le enseñaba que la impureza ceremonial de los gentiles no era un obstáculo para que éstos pudieran aceptar a Dios. Pedro oyó una voz que le decía: "Lo que Dios ha limpiado, no lo llames tú impuro" (10:15).

Cuando Pedro por fin se encuentra con Cornelio, le dice: "Ciertamente ahora entiendo que Dios no hace acepción de personas, sino que en toda nación el que le teme y hace lo justo, es grato a Él" (10:34-35). Ésta es la frase que podría usarse para concluir que Cornelio ya había sido limpiado de sus pecados antes de oír y creer el Evangelio. Pero, de hecho, Lucas recoge esta historia para transmitirnos la idea opuesta.

Para interpretar esta historia, nos ayudará hacernos las dos preguntas siguientes: ¿Cornelio ya era salvo antes de que Pedro le hablara de Cristo? Ésta es una pregunta importante porque los versículos 34 y 35 han llevado a muchos a pensar que sí lo era. Estos versículos son el principio del sermón de Pedro: "Ciertamente ahora entiendo que Dios no hace acepción de personas, sino que en toda nación el que le teme y hace lo justo, le es acepto".

Es fácil entender que algunos lectores crean que Cornelio había sido aceptado por Dios, pues el versículo 2 dice que era temeroso de Dios, oraba y daba limosnas. Entonces, ¿lo único que hizo Pedro fue informarle de que ya era salvo? Y así, ¿debemos llegar a la conclusión de que hay gente que aún no ha oído el Evangelio de Cristo pero que ya tiene una relación con Dios?

La primera pregunta es: ¿El versículo 35 significa que Cornelio – y la gente como él – ya había sido justificado y estaba reconciliado con Dios, y libre de su ira santa? ¿Es eso lo que Pedro quiso decir? ¿Es eso lo que Lucas quiso recoger?

¿Cornelio ya era salvo?

La respuesta es: No. Y en el texto encontramos, al menos, cuatro razones que nos llevan a esa respuesta negativa.

1. Hechos 11:14 dice que Cornelio iba a salvarse por medio del mensaje de Pedro. En Hechos 11:13-14, Pedro cuenta cómo el ángel se le apareció a Cornelio: "Él nos contó cómo había visto al ángel de pie en su casa, el cual le dijo: Envía a Jope y haz traer a Simón, que también se llama Pedro, quien te dirá *palabras por las cuales serás salvo*, tú y toda tu casa".

Aquí hay dos cosas que nos llaman la atención. En primer lugar, que el mensaje en sí es esencial. El Evangelio es el poder de Dios para la salvación. Y, en segundo, que el tiempo verbal es futuro: "palabras por las cuales *serás* salvo". Dicho de otro modo, las palabras o el mensaje no eran simplemente un medio para informar a Cornelio de que ya era salvo. *Será* salvo si hace traer a Pedro, oye el mensaje y cree en el Cristo de ese mensaje. Y si no cree, no lo será. Ésta es la razón por la que toda esta historia está construida en torno al milagro divino de reunir a Cornelio y a Pedro. Para ser salvo, Cornelio necesitaba oír el mensaje que Pedro estaba predicando (10:22, 33).

Así que, parece ser, que Hechos 10:35 no significa que Cornelio ya era salvo cuando dice que "en toda nación todo aquel que teme [a Dios] y hace lo justo, le es acepto".

2. Pedro lo deja bien claro cuando finaliza su sermón en 10:43. Acaba con las siguientes palabras: "De [Cristo] dan testimonio todos los profetas, de que por su nombre, *todo el que cree en Él recibe el perdón de los pecados*". El perdón de los pecados es esencial para la salvación. No hay nadie que pueda ser salvo si sus pecados contra Dios no han sido perdonados por Dios. Y Pedro dice que el perdón viene por creer en Cristo, y viene a través del nombre de Cristo.

No dice: "Estoy aquí para anunciaros que los que teméis a Dios y hacéis el bien ya habéis sido perdonados". Su mensaje es el siguiente: "Estoy aquí para que podáis oír el Evangelio y recibir el perdón, creyendo en el nombre de Cristo". Parece, pues, poco probable que el versículo 35 quiera transmitir que Cornelio y su casa ya habían sido perdonados antes de oír el mensaje de Cristo.

3. En todo el libro de los Hechos vemos que, incluso aquellos que eran conocidos por ser temerosos de Dios y por su elevado comportamiento ético, es decir, los judíos, deben arrepentirse y creer si quieren ser salvos. A los judíos en Pentecostés se les llama "hombres piadosos" (2:5), igual que a Cornelio se le llama "piadoso" (10:2). Pero el mensaje de Pedro de Hechos 2 acaba con un llamamiento a aquellos piadosos judíos a arrepentirse y a bautizarse en el nombre de Jesús para el perdón de pecados (2:38). Lo mismo ocurre en Hechos 3:19 y 13:38-39.

Por tanto, vemos que en su libro, Lucas no nos está intentando decir que la gente piadosa y temerosa de Dios que intenta hacer el bien lo mejor que puede ya es salva y no necesita el Evangelio. El Evangelio empezó en medio del pueblo más devoto del mundo, es decir, los judíos. Ellos tenían más ventajas a la hora de conocer a Dios que cualquier otra nación de la Tierra. Sin embargo, una y otra vez se les había dicho que la devoción, las buenas obras y la religiosidad sincera no eran suficientes para resolver el problema del pecado. La única esperanza es creer en Jesús.

4. En Hechos 11:18 encontramos la cuarta razón por la que podemos decir que el versículo 35 no significa que Cornelio y cualquier hombre en su situación ya eran salvos. Cuando Pedro cuenta la historia sobre Cornelio, acalla los recelos iniciales de la gente que le estaba escuchando. Lucas dice: "glorificaron a Dios, diciendo: Así que también a los gentiles ha concedido Dios *el arrepentimiento que conduce a la vida*". Dicho de otro modo, los gentiles aún no tenían la vida eterna. Es el arrepentimiento el que *conduce a* la vida eterna. Los gentiles, incluso los piadosos, recibían la vida eterna cuando escuchaban el mensaje sobre Cristo, creían en Él y le seguían.

Así que Hechos 10:35 no dice que Cornelio fuera ya salvo porque ser temeroso de Dios e intentar vivir haciendo el bien. Ésta es la respuesta a la primera pregunta.

¿Qué quiere decir que Cornelio "le era acepto" a Dios?

La segunda pregunta que nos hacemos es la siguiente: Entonces, ¿qué quiere decir Pedro cuando declara que "en toda nación el que le teme y hace lo justo, le es acepto" (10:35)? ¿Y qué implicaciones tiene esto para nuestro compromiso con la obra misionera?

Al intentar responder esta pregunta, lo primero que me vino a la mente fue que lo que Pedro quiere decir en el versículo 35 es lo que Dios le quiso transmitir en la visión sobre los animales inmundos, es decir, la lección que aparece en el versículo 15: "Lo que Dios ha limpiado, no lo llames tú impuro". Pero algo me hizo detenerme y pensar de nuevo.

Consideremos el versículo 28. Pedro les está explicando a los gentiles por qué ha accedido a venir, y les dice: "Vosotros sabéis cuán ilícito es para un judío asociarse con un extranjero o visitarlo, pero Dios me ha mostrado que *a ningún hombre* debo llamar impuro o inmundo". O sea, un cristiano nunca debería mirar de forma condescendiente a las personas de otra raza o grupo étnico y pensar que no son dignos de escuchar el Evangelio de su boca. O pensar que son demasiado impuros y por eso no puede entrar en su casa a hablar del Evangelio. O pensar que no vale la pena evangelizarles. O pensar que tienen demasiadas costumbres paganas y que, por eso, no debe acercarse a ellos.

La expresión que hace que el versículo 28 sea clave es la expresión "a ningún hombre" o "a nadie": "Dios me ha mostrado que a ningún hombre debo llamar impuro o inmundo". Dicho de otro modo, lo que Pedro aprendió en aquella visión es que Dios no hace acepción de personas por cuestiones de raza u origen étnico, ni siquiera por cuestiones de características físicas o culturales. Con las palabras "impuro" e "inmundo" se refería a los rechazados, odiados e ignorados. Era como la lepra.

Lo que Pedro quiere decir en el versículo 28 es que no deberíamos pensar así de nadie. ¡De nadie! Deberíamos entregar nuestro corazón a cualquier persona, sea cual sea su color, origen étnico, rasgos físicos o características culturales. No podemos dejar fuera a nadie. "Dios me ha mostrado que a ningún hombre – ¡a ninguno! – debo llamar impuro o inmundo".

Ahora bien, eso *no* es lo que Pedro dice en el versículo 35. Démonos cuenta de que aquí no dice que todo el mundo, independientemente de su procedencia étnica, sea salvo. Lo que Pedro dice es lo siguiente: "*En toda nación el que le teme y hace lo justo, le es acepto*". A diferencia del versículo 28, aquí no está hablando de todas las personas. De lo que está hablando es de algunas personas *en* todas las naciones. "*En* toda nación el que le teme y hace lo justo, le es acepto". Parece ser que la aceptación que Pedro tiene en mente aquí es algo más que "no llamar a nadie impuro o inmundo". Ese tipo de aceptación tiene que estar dirigida a todas las personas: "*a ningún hombre* debo llamar impuro o inmundo". Pero aquí Pedro dice que en cada nación, solo algunos temen a Dios y hacen lo justo. Y esos son los que le son aceptos.

Ahora ya sabemos qué dos significados no podemos atribuirle al versículo 35. (1) Este versículo no significa que las personas temerosas de Dios y que hacen lo justo sean salvas. Ya mencionamos cuatro razones que explican por qué no puede ser así. (2) No significa simplemente que son personas a las que podemos evangelizar (es decir, que no son impuras o inmundas), porque en el versículo 28 ya dice que eso es aplicable a todas las personas. Lo que el versículo 35 dice es que, de todas las personas, solo algunas son temerosas de Dios y hacen lo justo y, por tanto, aceptas. Así, es probable que el significado correcto esté entre ser salvo y ser susceptible de escuchar el Evangelio.

Hechos 10:35, LBA: Ciertamente ahora entiendo que Dios no hace acepción de personas, sino que en toda nación el que le teme y hace lo justo, le es acepto.

Hechos 10:35, DHH: Ahora entiendo que, de veras, Dios no hace diferencia entre una persona y otra,[35] sino que en cualquier nación acepta a los que lo reverencian y hacen lo bueno.

En mi opinión, Cornelio representa a una persona inconversa de un grupo étnico al que el Evangelio aún no ha llegado, y que está buscando a Dios de forma sincera. Pedro dice que Dios se complace en esta búsqueda (de ahí que Cornelio fuera acepto, grato a Dios, v. 35) y obra maravillas para que el Evangelio de Jesucristo llegue a esa persona, tal como lo hizo a través de las visiones que tanto Pedro como Cornelio tuvieron.

Un Cornelio moderno

Esta "búsqueda sincera" aún se da hoy en día. Don Richardson, en su libro *Eternity in Their Hearts*, nos habla de una conversión muy similar a la de Cornelio. El pueblo gedeo, de la zona centro y sur de Etiopía, era una tribu de medio millón de agricultores del café que creían en un ser benévolo llamado *Magano*, el omnipotente creador de todo lo que existe. Pocos miembros de la tribu gedeo elevaban oraciones a Magano, pues estaban más preocupados de apaciguar al ser maligno al que ellos llamaban *Sheit'an*. Pero uno de ellos, Warrasa Wanga, de la ciudad de Dilla en uno de los extremos de las tierras de los gedeos, oraba pidiéndole a Magano que se revelara al pueblo.

Entonces, Warrasa Wanga tuvo una visión: dos hombres blancos venían y construían un pequeño refugio bajo la sombra de un sicómoro a las afueras de Dilla. Más adelante levantaron una estructura más consistente, con una techumbre brillante y, con el tiempo, siguieron construyendo ocupando toda la ladera de la colina. Warrassa nunca había visto aquel tipo de estructura, pues los gedeo siempre construían techos de hierba y hojarasca. Entonces Warrasa oyó una voz que decía: "Estos hombres te traerán un mensaje de Magano, el Dios al que tú buscas. Espérales". En la última escena de la visión, Warrassa se vio a sí mismo sacando el pilar central de su casa, llevándolo fuera de la ciudad, y clavándolo en tierra al lado de una de aquellas estructuras que los extranjeros habían construido. En el simbolismo gedeo, el pilar central de la casa de un hombre representa su propia vida.

Ocho años después, en diciembre de 1948, dos misioneros canadienses, Albert Brant y Glen Cain, llegaron a Etiopía para trabajar en medio del pueblo gedeo. Su intención era pedir permiso a las autoridades etíopes para que les dejaran instalarse en el centro de la región Medea, pero varios etíopes les dijeron que rechazarían su petición a consecuencia del malestar político que reinaba entonces. Siguiendo su consejo, pidieron instalarse cerca de Dilla, en el extremo de las tierras gedeas. Las autoridades les concedieron el permiso y, cuando llegaron a Dilla, los misioneros plantaron sus tiendas bajo un viejo sicómoro.

Treinta años después había más de doscientas iglesias entre los gedeos, con una media de doscientos miembros por iglesia. Casi toda la tribu Medea estaba bajo la influencia del Evangelio.[29] Warrassa fue uno de los primeros conversos y el primero que fue encarcelado a causa de su fe.[30]

El verdadero temor de Dios

La evidencia principal de que Lucas está hablando de este tipo de inconverso, que busca a Dios y a sus mensajeros de forma sincera y, por tanto, es grato a Dios, la encontramos en Hechos 10:31-32, donde Cornelio cuenta que el ángel le había dicho: "Cornelio, *tu oración ha sido oída*, y tus obras de caridad han sido recordadas delante de Dios. Envía, *pues*, a Jope, y haz llamar a Simón, que también se llama Pedro". Fijémonos: Tu oración ha sido oída... *pues* [o, "por tanto"], haz llamar a Pedro. Queda ahí implícito que, en sus oraciones, Cornelio le pedía a Dios que le enviara lo que necesitaba para poder ser salvo.

Así, el temor de Dios que a Dios le agrada, que encontramos en el versículo 35, es una comprensión y un reconocimiento de que existe un Dios santo, que un día tendremos que rendir cuentas delante de Él, que no podemos salvarnos a nosotros mismos y necesitamos que Dios nos diga de qué forma podemos ser salvos, y que debemos orar día y noche pidiéndole que nos muestre el camino e intentar actuar según la luz que tenemos. Esto es lo que Cornelio estaba haciendo. Y Dios aceptó su oración y su búsqueda, (Hechos 17:27) y obró maravillas para llevarle el mensaje de salvación. Cornelio no habría sido salvo a menos que alguien le hubiera llevado el Evangelio. Y hoy en día ninguna persona que pueda aprehender la revelación (ver la nota 29) será salva sin el Evangelio.

---

[29] Don Richardson, *Eternity in Their Hearts* (Ventura, Calif: Regal, 1981), 56-58.

[30] W. Harold Fuller, *Run While the Sun Is Hot* (London: Hazell Watson and Viney Ltd., n. d.), 183-84.

Por tanto, Cornelio no representa a las personas que son salvas sin haber oído y creído en el Evangelio, sino que nos muestra la intención que Dios tiene de que en su pueblo haya personas de "toda nación" (Hechos 10:35), enviando a los mensajeros del Evangelio a cruzar todas las barreras culturales, incluso las que, por el motivo que fuera, parecieran infranqueables.

Deberíamos aprender, junto con los miembros de la iglesia judía de Jerusalén, que "a los gentiles ha concedido Dios el arrepentimiento que conduce a la vida". Pero debemos asegurarnos de que lo aprendemos de la misma forma en la que ellos lo aprendieron: llegaron a esa conclusión porque los gentiles *creían el evangelio que Pedro predicaba* y recibían el Espíritu Santo. No llegaron a esa conclusión porque los gentiles temieran a Dios e hicieran buenas obras.

Así, parecer ser que Lucas nos cuenta la historia de Cornelio para mostrarnos que los gentiles pueden llegar a formar parte del pueblo escogido de Dios a través de la fe en Cristo, a pesar de su "impureza" ceremonial. La enseñanza que encierra esta historia no es que los gentiles ya formaran parte del pueblo escogido de Dios porque fueran temerosos de Dios e hicieran buenas obras. La frase clave para entender esta historia la encontramos en Hechos 11:14: "[Él] dirá *palabras por las cuales serás salvo*".

"No hay otro nombre bajo el cielo". Hechos 4:12

La razón por la que esas palabras traían salvación (11:14) era porque proclamaban el nombre que salva: el nombre de Jesús. Pedro dijo que Dios había visitado a los gentiles para "tomar de entre los gentiles un pueblo *para su nombre*" (Hechos 15:14). Vemos, pues, que la proclamación que Dios usa para tomar un pueblo para su nombre es un mensaje cuya base es el nombre de su Hijo Jesús. Esto es, de hecho, lo que vimos en la predicación de Pedro en la casa de Cornelio. El clímax del sermón son las siguientes palabras sobre Jesús: "*Por su nombre*, todo el que cree en Él recibe el perdón de los pecados" (Hechos 10:43).

La necesidad de escuchar y aceptar el nombre de Jesús, que vimos de forma implícita en la historia de Cornelio, se hace explícita en Hechos 4:12, al final de otro de los sermones de Pedro, esta vez dirigido a las autoridades judías de Jerusalén: "Y en ningún otro hay salvación, porque no hay otro nombre bajo el cielo dado a los hombres, en el cual podamos ser salvos".

El Cristo resucitado acababa de sanar a un hombre a través de Pedro y de Juan. Se trataba de un hombre cojo de nacimiento, y al ser sanado, entró en él caminando, saltando y alabando a Dios. A raíz de eso, mucha gente se acercó a ver lo que había ocurrido, y Pedro empezó a predicar. En su mensaje queda claro que lo que ha ocurrido no es meramente un fenómeno religioso concreto, sino que tiene que ver con todas las personas de este mundo.

Entonces, según Hechos 4:1, los sacerdotes, el capitán de la guardia del templo y los saduceos arrestaron a Pedro y a Juan y los encarcelaron. A la mañana siguiente, los gobernantes, ancianos y escribas de Jerusalén se reunieron para interrogar a Pedro y a Juan. Durante el interrogatorio, Pedro expresa las implicaciones del señorío universal de Cristo: "Y en ningún otro hay salvación, porque no hay otro nombre bajo el cielo dado a los hombres, en el cual podamos ser salvos" (4:12).

Tenemos que tomar en serio el alcance universal de esta sentencia. Lo haremos analizando algunas de las palabras que Pedro usa. La razón por la que en ningún otro hay salvación es que "no hay otro nombre *bajo el cielo* [no es que no lo haya en Israel, ¡sino que no lo hay bajo el cielo, incluyendo el cielo de Grecia, Roma, España, etc.] dado *a los hombres* [no a los judíos, sino a todos los hombres del mundo] en el cual podamos ser salvos". Estas dos expresiones, "bajo el cielo" y "a los hombres", nos hablan de la implicación universal de las palabras de Pedro.

Pero aún hay más. Cuando los comentaristas interpretan 4:12, normalmente dicen que una persona no puede ser salva si no cree en Jesús. Dicho de otro modo, 4:12 se tiene como un texto clave para responder a la pregunta sobre si pueden ser salvos aquellos que nunca han oído el evangelio de Jesús. Pero Clark Pinnock representa a otro grupo que dice que "Hechos 4:12 no tiene nada que ver con ese tema... No está hablando del destino de los paganos. Aunque es una cuestión de suma importancia para nosotros, el texto de Hechos 4:12 no responde dicha cuestión, ni en sentido afirmativo, ni en sentido negativo".[31] Lo que Hechos 4:12 dice es que "la salvación en su plenitud está a disposición de la Humanidad solo porque Dios la ofreció en la persona de su Hijo Jesús".[32] Dicho de otro modo, lo que este versículo dice es que la salvación viene solo a través de la *obra* de Jesús, pero no solo a través de

---

[31] Pinnock, "Acts 4:12 – No Other Name Under Heaver", 110. Pinnock reconoce que los comentaristas (p. ej., Bruce, Haenchen, Longenecker, Conzelmann) usan Hechos 4:12 para respaldar el "paradigma exclusivista".

[32] Ibíd., 109.

la fe en Jesús. La obra de Jesús sirve también para aquellos que sin Él se relacionan con Dios de forma adecuada, por ejemplo, a través de la revelación general en la Naturaleza.

El problema con la interpretación de Pinnock es que no concuerda con la importancia que Pedro le da al *nombre* de Jesús. "Y en ningún otro hay salvación, porque no hay otro *nombre* bajo el cielo dado a los hombres, *en el cual* podamos ser salvos". Pedro no solo dice que no hay *ningún otro* de pueda ser la *fuente* de la salvación. Si Pedro dice que "no hay otro *nombre*" es porque para ser salvo hay que apelar al nombre del Señor Jesús. Apelar a su nombre es la única forma de poder tener comunión con Dios. Si pudiéramos ser salvos sin necesidad de apelar a Él, la Palabra de Dios no hablaría de la salvación *en su nombre*.

Vimos antes que Pedro dijo en Hechos 10:43: *"Por su nombre*, todo el *que cree en Él* recibe el perdón de los pecados". El nombre de Jesús es el centro de la fe y del arrepentimiento. Para creer en Jesús, y así obtener el perdón de pecados, uno tiene que creer en su nombre, lo que significa que uno tiene que haber oído de Él, saber quién es, y saber que realizó una obra salvadora y que resucitó de entre los muertos.

La implicación que Hechos 4:12 tiene para la obra misionera se hace patente cuando Pablo vuelve a sacar el tema del nombre del Señor Jesús en Romanos 10:13-15. Este pasaje muestra que la obra misionera es esencial precisamente porque "todo aquel que invoque el nombre del señor será salvo. ¿Cómo, pues, invocarán a aquel en quien no han creído? ¿Y cómo creerán en aquel de quien no han oído? ¿Y cómo oirán sin haber quien les predique?".

"¿Y cómo creerán en aquel de quien no han oído?"

En Romanos 10:13, Pablo hace una declaración que resume muy bien el Evangelio, y lo hace citando Joel 2:32: "Todo aquel que invoque el nombre del Señor será salvo". Y a continuación, añade una serie de preguntas retóricas: "¿Cómo, pues, invocarán a aquel en quien no han creído? ¿Y cómo creerán en aquel de quien no han oído? ¿Y cómo oirán sin haber quien les predique?". Estas frases son de vital importancia a la hora de hablar de la necesidad de la obra misionera.

Consideremos el contexto en que aparecen estas palabras: Romanos 9:30-10:21. Pablo comienza y finaliza esta sección diciendo que los gentiles, que no contaban con la ventaja de tener la ley revelada de Dios, tienen comunión con Dios a través de Cristo, mientras que Israel, a pesar de todos los privilegios que ha tenido, no tiene comunión con Dios. Así es como lo dice en Romanos 9:30-21: "Los gentiles, que no iban tras la justicia, alcanzaron justicia, es decir, la justicia que es por fe; pero Israel, que iba tras una ley de justicia, no alcanzó esa ley". Y así es como lo dice en Romanos 10:20-21: "E Isaías es muy osado, y dice: fui hallado por los que no me buscaban; me manifesté a los que no preguntaban por mí. Pero en cuanto a Israel, dice: todo el día he extendido mis manos a un pueblo desobediente y rebelde".

Pablo quiere mostrar que la razón de esta extraña inversión (que los gentiles tengan comunión con Dios y cumplan con las exigencias de la ley de Dios, mientras que Israel no logra llegar a Dios ni aún siguiendo su ley) es que "el objetivo (o culminación) de la ley es Cristo, quien da justicia a todo aquel que cree" (Romanos 10:4, traducción del autor). Israel perdió de vista cuál era el objetivo de su propia ley: que apuntara a Cristo y a la justificación por fe como la única esperanza para poder cumplirla (9:31). Y luego, cuando Cristo apareció, "Israel tropezó en la piedra de tropiezo" (9:32). Los israelitas "no se sometieron a la justicia de Dios" (10:3). Pero los gentiles aceptaron la promesa de que "el que crea en Él no será avergonzado" (9:33).

En 10:8, Pablo hace una transición para hablar del evangelio que él predica y de la obra misionera, y lo hace diciendo que el mensaje de la ley del Antiguo Testamento, que apunta a Cristo el Redentor, es "la palabra de fe que predicamos". Y acto seguido dice explícitamente que ese redentor es Jesús y que toda salvación se obtiene confesando su nombre, del mismo modo en que la salvación en el Antiguo Testamento se obtenía aceptando a ese redentor al que la ley apuntaba, confiando en que la Gracia de Dios iba a proveer. Así, el versículo 9 dice: "si confiesas con tu boca a *Jesús por Señor*, y crees en tu corazón que Dios le resucitó de entre los muertos, serás salvo".

Pablo enfatiza que la salvación que viene por creer y confesar que Jesús es Señor era la esperanza del Antiguo Testamento. Lo hace citando Isaías 28:16 en Romanos 10:11: "todo el que cree en él no será avergonzado", y citando Joel 2:32 en Romanos 10:13: "todo aquel que invoque el nombre del Señor será salvo". Así, cuando Romanos 10:11 cita Isaías 28:16, "todo el que cree en Él no será avergonzado", está claro que Pablo se refiere a Jesús, la piedra angular prometida. Y cuando Romanos 10:13 cita Joel 2:32, "todo aquel que invoque el nombre del Señor será salvo", el Señor al que se hace referencia es Jesús, a pesar de que en Joel 2:32 el referente sea Yahvé. ¿Y cómo sabemos todo esto? Pues porque en 10:9 dice: "si confiesas con tu boca a *Jesús por Señor...* serás salvo".

Pablo quiere que quede claro que en esta nueva era de la historia de la Redención, Jesús es el objetivo y el clímax de la enseñanza del Antiguo Testamento, y, por tanto, Jesús es el mediador entre el Hombre y Yahvé y el único objeto de la fe que salva.

Es difícil seguir el hilo que Pablo traza en Romanos 10:14-21. La secuencia de preguntas en los versículos 14-15 es bastante conocida y normalmente se cita en relación con la obra misionera:

> *¿Cómo, pues, invocarán a aquel en quien no han creído? ¿Y cómo creerán en aquel de quien no han oído?* [33] *¿Y cómo oirán sin haber quien les predique? ¿Y cómo predicarán si no son enviados? Tal como está escrito: ¡Cuán hermosos son los pies de los que anuncian el evangelio del bien!*

Pero, ¿de qué forma encajan estos versículos con la idea que Pablo está desarrollando? ¿Por qué empiezan con la palabra "pues" o "por tanto" (*oun*)? Incluir una serie de preguntas, ¿comunica que hemos de hacer una inferencia? ¿Por qué el versículo siguiente (v. 16) empieza diciendo *"Sin embargo, no todos hicieron caso al Evangelio"?*

La respuesta podría ser la siguiente: El "por tanto" al principio del versículo 14 y el "sin embargo" al principio del versículo 16 podrían significar que la serie de preguntas de los versículos 14 y 15 son una declaración que recoge que Dios ya ha obrado para que las condiciones necesarias para invocar el nombre de Jesús existan. Podríamos parafrasearlo de la forma siguiente:

> *(10-13) La salvación está al alcance tanto de los judíos como de los gentiles, de cualquiera que invoque el nombre del Señor Jesús. (14-15) Por tanto, Dios ha dado los pasos necesarios para ofrecernos los requisitos indispensables para que podamos invocar al Señor. Él envía a los que predican para que la gente pueda oír a Cristo, y pueda creer e invocar su nombre. (16) Sin embargo, esto no ha producido obediencia, como Isaías ya había predicho: "¿Quién ha creído a nuestro mensaje?".*

---

[33] Cuando el verbo "oír" en griego (*akouo*) va seguido de una persona en genitivo significa "oír a la persona", no simplemente oír de esa persona. La mayoría de los comentaristas están de acuerdo (p. ej., Murray, Cranfield, Moo).

Hasta aquí, la idea principal de los versículos 14-16 sería que *aunque* Dios ha obrado para ofrecernos los pasos necesarios para invocar el nombre del Señor, *aún así* la mayoría de personas no le han obedecido.

Pero, ¿de quién habla Pablo cuando dice que "no han creído"? Veremos dos respuestas diferentes que desembocan en dos formas diferentes de entender la línea de pensamiento de este pasaje. John Murray y Charles Hodge representan estas dos líneas.

John Murray dice: "En el versículo 16 el apóstol vuelve al tema que caracteriza esta sección de la epístola: la incredulidad de Israel".[34] Y Murray cree que ése es el tema central hasta el final del párrafo. Así, por ejemplo, el versículo 18 también hace referencia a Israel. "Pero me pregunto, ¿no han oído? ¡Claro que han oído! Porque "por toda la Tierra ha salido su voz, y hasta los confines del mundo sus palabras". Dice que Pablo cita el Salmo 19:4 (que originalmente se refería a las obras de la Naturaleza que declaran la gloria de Dios) para describir la extensión del evangelio de Jesús por todo el mundo, y entonces, si el Evangelio está llegando a todo el mundo, "no se puede decir que Israel no ha oído".[35] Así que el tema central sigue siendo Israel. Lo que Pablo quiere transmitir a la largo de Romanos 10 es que Israel conoce el Evangelio y, sin embargo, lo rechaza. Y, por ello, tendrá que rendir cuentas a Dios.

Charles Hodge, por otro lado, cree que de los versículos 11 al 21, el tema central es otro. "El objetivo de Pablo es vindicar la propiedad de la extensión del llamamiento del Evangelio a todas las naciones". Según él, los versículos 16 y 18 no se refieren a Israel, sino a todas las naciones. "El versículo 16 se refiere a los gentiles, 'no todos hicieron caso al Evangelio', y por tanto este versículo [el 18], '¿acaso nunca han oído?', no puede estar haciendo referencia a un sujeto diferente ... En el siguiente versículo [19], donde sí habla de los judíos, Pablo tiene que mencionarlos de forma expresa: '¿Acaso Israel no sabía?'".[36]

A pesar de esta diferencia entre Murray y Hodge, la cuestión que nos interesa a nosotros sigue estando bastante clara, y ambos comentaristas la entienden del mismo modo. Es cierto que uno cree que se está hablando de la responsabilidad de Israel y otro, que se está hablando de que el Evangelio es para todas las naciones (Israel incluido), pero

---

[34] Jonh Murray, *The Epistle to the Romans,* vol. 2 (Grand Rapids: Eerdmans, 1965), 60.

[35] Ibíd., 62.

[36] Charles Hodge, *Commentary on the Epistle to the Romans* (New York: A. C. Armstrong and Son, 1893), 548.

ambos están de acuerdo en que invocar el nombre del Señor Jesús es necesario para la salvación (v. 13).

Es tan necesario que Pablo se ve impelido a explicar que Dios ya ha provisto de todos los pasos necesarios para poder invocar al Señor (v. 14-15). Una cuestión muy importante para responder a nuestra pregunta es la implicación de que "invocar al Señor" para recibir la salvación no se puede hacer desde una posición de ignorancia. No se puede hacer desde ninguna otra religión. Eso queda bien claro en las preguntas que aparecen en los versículos 14 y 15.

Cada una de esas preguntas echa por tierra los diferentes argumentos de aquellos que dicen que alguien se pueda salvar sin haber oído el evangelio de Jesús. En primer lugar, la pregunta "¿Cómo, pues, invocarán a aquel en quien no han creído?" muestra que para que la invocación sea eficaz, el que invoca debe depositar su fe en aquel al que invoca. Esta realidad invalida el argumento de que uno puede invocar a Dios para que le salve sin depositar su fe en Cristo.

En segundo lugar, la pregunta "¿Y cómo creerán en aquel de quien no han oído?" explica que para que haya fe, se tiene que haber oído a Cristo en el mensaje del Evangelio. Esta realidad echa por tierra el argumento de que una persona puede tener fe sin haber conocido a Cristo en el Evangelio.

En tercer lugar, la pregunta "¿Y cómo oirán sin haber quien les predique?" muestra que para oír a Cristo en el Evangelio tiene que haber alguien que proclame ese evangelio. Esta realidad invalida el argumento de que se puede conocer a Cristo u oír de Cristo sin un mensajero que lleve el Evangelio.

Parece ser que Millard Erickson no toma en serio esta secuencia, pues él sugiere que la cita del Salmo 19:4 que aparece en Romanos 10:18 enseña que la Revelación general en la Naturaleza es todo lo que algunos necesitan para recibir la salvación.[37]

Al principio esta sugerencia parece atractiva. Pablo dice que para poder invocar al Señor, la gente tiene que haber oído. Entonces, en el versículo 18 pregunta: "¿acaso nunca han oído?". Y responde con las palabras del Salmo 19:4 (18:4 LXX[38]): "Claro que sí, pues 'su voz ha salido por toda la Tierra, y sus palabras hasta los confines del mundo".

---

[37] Ver la nota 7.

[38] LXX es una abreviación que hace referencia a la traducción griega del Antiguo Testamento, traducción que se ha llamado la Septuaginta. Ese nombre se debe a la tradición de que la traducción fue hecha por setenta (LXX) eruditos.

En el contexto original del Salmo 19, "su voz" y "sus palabras" hacen referencia a aquello que se transmite a través de "la noche", "el día", "los cielos" y "el firmamento". Así que podríamos llegar a la conclusión de que lo que el ser humano necesita oír para ser salvo (v. 17) ya ha sido dado a través de la Naturaleza. Ésa es la conclusión que Erickson extrae.[39]

El problema con esta interpretación es que, si pensamos en Romanos 10:14, se crea una tensión insuperable. En ese versículo Pablo dice: "¿Y cómo oirán sin haber quien les predique?". Si Erickson estuviera en lo cierto y el mensaje que nos llega a través de la revelación general en la Naturaleza salvara, la pregunta que Pablo hace sería engañosa: "¿Y cómo oirán sin haber quien les predique?". Está claro que lo que quiere decir es que uno no puede oír lo que necesita oír para ser salvo a menos que alguien envíe a un predicador. Si el versículo 18 dijera que los predicadores no son esenciales para la salvación, porque el mensaje de salvación viene a través de la Naturaleza, estaríamos ante una contradicción.

Por tanto, tal como cree la mayoría de los comentaristas, es poco probable que el objetivo de Pablo al escribir el versículo 18 fuera enseñar que la revelación natural cumple la función salvífica de la "obra de Cristo", que es de donde viene la fe (v. 17). Murray y Hodge están de acuerdo en que Pablo usa las palabras del salmo para establecer un paralelismo entre la universalidad de la revelación general y la extensión universal del Evangelio.[40] La cuestión es que Dios ha puesto en marcha

---

[39] Para llegar a esta conclusión, también se basa en Romanos 1:18-21. Pero el problema al usar este texto es que aunque estos versículos enseñan que la revelación general es suficiente para que el ser humano sepa que tiene que rendir cuentas ante Dios (v. 21), también enseñan que los hombres con injusticia restringen la verdad (v. 18) y que no honran a Dios como Dios, ni le dan gracias (v. 21), por lo que no tienen excusa (v. 20). La revelación general es suficiente para que el Hombre se dé cuenta de que tiene que adorar a Dios y rendir cuentas ante Él, pero no ofrece la fe que salva. Es por eso por lo que es necesario que el Evangelio sea predicado a todas las naciones. Dios desea honrar a su Hijo acompañando la predicación de su nombre con un poder capaz de despertar los corazones.

[40] Murray, *Epistle to the Romans*, 61: "Dado que la proclamación del Evangelio llega a todos por igual, es acertado ver el paralelismo entre la universalidad de la revelación general y el universalismo del Evangelio. La primera es el modelo que ahora se sigue en el sonoro avance del Evangelio hacia los lugares más lejanos de la Tierra. Así, la aplicación que Pablo hace del Salmo 19:4 puede revelar no solo este paralelismo, sino también lo que se esconde de forma implícita detrás del paralelismo, es decir, la extensa difusión del Evangelio de la Gracia". Hodge, *Commentary on the Epistle to the Romans*, 549: "Este versículo debe considerarse como una clara declaración de que lo que Pablo ha demostrado que debería hacerse, ya se había cumplido. El muro de separación había sido derribado, el Evangelio de salvación, la religión de Dios, había sido liberada de sus trabas, el ofrecimiento de la misericordia era tan extenso y general como la proclamación de los cielos El objetivo de Pablo al usar las palabras del salmista era, sin

un movimiento misionero (v. 15) que llegará a todas las naciones de la Tierra, en la analogía de la extensión universal de la gloria de Dios a través de la revelación natural.[41]

Para resumir estas reflexiones sobre Romanos 10, la idea teológica en la que Pablo basa su convicción misionera es que Cristo es el cumplimiento de todo lo que el Antiguo Testamento anunciaba. Antes de Cristo, la fe se depositaba en la misericordia de Dios para perdonar los pecados y cuidar de su pueblo. A medida que la revelación iba progresando, el objeto de la fe pasaba fácilmente de los sacrificios de los animales al prometido siervo sufriente de Isaías 53 que cargaría con los pecados. Pero cuando Cristo vino, la única fe que salva es la que le mira a Él como el único que ha garantizado el cumplimiento de todas las esperanzas del pueblo de Dios. A partir de la venida de Cristo, el deseo de Dios es honrar a Cristo dejando claro que Él es el único Salvador. Para salvarse, por tanto, las personas tienen que invocar su nombre, creer en Él, haberle oído y salir como mensajeros con la Palabra de Cristo.

La vocación misionera de Pablo

Los textos que muestran la forma en la que Pablo concebía su propia vocación misionera siempre hablan también de que para poder ser salvo, es indispensable haber oído el Evangelio.

En su conversión, Pablo recibió una comisión de parte del Señor que define la condición de aquellos que están sin Cristo. Lo encontramos en Hechos 26:15-18.

---

duda alguna, explicar de una forma más clara y eficaz a sus oyentes la idea de que la proclamación del Evangelio estaba ahora libre de las barreras nacionales y de las restricciones religiosas, pues las instrucciones caían sobre todos los pueblos desde los cielos. Está claro que no es correcto interpretar que Pablo cita al salmista como si el antiguo profeta estuviera hablando de la predicación del Evangelio. El apóstol simplemente usa la cita veterotestamentaria para ilustrar sus propias ideas, tal y como hacemos de forma casi involuntaria todos los predicadores cuando predicamos".

[41] Las palabras "ha salido su voz" no tiene por qué significar que la extensión del mensaje ya ha finalizado. En el contexto de Pablo, el significado natural es que el Evangelio ha sido propulsado al mundo para llegar a todas las naciones. Olshausen sugiere que "ha salido su voz" debe entenderse como una profecía: lo que acaba de empezar ya se ve como algo finalizado y, por tanto, no debemos buscar más explicaciones de por qué Pablo habla de los mensajeros de Cristo como si ya estuvieran esparcidos por toda la Tierra, aunque, cuando el apóstol escribió estas palabras, aún no habían llevado la predicación de Cristo a todo el Imperio Romano". Hermann Olshausen, *Studies in the Epistle to the Romans* (1849; reimpresión, Minneapolis: Klock and Klock Christian Publishers: 1983), 354.

Yo entonces dije: "¿Quién eres, Señor?" Y el Señor dijo: "Yo soy Jesús a quien tú persigues. Pero levántate y ponte en pie; porque te he aparecido con el fin de designarte como ministro y testigo, no solo de las cosas que has visto, sino también de aquellas en que me apareceré a ti, librándote del pueblo judío y de los gentiles, a los cuales yo te envío, para que abras sus ojos a fin de que se vuelvan de la oscuridad a la luz, y del dominio de Satanás a Dios, para que reciban, por la fe en mí, el perdón de pecados y herencia entre los que han sido santificados."

Aquí vemos *el quid* del ministerio de Pablo. Sin hacer ningún tipo de distinción, el Señor dice que aquellos que aún no tienen el Evangelio están en oscuridad, bajo el dominio de Satanás, y sin el perdón de pecados. Cristo encomendó a Pablo con una palabra de poder que abre los ojos de los ciegos espirituales, no para que vean que ya han sido perdonados, sino para que vean que pueden ser perdonados. Su mensaje libera del poder de Satanás. La definición que tenemos aquí de las naciones a las que aún no ha llegado el Evangelio es que están ciegas, en oscuridad, son esclavas de Satanás, no tienen el perdón de pecados, y Dios no las acepta porque no han sido santificadas.

Esto concuerda con lo que Pablo dice en sus escritos sobre la condición del hombre que no ha sido transformado por el poder del Evangelio: todos están bajo el pecado, cosa que les impide abrir su boca ante Dios (Romanos 3:9-19); están en la carne y no pueden someterse a Dios ni agradarle (Romanos 8:7-8); son naturales, no espirituales y, por tanto, no pueden recibir las cosas del Espíritu (1ª Corintios 2:14-16); están muertos en sus delitos y son hijos de ira (Efesios 2:3-5); y tiene el entendimiento entenebrecido, están apartados de Dios, y han endurecido su corazón (Efesios 4:17-18).

Con la venida de Cristo, llegó un mensaje que tiene poder para salvar (Romanos 1:16; 1ª Corintios 15:2; 1ª Tesalonicenses 2:16), dar fruto (Colosenses 1:6), y triunfar (2ª Tesalonicenses 3:1), y la misión de Pablo y de sus herederos es predicar este mensaje a las naciones. "Porque ya que en la sabiduría de Dios el mundo no conoció a Dios por medio de su propia sabiduría [o la falsa religión], agradó a Dios, mediante la necedad de la predicación, salvar a los que creen" (1ª Corintios 1:21).

La salvación también es el tema principal cuando Pablo predica en las sinagogas judías. Pablo no da por sentado que los gentiles temerosos de Dios o los judíos son salvos por conocer las Escrituras del Antiguo Testamento. ¿Qué fue lo que dijo en la sinagoga de Antioquía de Pisidia?

Por tanto, hermanos, sabed que por medio de Él os es anunciado el perdón de los pecados; y que de todas las cosas de que no pudisteis ser justificados por la ley de Moisés, por medio de Él, todo aquel que cree es justificado.

Hechos 13:38-39

Pablo no les dice que los mejores entre ellos ya han sido perdonados porque son obedientes a la ley. Les ofrece el perdón a través de Cristo. Según él, uno sólo se libra del pecado (justificación) si cree en Cristo. Cuando la sinagoga se opone a su mensaje, el apóstol dice en Hechos 13:46-48:

Era necesario que la palabra de Dios os fuera predicada primeramente a vosotros; mas ya que la rechazáis y no os juzgáis dignos de la vida eterna, he aquí, nos volvemos a los gentiles. Porque así nos lo ha mandado el Señor: te he puesto como luz para los gentiles, a fin de que lleves la salvación hasta los confines de la Tierra. Oyendo esto los gentiles, se regocijaban y glorificaban la palabra del Señor; y creyeron cuantos estaban ordenados para vida eterna.

La vocación de Pablo es llevar la salvación a los confines de la Tierra. Así, se entiende que la salvación aún no ha llegado a los confines de la Tierra. Pablo tiene que llevarla. El mensaje de Pablo es el medio de salvación. Sin él, no hay salvación: "Cuantos estaban ordenados para vida eterna" creyeron el mensaje de Pablo, y fueron salvos. Dios ha establecido que la salvación llegue a las naciones a través de los mensajeros que Él envía, cuya obediente predicación del Evangelio trae salvación a las naciones.

A través de la predicación de Pablo, Dios está haciendo la obra soberana que había estado aguardando durante los tiempos de ignorancia. De acuerdo con sus propósitos, está trayendo a los gentiles a la fe. Está abriendo sus corazones al Evangelio (Hechos 16:14), concediéndoles el arrepentimiento (Hechos 11:18) y limpiando por la fe sus corazones (Hechos 15:9).

Antes de que llegara la privilegiada era del Evangelio, todas estas cosas no eran posibles, porque Dios había permitido que las naciones siguieran sus propios caminos (Hechos 14:16). Pero ahora está en marcha un gran movimiento, cuyo objetivo es formar de todas las naciones un pueblo para su nombre, y Dios mismo está actuando en el ministerio para santificar a un pueblo para sí. Romanos 15 lo explica de una forma muy bella y muy clara. En este texto, Pablo describe su vocación en relación con la obra que Cristo está haciendo en él y a través de él.

> *Pero os he escrito con atrevimiento sobre algunas cosas, para así hacer que las recordéis otra vez, por la Gracia que me fue dada por Dios, para ser ministro de Cristo Jesús a los gentiles, ministrando a la manera del sacerdote el Evangelio de Dios, a fin de que la ofrenda que hago de los gentiles sea aceptable, santificada por el Espíritu Santo. Por tanto, en Cristo Jesús he hallado razón para gloriarme en las cosas que se refieren a Dios. Porque no me atreveré a hablar de nada, sino de lo que Cristo ha hecho por medio de mí para la obediencia de los gentiles, en palabra y en obra.*
>
> Versículos 15-18

Fijémonos en la iniciativa de Dios. En primer lugar, Dios le dio a Pablo la Gracia del apostolado y le llamó al ministerio del Evangelio (v. 15-16). En segundo lugar, los gentiles que creyeron el mensaje de Pablo son aceptados por Dios porque son santificados por el Espíritu Santo (v. 16). En tercer lugar, la obediencia de los gentiles no ha sido gracias a Pablo, sino a lo que Cristo ha hecho por medio de él (v. 18).

Por tanto, la misión a los gentiles es la nueva obra de Dios. Es el cumplimiento de la profecía divina de que un día Dios permitiría que las naciones siguieran sus propios caminos, pero luego *luego*

> *Dios... tuvo a bien tomar de entre los gentiles un pueblo para su nombre. Y con esto concuerdan las palabras de los profetas, tal como está escrito: después de esto volveré, y reedificaré el tabernáculo de David que ha caído. Y reedificaré sus ruinas, y lo levantaré de nuevo, para que el resto de los hombres busque al Señor, y todos los gentiles que son llamados por mi nombre, dice el Señor, que hace saber todo esto desde tiempos antiguos.* (Hechos 15:14-18)

Un nuevo día empezó con la venida de Jesucristo. El pueblo de Dios está siendo reedificado de tal modo que nunca más fracasará en su tarea de alcanzar a las naciones. En este nuevo día, Dios no permitirá que su pueblo abandone su misión; ya no permitirá que las naciones sigan sus propios caminos. Está levantando una Iglesia "para que el resto de los hombres busque al Señor".

Entonces, el Señor reunirá ahora a todos los llamados de entre todas las naciones. ¡Ésta es *su* nueva obra! Todos los que han sido predestinados, *serán* llamados (Romanos 8:30). Todos los que han sido ordenados para vida eterna *creerán* (Hechos 13:48). Todos los que son rescatados *formarán parte* de un pueblo con gente de toda tribu, lengua, pueblo y nación (Apocalipsis 5:9). Dios mismo es el agente principal de este nuevo movimiento, y Él *tomará* de entre los gentiles un pueblo para su nombre (Hechos 15:14).

Los escritos de Juan

La concepción que Juan tiene de esta nueva tarea misionera es afín a la de Pablo. Si Pablo había dicho que nadie podía creer en un Cristo del que no habían oído (Romanos 10:14), Jesús dice en Juan 10:27: "Mis ovejas oyen mi voz, y yo las conozco y me siguen" (cf. 10:4, 14). Dicho de otro modo, Jesús reúne a su rebaño redimido llamándoles con su propia voz. Las ovejas verdaderas oyen su voz y la siguen, y Él les da vida eterna (10:28).

¿A quién tiene Jesús en mente cuando habla de los que oirán su voz y le seguirán? No solo se está refiriendo a los judíos, que ya le oyeron cuando Él estuvo aquí en la Tierra. Jesús dice: "Tengo *otras ovejas que no son de este redil*, a ésas también me es necesario traerlas, y oirán mi voz, y serán un rebaño con un solo pastor" (10:16). "Otras ovejas que no son de este redil" se refiere a los gentiles, que no son parte del rebaño judío.

Pero, ¿cómo oirán su voz esos gentiles? La respuesta es la misma que encontramos en Pablo: "Mis ovejas oyen mi voz, y yo las conozco y me siguen; y yo les doy vida eterna" (10:27-28). Y la oirán a través de los mensajeros del Pastor. Eso es lo que Jesús quiere decir en Juan 14:6, cuando dice: "Yo soy el camino, y la verdad, y la vida; nadie viene al Padre sino por mí". "Por mí" no significa que la gente puede llegar a Dios desde otras religiones porque, aunque ellos no lo sepan, Jesús ha muerto por ellos. Según la enseñanza del Evangelio de Juan, ese "por mí" significa creer en Jesús a través de la palabra de sus discípulos (Juan 6:35; 7:38; 11:25; 12:46; 17:20).

La vida eterna es gracias a la muerte de Jesús por sus ovejas (10:15), una muerte que logró la propiciación no solo de unas pocas ovejas judías, sino de ovejas de todas las naciones. Así lo enseña Juan 11:51-52, donde Juan interpreta las palabras de Caifás: "Siendo el sumo sacerdote ese año, profetizó que Jesús iba a morir por la nación; *y no solo por la nación, sino también para reunir en uno a los hijos de Dios que están esparcidos*".

Los "hijos de Dios que están esparcidos" (11:52) son las "otras ovejas que no son de este redil" (10:16). Y cuando miramos el cuadro de la consumación de la causa misionera que Juan describe en Apocalipsis, vemos que estas "ovejas" e "hijos" son de todas las naciones.

> *Y cantaban un cántico nuevo, diciendo: Digno eres de tomar el libro y de abrir sus sellos, porque tú fuiste inmolado, y con tu sangre compraste para Dios a gente* de toda tribu, lengua, pueblo y nación. *Y los has hecho un reino y sacerdotes para nuestro Dios; y reinarán sobre la Tierra.* (Apocalipsis 5:9-10)

Aquí vemos el alcance que tiene la palabra "esparcidos" en Juan 11:52. Jesús murió para reunir a los "hijos de Dios" que están esparcidos "de toda tribu, lengua, pueblo y nación". La implicación es que los mensajeros del Pastor tienen que predicar (Marcos 13:10) y predicarán (Mateo 24:14) el mensaje del Evangelio a todas las naciones. Esos redimidos que en el cuadro de Apocalipsis están en el cielo no han sido redimidos sin que ellos lo supieran. Al contrario, como vemos en Apocalipsis 7:14, esos "de todas las naciones, tribus, pueblos y lenguas" (Apocalipsis 7:9) son aquellos que "han lavado sus vestiduras y las han emblanquecido en la sangre del Cordero" (7:14; cf. 22:14). Son aquellos que "guardan los mandamientos de Dios y tienen el testimonio de Jesús" (12:17). El Evangelio de la sangre del Cristo crucificado, vertida por los pecadores, y del Cristo resucitado y victorioso tiene que ser predicado a todas las naciones para que puedan creer y ser salvas.

Conclusión

Lo que nos hemos preguntado en esta sección es si hay personas que, guiadas por el Espíritu Santo, pueden ser salvas por Gracia a través de la fe en un Creador misericordioso, aun cuando no hayan oído hablar de Jesús. ¿Hay personas piadosas de otras religiones que, de forma humilde, confían en la Gracia de un Dios al que solo conocen a través de la Naturaleza o de experiencias religiosas no cristianas?

La respuesta del Nuevo Testamento es claramente negativa. El mensaje que encontramos en sus páginas es que, con la venida de Cristo, hubo un gran cambio en la historia de la Redención. Antes, la gente se salvaba depositando su fe en la misericordia de Dios, la cual se daba a conocer en sus intervenciones para redimir al pueblo de Israel, en el sistema de sacrificios y en las profecías de la redención venidera.

Actualmente el objeto de la fe es Jesucristo, el cumplimiento y la garantía de todas las intervenciones redentoras, de todos los sacrificios y de todas las profecías. A partir de su aparición, la única fe que salva es la fe en Él, y Dios lo establece así para honrarle.

Por tanto, este gran cambio en la historia de la Redención va acompañado de una nueva estrategia misionera ordenada por Dios. Dios ya no permite que las naciones sigan sus propios caminos (Hechos 14:16) sino que envía a sus mensajeros a todas las naciones para que llamen a la gente al arrepentimiento y a creer el Evangelio (Hechos 17:30).

Dios mismo en Cristo es el poder que hace que esta misión avance. Él ya ha ordenado a los suyos para vida (Hechos 13:48) y los ha rescatado dando su vida por ellos (Juan 10:15; Apocalipsis 5:9). Ahora envía a mensajeros llenos de su Espíritu para que prediquen (Romanos 1:5; 10:15), Él habla a través de estos mensajeros con poder (Lucas 12:12; 21:15; 1ª Tesalonicenses 2:12) llamando a los perdidos a la fe (Romanos 8:30; 1ª Corintios 1:24) y guardándolos con su gran poder (Judas 24).

Los que afirman que la gente que no tiene acceso al Evangelio puede salvarse sin conocer a Cristo, intentan argumentar que esta idea potencia la motivación a evangelizar a los perdidos. Como vimos anteriormente, el esfuerzo de estos autores es inútil. Sus argumentos no tienen por donde sostenerse. Veamos, por ejemplo, las cuatro maneras de "potenciar" nuestra motivación a evangelizar que John Ellenberger cita.

1. Citando Hechos 18:10 ("yo tengo mucho pueblo en esta ciudad"), este autor dice que "saber que el Espíritu Santo ha estado trabajando en los corazones de las personas antes de que éstas oigan las buenas nuevas debería animarnos".[42] Estoy de acuerdo. Pero esa no es la cuestión. Decir que el Espíritu Santo obra en los corazones para preparar a las personas para que respondan al Evangelio es una cosa muy diferente a decir que el Espíritu Santo obra en sus corazones para que sean salvos aunque no hayan oído el Evangelio. Lo primero nos motiva a trabajar en la obra misionera; lo segundo no.

2. Argumenta de forma bastante incoherente que "debido a que la gran mayoría no ha respondido a la revelación general, necesitan escuchar las palabras de Jesús".[43] Esto es lo mismo que decir que si crees que algunos se salvan sin oír las enseñanzas de Jesús sobre su persona, estarás más motivado a compartir esas enseñanzas porque la mayoría no

---

[42] John Ellenberger, "Is Hell a Proper Motivation for Missions?" en *Through No Fault of Their Own*, 225.
[43] Ibíd., 226.

se salva si no las oye. Pero ese no es un argumento a favor de que la idea de que algunos se salvan sin oír el Evangelio "potencia" nuestra motivación a evangelizar a los perdidos. Al contrario, es un argumento a favor de que nuestra motivación a compartir esas enseñanzas crezca cuanto mejor entendemos lo necesarias e imprescindibles que son.

3. En tercer lugar, argumenta que creer que algunos se salvan aunque no hayan oído el Evangelio "amplía nuestra comprensión del Evangelio".[44] Dicho de otro modo, si vamos a trabajar en la obra misionera con entrega, debemos hacerlo por muchas más razones que para que la gente se pueda librar del infierno. Tenemos que hacerlo para que en esta vida ya puedan disfrutar de la salvación y de las bendiciones presentes. Supongo que esto es verdad. Pero, ¿por qué deberíamos creer que la Iglesia estará más motivada a ofrecer esas bendiciones que a ofrecer la bendición de la vida eterna? El riesgo que estoy dispuesto a correr para salvar a una persona de la muerte no va a aumentar si me dices: "Ya no está condenado a muerte, pero seguro que tienes ganas de trabajar con la misma urgencia para ayudarle a disfrutar de una buena vida en la Tierra".

4. Por último, Ellenberger argumenta que creer que algunos se salvan sin oír el Evangelio "reafirma que el amor es la motivación principal para la evangelización".[45] De nuevo, creo que esta afirmación es incoherente, pues parece dar por sentado que la urgencia misionera movida por el deseo de rescatar a la gente del tormento eterno no es una urgencia que nazca del amor.

Así que yo afirmo, de nuevo, que la negación contemporánea de la necesidad de oír el Evangelio para poder ser salvo mengua la motivación misionera. Estoy de acuerdo, no obstante, en que el destino fatal del hombre sin Cristo no es la única motivación de la obra misionera, pues por encima de todo está el buscar la gloria de Cristo.[46]

Por tanto, la Iglesia tiene que unirse al Señor de la gloria y a su causa. Charles Hodge tiene razón cuando dice que "la pregunta implícita del apóstol – ¿cómo pueden creer si no hay quien les predique? – debería sonar día y noche en los oídos de las iglesias".[47]

---

[44] Ibíd.

[45] Ibíd.

[46] En el capítulo 6 encontrará mi punto de vista sobre la relación entre la pasión por la Supremacía y la compasión por las almas de los hombres, punto de vista que he tomado de Jonathan Edwards.

[47] Hodge, *Commentary on the Epistles to the Romans*, 553.

Es un privilegio enorme poder colaborar con Él en el movimiento más grande de la Historia: la reunión de los escogidos "de todas las tribus, lenguas, pueblos y naciones" hasta que el número de gentiles esté completo, todo Israel sea salvo, el Hijo del Hombre descienda con poder y gran gloria como Rey de reyes y Señor de señores, y la Tierra sea llena del conocimiento de su gloria como las aguas cubren el mar por siempre. Entonces la Supremacía de Cristo se hará manifiesta a todos, el Hijo entregará el reino a Dios el Padre, y Dios será todo en todos.

5
La Supremacía de Dios en medio de "todas las naciones"

¿El amor puede decidir cómo llevar a cabo la obra misionera?

¿De qué forma decidimos cuál es la labor de la obra misionera, o si debe haber o no obra misionera? Una respuesta sería que el amor nos obliga a que haya obra misionera y, además, el amor define esa obra misionera. Si la gente de todo el mundo está bajo condenación por sus pecados y alejados de la vida eterna (Efesios 2:2-3, 12; 4:17; 5:6), y si aceptar a Jesús es su única esperanza de tener una comunión gozosa y eterna con Dios (como explicamos en el capítulo 4), entonces el amor demanda que haya obra misionera.

Pero, ¿puede el amor definir la obra misionera? No sin consultar los extraños caminos de Dios. A veces, los caminos de Dios no tienen nada que ver con la manera en la que nosotros, desde nuestra limitada perspectiva, habríamos hecho las cosas. Pero Dios es amor, incluso cuando su forma de actuar nos resulta desconcertante. Si te toca vender todo lo que tienes, y comprar un terreno árido, te parecerá que ahí no hay ninguna muestra de amor. Pero si lo miras desde otra perspectiva, si te paras a pensar que en ese terreno hay enterrado un tesoro, entonces quizá ya lo empieces a ver como una muestra de amor. Por tanto, el amor tendrá en cuenta la visión que Dios tiene de las misiones. El amor se negará a definir la obra misionera desde la limitada perspectiva humana. El amor elaborará su definición con la lógica y la perspectiva de los caminos divinos.

El hundimiento de los dos transatlánticos

Los límites de la sabiduría del amor quedan al descubierto cuando vemos la obra misionera como una operación de rescate en alta mar.

Imaginemos que hay dos transatlánticos en alta mar, que los dos empiezan a hundirse en el mismo momento, y que a bordo hay un gran número de personas que no sabe nadar. Hay algunos botes salvavidas, pero no los suficientes. E imagínate que tú estás al mando de un equipo de rescate de dos embarcaciones. Llegáis al lugar donde está el primer transatlántico, y os veis rodeados de cientos de personas gritando: algunas de ellas caen a la deriva ante vuestra impotente mirada; otras luchan contra los escombros que se les vienen encima; otras, ya desesperadas, están apunto de lanzarse al agua. A unos metros, donde está el segundo transatlántico, se repite la misma escena.

Te horrorizas ante el hecho de ver morir a tantas personas. Quieres salvar a tantos como sea posible así que, gritando, le dices a tu equipo, dividido en las dos tripulaciones, que se entregue en cuerpo y alma. En cada embarcación de rescate hay cinco tripulantes, y se ponen a trabajar con todas sus fuerzas. Están salvando a muchos. Hay mucho espacio en las embarcaciones de rescate.

Entonces alguien grita desde el otro transatlántico: "¡Venid a ayudarnos a *nosotros!*". ¿Qué haría el amor? ¿Iría, o se quedaría donde está?

No se me ocurre ninguna razón por la que el amor dejaría la tarea de salvamento que estaba realizando para ir al otro transatlántico. Para el amor, las almas que están lejos no tienen más valor que las almas que están cerca. De hecho, el amor podría haber razonado que, teniendo en cuenta el tiempo que tardaría en llegar al otro transatlántico, iba a evitar más muertes si se quedaba donde estaba.

El amor también podría haber razonado que, teniendo en cuenta el esfuerzo que habría supuesto para los rescatadores navegar hasta el otro transatlántico, no valía la pena ir, pues llegarían tan casados que salvarían a menos personas. Y no solo eso, sino que por experiencias anteriores, tú sabes que es probable que la gente del otro transatlántico esté borracha, con lo cual no cooperarán con las tareas de rescate. Eso también significa que no podréis salvar tantas vidas.

Por tanto, es probable que el amor mismo decida no abandonar su presente operación de rescate. Puede que se quede haciendo la labor que tiene entre manos para salvar al mayor número de personas posible.

Obviamente, esta escena imaginaria no acaba de ser una imagen perfecta de la Iglesia en el mundo, sobre todo, porque por desgracia la Iglesia no despliega *todo* su potencial salvador ni siquiera en el lugar donde está. Pero aún así, la enseñanza principal de esta ilustración, es cierta: Si dejamos que sea el amor el que decida desde nuestra perspectiva humana limitada, es probable que no veamos la labor misionera de la misma forma en la que Dios la ve.

Quizá Dios tenga otra forma de verlo

Quizá para Dios el objetivo de la operación de rescate sea reunir a los pecadores arrepentidos de todos los pueblos del mundo (de los *dos* transatlánticos), aunque algunos miembros del equipo de rescate tengan que dejar una nación donde *ya* se está realizado el rescate (el primer transatlántico) para ir otra donde el rescate *aún no* ha llegado (el segundo transatlántico).

Dicho de otro modo, la labor de la obra misionera quizá no solo sea ganar[48] a tantas personas como sea posible de entre los pueblos que mejor responden al Evangelio, sino ganar a personas de *todos* los grupos étnicos del mundo. Quizá no sea suficiente definir la obra misionera como "dejar la tranquilidad de nuestra cultura para ir a realizar operaciones de rescate en los extraños mares de otras lenguas y culturas". Tenemos que añadir algo que recoja que, a veces, también tendremos que dejar una operación de rescate para ir a otra operación de rescate.

Este capítulo explica que la definición que encontramos en las Escrituras del llamamiento de Dios a las misiones *no puede ser* "ir a otra cultura para que crezca el número total de personas que se salvan". En cambio, la voluntad de Dios para la labor misionera es que el testimonio

---

[48] Uso la palabra "ganar" en el mismo sentido que Pablo en 1ª Corintios 9: 19-22. El uso que el apóstol hace en el versículo 22 del verbo "salvar" pone de manifiesto que eso es lo que tiene en mente cuando usa el verbo "ganar": ser usado por Dios en amor y testimonio para ganar a personas para Cristo y, así, salvarlas del pecado y de la condenación. "Porque aunque soy libre de todos, de todos me he hecho esclavo para *ganar* a mayor número. A los judíos me hice como judío, para *ganar* a los judíos; a los que están bajo la ley, como bajo la ley (aunque yo no estoy bajo la ley) para *ganar* a los que están bajo la ley; a los que están sin ley, como sin ley (aunque no estoy sin la ley de Dios, sino bajo la ley de Cristo) para *ganar* a los que están sin ley. A los débiles me hice débil, para *ganar* a los débiles; a todos me he hecho todo, para que por todos los medios salve a algunos".

de Cristo llegue a todos los grupos étnicos y que así el pueblo de Dios esté formado por personas de todas las naciones.[49]

De hecho, creo que esta última definición de la obra misionera nos llevará a reunir al mayor número posible de adoradores del Hijo de Dios. Pero eso sigue estando en manos de Dios. Nuestra responsabilidad es definir la obra misionera desde la perspectiva divina y, luego, obedecer. Eso significa que debemos realizar una investigación cuidadosa del retrato que el Nuevo Testamento hace de la labor misionera de la Iglesia. Más concretamente, debemos evaluar si es bíblico tener como centro de la actividad misionera el concepto tan extendido de "los pueblos aún no alcanzados".

La acusación de 1974: la ceguera conceptual

Desde 1974, el trabajo de las misiones se ha centrado cada vez más en los pueblos a los que aún no se ha evangelizado,[50] que es diferente a evangelizar en los territorios en los que aún no se ha evangelizado. Ese año, en el Congreso de Lausanne sobre la Evangelización del Mundo, Ralph Winter acusó a la acción misionera occidental de lo que él llamó "la ceguera conceptual". Desde entonces, él y otros han luchado sin descanso para que las organizaciones misioneras y las iglesias con visión misionera trabajen en torno al concepto de "grupo étnico". La "verdad aplastante" que Winter desveló en Lausanne es la siguiente: Aunque el Evangelio ha penetrado en todos los países del mundo, cuatro de cada cinco no creyentes aún no han oído el Evangelio, no a causa de las barreras geográficas, sino a causa de las barreras lingüísticas y culturales.

¿Por qué no hay un mayor conocimiento de estos datos? Me temo que toda nuestra alegría por que el Evangelio ya ha penetrado en todos

---

[49] La palabra "naciones" en este capítulo no hace referencia al moderno significado político que nosotros le adjudicamos (p. ej., "las Naciones Unidas" o la "nación francesa"). Veremos que su significado bíblico tiene que ver con los grupos étnicos, tengan o no independencia política.

[50] Uso la palabra "evangelizar" en su sentido neotestamentario más amplio de hablar de las Buenas Nuevas de Cristo y de su obra salvadora. Hablamos de esas Buenas Nuevas con el objetivo de que la gente deposite su fe en ellas y de que la Iglesia de Cristo crezca (Romanos 10:14-15; 15:20), pero la verdadera evangelización no depende de que la gente crea o no (Hebreos 4:6). Si desea ver un resumen histórico de este concepto, ver David B. Barrett, *Evangelize! A Historical Survey of the Concept* (Birmingham, Ala.: New Hope, 1987).

los países *del mundo ha hecho que muchos entendieran que también ha penetrado en todas las* culturas. *Ese error es una enfermedad tan extendida que hemos de ponerle nombre. Llamémosle "la ceguera conceptual", es decir, la ceguera ante la realidad de que dentro de un mismo* país *existen diferentes* culturas *y* pueblos. *Tengo que añadir que esta ceguera es más dominante en los Estados Unidos y entre los misioneros estadounidenses que en ningún otro lugar.*[51]

El mensaje de Winter se convirtió en un poderoso llamamiento a la Iglesia de Cristo a reorientar su pensamiento, para que la obra misionera se viera como una labor de evangelizar a los *grupos étnicos o pueblos* a los que aún no les ha llegado el Evangelio, y no como una simple tarea de evangelizar más territorios. Increíblemente, en los quince años siguientes la empresa misionera respondió a ese llamamiento. En 1989, Winter pudo escribir: "Ahora que el concepto de los 'pueblos no alcanzados' se ha extendido, es posible hacer planes... con más confianza y precisión".[52]

1982: Una definición que hizo historia

Probablemente, el esfuerzo unido más importante para definir el concepto de "grupo étnico" o "pueblo" se realizó en marzo de 1982, como resultado del trabajo del Grupo de Estrategia de Lausanne. En ese encuentro se definió dicho concepto de la siguiente manera:

> *Una agrupación de personas suficientemente numerosa formada por personas que se unen porque comparten una misma lengua, religión, etnia, residencia, ocupación, clase o casta, situación, etc., o una combinación de algunas de estas características... [Es] la unidad más grande por la que el Evangelio se puede extender (con el consiguiente establecimiento de iglesias) sin toparse con barreras de comprensión o aceptación.*[53]

---

[51] Ralph D. Winter, "The New Macedonia: A Revolutionary New Era in Mission Begins", en *Perspectives on the World Christian Movement: A Reader*, 3ª ed., editores Ralph D. Winter y Steven C. Hawthorne (Pasadena, Calif.: William Carey Library, 1999), 346.

[52] Ralph Winter, "Unreached Peoples: Recent Developments in the Concept", *Mission Frontiers* (Agosto/Septiembre 1989): 18.

[53] Ibíd., 12.

Deberíamos saber que esta definición no solo fue elaborada teniendo en cuenta la enseñanza bíblica sobre la naturaleza específica de los grupos étnicos, sino teniendo en cuenta también los elementos que ayudarían a los misioneros a identificar y llegar a los distintos grupos. Éste es un método legítimo para el avance de la estrategia evangelística. Pero debemos distinguirlo del método que usaré en este capítulo.[54]

"Examinadlo todo", incluso la mentalidad misionera de la Iglesia de hoy

Mi objetivo es examinar, a la luz de la Biblia, la importancia que le estamos dando al concepto de "los grupos étnicos". El mandamiento misionero de la Biblia, ¿es un mandamiento (1) a alcanzar el mayor número posible de personas? ¿Es un mandamiento (2) a llegar a todos los "territorios"? ¿O es un mandamiento (3) a alcanzar a todos los "grupos étnicos" del mundo? ¿Es bíblico el énfasis que ha dominado el trabajo misionero desde el debate de 1974, o simplemente es una estrategia para que el esfuerzo misionero tenga un objetivo hacia donde apuntar?

Ahora nos centraremos en la cuestión básica de este capítulo: ¿es bíblico decir que la tarea misionera de la Iglesia consiste en llegar a todos los grupos étnicos del mundo? ¿O es suficiente con decir que el trabajo misionero consiste en llegar al mayor número de personas posible en otros países?

La comisión más famosa

Y acercándose Jesús, les habló, diciendo: Toda autoridad me ha sido dada en el cielo y en la Tierra. Id, pues, y haced discípulos de todas las naciones, bautizándolos en el nombre del Padre y del Hijo y del Espíritu Santo, enseñándoles a guardar todo lo que os he mandado; y he aquí, yo estoy con vosotros todos los días, hasta el fin del mundo. (Mateo 28:18-20)

A este pasaje normalmente se le llama la Gran Comisión. Lo primero que tenemos que decir sobre este mandamiento es que aún es vinculante para la Iglesia de hoy. Jesús no solo se lo dio a los apóstoles, sino que también se lo da a la Iglesia de hoy como definición de su ministerio hasta que esta era llegue a su fin.

---

[54] Ver la nota 38, donde hablo de esta perspectiva diferente y de sus efectos.

Esta idea surge del mismo texto. La promesa del versículo 20 dice: "y he aquí, yo estoy con vosotros todos los días, hasta el fin del mundo". El pronombre "vosotros" no puede referirse solo a los apóstoles, porque ellos murieron antes del "fin del mundo", antes del día del juicio que tendrá lugar cuando Jesús venga (cf. Mateo 13:39-40, 49). Jesús ve a los apóstoles como a los representantes de la Iglesia, que permanecerá hasta el fin del mundo. Está diciéndole a la Iglesia que tiene la garantía de que Él estará con ella hasta el final de esta era. Y esto es muy importante porque el objetivo de la promesa del versículo 20 es enfatizar y reforzar el mandamiento de ir y hacer discípulos de todas las naciones. Por tanto, si la promesa que quiere reforzar el mandamiento habla de una permanencia hasta el fin del mundo, es lógico concluir que el mandamiento de ir y hacer discípulos también debe cumplirse hasta el fin del mundo.

Así, concluiremos que la Gran Comisión no fue solo un mandamiento para los apóstoles, sino que también estaba dirigido a la Iglesia, que permanecería hasta el fin del mundo. Y esta idea se ve nuevamente reforzada por la autoridad de la que Jesús habla en el versículo 18. Él dice que cuenta con "toda autoridad en el cielo y en la Tierra". Esto le permite hacer lo que ya había prometido en Mateo 16:18, cuando dijo "edificaré mi Iglesia". Por tanto, la validez de la Gran Comisión descansa en la permanente autoridad de Cristo sobre todas las cosas (Mateo 28:18), en el propósito de Cristo de construir su Iglesia (Mateo 16:18), y en su promesa de estar presente y ayudar a la Iglesia hasta el fin del mundo a cumplir con la misión que le ha dado (Mateo 28:20).

Vemos que estas palabras del Señor Jesús son cruciales para decidir cómo debería ser la tarea misionera de la Iglesia de hoy. Concretamente, hemos de examinar de cerca la proposición "haced discípulos de todas las naciones". Ésta contiene la importante expresión "todas las naciones", que en griego es *panta ta etne* (*panta* = todas, *ta* = las, *etne* = naciones). Esta expresión es muy importante porque *etne*, cuando se traduce por "naciones", suena a una agrupación geográfica o política. Pero eso no es lo que quiere decir el griego. De hecho, nuestra palabra tampoco quiere decir eso en todas las ocasiones. Por ejemplo, hablamos de la nación cherokee o de la nación sioux, haciendo referencia así a "un grupo de gente con una identidad étnica unificadora". De hecho, la palabra "étnico" viene de la palabra griega *etnos* (el singular de *etne*). Y, por eso, nuestra inclinación podría ser entender *panta ta etne* como una referencia a "todos los grupos étnicos": "id y haced discípulos de todos los grupos étnicos".

Pero eso es precisamente lo que tenemos que examinar a la luz de un contexto bíblico más amplio y, especialmente, del uso de *etnos* en el Nuevo Testamento y su trasfondo veterotestamentario.

El uso en singular de *etnos* en el Nuevo Testamento

En el Nuevo Testamento, la forma singular *etnos* nunca hace referencia a un individuo aislado. Cada vez que encontramos esta forma singular, vemos que hace referencia a un grupo étnico o nación, normalmente a la nación judía.[55]

Aquí tenemos algunos ejemplos para ilustrar el significado colectivo del uso singular de *etnos*.

> *Porque se levantará nación [*etnos*] contra nación [*etnos*], y reino contra reino, y en diferentes lugares habrá hambre y terremotos.* (Mateo 24:7)

> *Y había judíos que moraban en Jerusalén, hombres piadosos, procedentes de todas las naciones [*etnous*] bajo el cielo.* (Hechos 2:5)

> *Y cierto hombre llamado Simón... asombrando a la gente [*etnos*] de Samaria...* (Hechos 8:9)

> *Pero vosotros sois linaje escogido, real sacerdocio, nación [*etnos*] santa, pueblo adquirido para posesión de Dios.* (1ª Pedro 2:9)

> *Con tu sangre compraste para Dios a gente de toda tribu, lengua, pueblo y nación [*etnous*].* (Apocalipsis 5:9)

Lo que podemos ver en estos textos representativos es que la palabra *etnos* llevaba consigo, de forma natural, un significado colectivo por el que hacía referencia a un grupo con una identidad étnica común. De hecho, la forma de la expresión que traducimos por "todas las naciones" en Hechos 2:5 es muy similar a la que también traducimos así en

---

[55] Aquí facilitamos todos los usos en singular que aparecen en el Nuevo Testamento: Mateo 21:43; 24:7 (= Marcos 13:8 = Lucas 21:10); Lucas 7:5; 23:2 (ambas, referencias a las nación judía); Hechos 2:5 ("judíos de todas las naciones"); 7:7; 8:9; 10:22 ("toda la nación de los judíos"), 35; 17:26; 24:2, 10, 17; 26:4; 28:19 (las cinco últimas son referencias a la nación judía); Juan 11:48, 50, 51, 52; 18:35 (todas, referencias a la nación judía); Apocalipsis 5:9; 13:7; 14:6; 1ª Pedro 2:9. Pablo nunca usa el singular.

Mateo 28:19. Y en Hechos 2:5 es obvio que se refiere a algún tipo de grupo étnico. Por tanto, en este punto tenemos que decir que, al parecer, la expresión "todas las naciones" de la Gran Comisión (Mateo 28:19) encierra el concepto de "grupo étnico".

El uso en plural de *etnos* en el Nuevo Testamento

A diferencia del singular, el plural de *etnos* no siempre hace referencia a grupos étnicos. A veces, tan solo se refiere a personas gentiles, a individuos.[56] Y, en muchas ocasiones, hay ambigüedad. Lo importante es ver que en plural la palabra puede referirse tanto a un grupo étnico como a individuos gentiles que no tienen por qué conformar un grupo étnico. Por ejemplo, veamos los siguientes textos, donde encontramos el significado de "personas gentiles".

Hechos 13:48 – Cuando Pablo se vuelve a los gentiles de Antioquía, después de haber sido rechazado por los judíos, Lucas dice: "Oyendo esto los gentiles, se regocijaban y glorificaban la palabra del Señor". Aquí no se está hablando de las naciones, sino de un grupo de individuos gentiles que había en la sinagoga y que escucharon a Pablo.

1ª Corintios 12:2 – "Sabéis que cuando erais paganos, de una manera u otra erais arrastrados hacia los ídolos mudos". En este versículo, el pronombre "vosotros" (en este caso, elidido), se refiere a las personas gentiles de Corinto que se habían convertido. No tendría sentido decir: "Sabéis que cuando erais naciones...".

Efesios 3:6 – Pablo dice que el misterio de Cristo consiste en "que los gentiles son coherederos y miembros del mismo cuerpo". No tendría sentido decir que las naciones son coherederas y miembros (definitivamente una referencia a individuos) del mismo cuerpo. La concepción que Pablo tiene es que el cuerpo local de Cristo contiene muchos miembros (muchos individuos) que son gentiles.

---

[56] Por ejemplo, Mateo 6:32; 10:5; 12:21; 20:25; Lucas 2:32; 21:24; Hechos 9:15; 13:46, 47; 15:7, 14, 23; 18:6; 21:11; 22:11; Romanos 3:29; 9:24; 15:9, 10, 11, 12, 16; 16:26; Gálatas 2:9; 3:14; 2ª Timoteo 4:17; Apocalipsis 14:18; 16:19; 19:15; 20:8; 21:24. Cuando en este capítulo uso el término "individuos gentiles" o "personas gentiles", no pretendo que prestemos más atención de la necesaria a un grupo concreto de personas. Lo que pretendo es hablar de los no judíos de una forma general, sin hacer referencia a grupos étnicos concretos.

Con estos pasajes vemos que, por un lado, el plural de *etnos* no quiere decir, necesariamente, "nación" o "grupo étnico". Pero por otro lado, y como veremos con los siguientes ejemplos, a menudo sí se refiere a "naciones" o "grupos étnicos".

> *Hechos 13:19 – Cuando Pablo habla de la conquista de la tierra prometida, dice: "Después de destruir siete naciones [etne] en la tierra de Canaán, repartió sus tierras en herencia".*

> *Romanos 4:17 – "Como está escrito: te he hecho padre de muchas naciones". Aquí Pablo está citando Génesis 17:4, donde "padre de multitud de naciones" no habla de individuos aislados sino de pue-blos.* Etnon *es una traducción griega de la palabra hebrea* goyim, *que casi siempre significa "naciones" o "grupos étnicos". Por ejemplo, en Deuteronomio 7:1, Moisés dice que Dios va a echar "de delante de ti a muchas naciones: los heteos, los gergeseos, los amorreos, los cananeos, los ferezeos, los heveos y los jebuseos". La palabra que traducimos por "naciones" es* goyim *en hebreo y* etne *en griego.*

> *Apocalipsis 11:9 – "Y gente de todos los pueblos, tribus, lenguas y naciones [ethnon], contemplarán sus cadáveres durante tres días y medio". En esta secuencia está claro que "naciones" hace referencia a algún tipo de grupo étnico, no solo a personas gentiles aisladas.*

Así pues, lo que hemos visto es que la forma plural *etne* puede referirse a personas gentiles que no forman parte de un solo grupo étnico, o puede referirse (como siempre ocurre en singular) a un grupo de personas con la misma identidad étnica. Esto significa que aún no podemos estar seguros de cuál es el significado exacto en Mateo 28:19. Aún no podemos responder si la tarea de las misiones es simplemente alcanzar al mayor número de gente posible, o llegar a todos los grupos étnicos de la Tierra.

No obstante, el hecho de que en el Nuevo Testamento el singular *etnos* nunca se refiere a una persona aislada, sino que siempre se refiere a un grupo étnico, nos lleva a decantarnos por este segundo significado, a menos que el contexto apunte lo contrario. Además, si pensamos en el contexto del Antiguo Testamento y en el impacto que tuvo este mandamiento en los escritos de Juan y de Pablo, es lógico concluir que en Mateo 28:19 tenemos una referencia a los diferentes grupos étnicos del mundo. Pero, antes de nada, deberíamos examinar el uso neotestamentario de nuestra frase clave: *panta ta etne* ("todas las naciones").

El uso de *panta ta etne* en el Nuevo Testamento

Nuestra preocupación principal es averiguar cuál es el significado de *panta ta etne* en Mateo 28:19: "Id y haced discípulos de todas las naciones". Dado que esta corta expresión es crucial para la forma en la que entendemos las misiones, y dado que aparece en griego incluso en textos de divulgación, es importante que el lector que no es experto en griego sepa cuáles son todos sus usos. Por ello, a continuación incluimos todos los textos del Nuevo Testamento en los que aparece la combinación de *pan* ("todo") y de *etnos* ("nación/gentil"), ya sea en singular ("toda nación") o en plural ("todas las naciones/gentiles"). Las diferentes formas de *pan, panta, pasin* y *panton* son simplemente variantes sintácticas de la misma palabra, es decir, que están en los casos que concuerdan con las diversas formas del sustantivo *etnos* (*etne, etnesin*).

Mateo 24:9 – "Seréis odiados de panton ton etnon por causa de mi nombre".

Mateo 24:14 (= Marcos 13:10) – "Y este evangelio del reino se predicará en todo el mundo como testimonio a pasim tois etnesin, y entonces vendrá el fin".

Mateo 25:32 – "Y serán reunidas delante de Él panta ta etne; y separará a unos de otros, como el pastor separa las ovejas de los cabritos". (Parece que en este contexto no tenemos el significado de "grupo étnico", sino el de "personas gentiles", porque dice que Jesús "separará a las personas como un pastor separa a las ovejas de los cabritos". Estamos ante una referencia a las personas que serán juzgadas y declaradas "malditas" o justas". Cf. v. 41, 46).

Mateo 28:19 – "Haced discípulos de panta ta etne".

Marcos 11:17 – "mi casa será llamada casa de oración para pasin tois etnesin" (Ésta es una cita de Isaías 56:7. La expresión en hebreo es lekol ha'ammim, que tiene que significar "todas las naciones" y no "toda la gente").

Lucas 12:29-30 – "Vosotros, pues, no busquéis qué habéis de comer, ni qué habéis de beber, y no estéis preocupados. Porque panta ta etne del mundo buscan ansiosamente todas estas cosas".

Lucas 21:24 – *"Y caerán a filo de espada, y serán llevados cautivos a* ta etne panta" *(Esta advertencia nos recuerda a las palabras de Ezequiel 32:9, donde la palabra equivalente en hebreo es* goyim, *que significa "naciones" o "grupos étnicos". Ver también Deuteronomio 28:64).*

Lucas 24:47 – *"Y que en su nombre se predicará el arrepentimiento para el perdón de los pecados a* panta ta etne, *comenzando desde Jerusalén".*

Hechos 2:5 – *"Y había judíos que moraban en Jerusalén, hombres piadosos, procedentes de* pantos etnous *bajo el cielo". (Está claro que aquí tenemos una referencia a grupos étnicos, y no a individuos aislados. Se está refiriendo a los diversos grupos étnicos de donde procedían los judíos de la diáspora que habían venido a Jerusalén).*

Hechos 10:35 – *"En* panti etnei *el que le teme y hace lo justo es valorado por Dios". (De nuevo, debemos estar ante una referencia a grupos étnicos o naciones, no a gentiles aislados, porque los individuos que temen a Dios están "en toda nación").*

Hechos 14:16 – *"En las generaciones pasadas permitió que* panta ta etne *siguieran sus propios caminos".*

Hechos 15:16-17 – *"reedificaré el tabernáculo de David que ha caído ... para que el resto de los hombres busque al Señor, y* panta ta etne *que son llamados por mi nombre". (Ésta es una cita de Amós 9:12. De nuevo, la palabra en hebreo es* goyim, *que significa "naciones" o "grupos étnicos").*

Hechos 17:26 – *"Y de uno hizo* pan etnos *del mundo [o, como matiza la NVI, "todo el género humano"] para que habitaran sobre toda la faz de la Tierra". (Como en Hechos 2:5 y 10:35, aquí tenemos una referencia a todos los grupos étnicos, porque dice que todas las naciones están compuestas de "todo el género humano". No tendría sentido decir que todas las personas gentiles están compuestas de "todo el género humano". Tampoco tiene sentido sugerir, como algunos han hecho, que significa que "toda la raza humana" encaja el significado de* etnos *o el contexto).*[57]

---

[57] Siguiendo a Dibelius, esto es lo que sugiere F. F. Bruce, *Commentary of the Book of Acts* (Grand Rapids: Eerdmans, 1954), 358. Pero Lenski tiene razón cuando comenta que la proposición que aparece justo a continuación desmiente una traducción como la que Bruce sugiere: "habiendo determinado sus tiempos señalados y los límites de su habitación". Es obvio que esto se refiere, tal y como Stott también afirma, a diversos grupos étnicos con "las épocas de su historia y los límites de su territorio". R. C. H.

Romanos 1:5 – "Hemos recibido la Gracia y el apostolado para promover la obediencia a la fe entre pasin tois etnesin, *por amor a su nombre".*

Gálatas 3:8 – "Y la Escritura, previendo que Dios justificaría a los gentiles por la fe, anunció de antemano las buenas nuevas a Abraham, diciendo: en ti serán benditas panta ta etne*". (Ésta es una cita de Génesis 12:3 que hace referencia a grupos étnicos. En hebreo es* kol mishpehot, *que significa "todas las familias". Ver unas líneas más abajo el debate en torno a Génesis 12:3).*

2ª Timoteo 4:17 – "Pero el Señor estuvo conmigo y me fortaleció, a fin de que por mí se cumpliera cabalmente la proclamación del mensaje y que panta ta etne *oyeran".*

Apocalipsis 12:5 – "Ella dio a luz un hijo varón, que ha de regir a panta ta etne *con vara de hierro". (Cf. Salmo 2:9. La alusión del Antiguo Testamento apunta a la posibilidad de que, igual que en el Salmo 2:8, aquí también se esté haciendo referencia a las naciones).*

Apocalipsis 15:4 – "¡Oh Señor! ¿Quién no temerá y glorificará tu nombre? Pues solo Tú eres Santo; porque panta ta etne *vendrán y adorarán en tu presencia, pues tus justos juicios han sido revelados". (Cf. Salmo 86:9; 85:9 LXX.[58] De nuevo, la alusión al Antiguo Testamento nos habla de una comprensión colectiva de las naciones que vendrán y adorarán al Señor).*

De estas dieciocho ocasiones en las que encontramos la expresión *panta ta etne* (o variantes), solo encontramos un texto en el que únicamente puede significar "individuos gentiles": Mateo 25:32 (ver más arriba el comentario de este versículo). Hay nueve textos que claramente se refieren a "naciones" o "grupos étnicos". En tres de ellos, lo sabemos por el contexto (Hechos 2:5; 10:35; 17:26). En los otros seis, por la alusión a textos del Antiguo Testamento que apuntan a ese significado (Marcos 11:17; Lucas 21:24; Hechos 15:17; Gálatas 3:8; Apocalipsis 12:5; 15:4). Y

Lenski, *The Interpretation of the Acts of the Apostles* (Minneapolis: Augsburg, 1934), 729; John Stott, *The Spirit, the Church and the World* (Downers Grove, Ill: InterVarsity, 1990), 286. En sí, lo que este versículo buscaba era frenar el orgullo étnico que había en Atenas. Todas las demás *etne* descienden del mismo hombre que los griegos, y no solo eso, sino que la historia y el territorio que cada pueblo o nación tiene, es gracias al designio soberano de Dios. "Tanto la historia como la geografía de todas las naciones están bajo el control soberano de Dios" (Stott).

[58] Ver la nota 38 del capítulo 4.

los ocho restantes podrían referirse tanto a un significado como al otro (Mateo 24:9; 24:14; 28:19; Lucas 12:30; 24:47; Hechos 14:16; Romanos 1:5; 2ª Timoteo 4:17).

Llegados a este punto, ¿qué podemos concluir en cuanto al significado de *panta ta etne* en Mateo 28:19 y en cuanto a su implicación misionera?

El uso en singular de *etnos* en el Nuevo Testamento siempre se refiere a un grupo étnico. El uso en plural de *etnos* en algunas ocasiones se refiere necesariamente a un grupo étnico, y en algunas ocasiones se refiere necesariamente a individuos gentiles, pero normalmente se puede referir a los dos significados. La expresión *panta ta etne* se refiere necesariamente a individuos gentiles en una sola ocasión, y a grupos étnicos, en nueve ocasiones. Los ocho casos restantes podrían referirse a grupos étnicos. La combinación de estos resultados sugiere que el significado de *panta ta etne* se decanta fuertemente hacia "todas las naciones (grupos étnicos)". No podemos decir con total certeza que esta expresión siempre tenga el mismo significado, pero a la luz de lo que hemos visto hasta ahora, ése es el significado más probable.

Esta probabilidad aumenta aún más cuando nos damos cuenta de que la expresión *panta ta etne* aparece en el Antiguo Testamento griego alrededor de unas cien veces y casi nunca se refiere a "individuos gentiles", sino que significa "todas las naciones" en el sentido de "grupos étnicos fuera de Israel".[59] Cuando analicemos el trasfondo veterotestamentario, veremos que la probabilidad de que ésta sea la visión neotestamentaria de la labor misionera es aún mayor.

---

[59] He realizado el estudio buscando todas las variantes de *panta ta etne* en plural (es decir, en todos los casos). Los textos siguientes son referencias a las divisiones por versículos y capítulos del Antiguo Testamento en griego (LXX), que no siempre se corresponde con las versiones hebrea y castellana: Génesis 18:18; 22:18; 26:4; Éxodo 19:5; 23:22; 23:27; 33:16; Levítico 20:24, 26; Deuteronomio 2:25; 4:6, 19, 27; 7:6, 7, 14; 10:15; 11:23; 14:2; 26:19; 28:1, 10, 37, 64; 29:23; 30:1, 3; Josué 4:24; 23:3, 4, 17, 18; 1° Samuel 8:20; 1° Crónicas 14:17; 18:11; 2ª Crónicas 7:20; 32:23; 33:9; Esdras 25:8; 38:16; 39:21, 23; Nehemías 6:16; Ester 3:8; Salmo 9:8; 46:2; 48:2; 58:6, 9; 71:11, 17; 81:8; 85:9; 112:4; 116:1; 117:10; Isaías 2:2; 14:12, 26; 25:7; 29:8; 34:2; 36:20; 40:15, 17; 43:9; 52:10; 56:7; 61:11; 66:18, 20; Jeremías 3:17; 9:25; 25:9; 32:13, 15, 16; 33:6; 35:11, 14; 43:2; 51:8; Daniel 3:2, 7; 7:14; Joel 4:2, 11, 12; Amós 9:12; Abdías 1:15, 16; Habacuc 2:5; Hageo 2:7; Zacarías 7:14; 12:3, 9; 14:2, 16, 18, 19; Malaquías 2:9, 3:12.

La esperanza del Antiguo Testamento

El Antiguo Testamento está repleto de promesas y de la esperanza de que llegará el día en el que Dios será honrado por gente de todas las naciones del mundo. Estas promesas son el fundamento explícito de la visión misionera del Nuevo Testamento.

Todas las familias de la Tierra serán benditas

Uno de los fundamentos de la visión misionera del Nuevo Testamento es la promesa que Dios hizo a Abram en Génesis 12:1-3.

> *Y el SEÑOR dijo a Abram: Vete de tu tierra, de entre tus parientes y de la casa de tu padre, a la tierra que yo te mostraré. Haré de ti una nación grande, y te bendeciré, y engrandeceré tu nombre, y serás de bendición. Bendeciré a los que te bendigan, y al que te maldiga, maldeciré. Y en ti serán benditas todas las familias de la Tierra.*

Esta promesa de la bendición universal de las "familias" de la Tierra se vuelve a repetir en Génesis 18:18; 22:18; 26:4; 28:14.

En 12:3 y en 28:14; la expresión hebrea que traducimos por "todas las familias" (*kol mishpehot*) se traduce en el Antiguo Testamento griego por *pasai hai phylai*. La palabra *phylai* significa "tribus" en la mayoría de las ocasiones. Pero *mishpahah* puede y suele ser una agrupación más pequeña que una tribu.[60] Por ejemplo, cuando Acán pecó, se examinó a todo el pueblo de Israel por orden descendente, empezando por las tribus, que iban seguidas de las *mishpahah* ("familia"), y luego de las casas (Josué 4:14).

Vemos, pues, que la intención de Dios es que la bendición de Abraham se extienda a grupos o "pueblos" bastante reducidos. Debemos definir estos grupos con precisión para entender el impacto de esta promesa. Las otras tres veces en las que el Génesis vuelve a mencionar esta promesa a Abraham, se utiliza la expresión "todas las naciones" (hebreo: *kol goye*), que la Septuaginta traduce por la ya familiar expresión *panta ta etne* (18:8; 22:18; 26:4). Esto vuelve a sugerir que el término

---

[60] Según Karl Ludwig Schmidt, los *mishpehot* "eran pequeñas sociedades o clanes dentro de un grupo étnico o nación". Gerhard Kittle, ed., Geoffrey Bromiley, trad., *Theological Dictionary of the New Testament*, vol 2 (Grand Rapids: Eerdmans, 1964), 365.

panta ta etne en el contexto misionero hace referencia a grupos étnicos y no a personas gentiles.

El Nuevo Testamento cita esta promesa de forma explícita en dos ocasiones. En Hechos 3:25, Pedro dice a los judíos: "Vosotros sois los hijos de los profetas y del pacto que Dios hizo con vuestros padres, al decir a Abraham: y en tu simiente serán benditas todas las familias de la Tierra". En griego, lo que nosotros traducimos por "todas las familias" es *pasai hay patriai*. Ésta es una traducción diferente a la que el Antiguo Testamento griego hace de Génesis 12:3 (*pasai hai phylai*), y diferente también a la traducción que Pablo hace en Gálatas 3:8 (*panta ta etne*).[61] Pero al usar otra palabra que hace referencia a grupos étnicos o naciones (*patriai*), el escritor confirma que el que la Iglesia primitiva entendía esa promesa en términos de grupos étnicos y no de personas gentiles. *Patria* puede ser un subgrupo de una tribu o, de forma más general, un clan o una tribu.

La otra cita neotestamentaria de esta promesa a Abraham la encontramos en Gálatas 3:6-8:

> *Así Abraham creyó a Dios y le fue contado como justicia. Por consiguiente, sabed que los que son de fe, éstos son hijos de Abraham. Y la Escritura, previendo que Dios justificaría a los gentiles [ta etne] por la fe, anunció de antemano las buenas nuevas a Abraham, diciendo: en ti serán benditas todas las naciones [panta ta etne].*

Resulta interesante ver que la versión castellana que estamos usando (y muchas otras) traducen la palabra *etne* de forma diferente en el versículo 8: en el primer caso, "gentiles", y en el segundo, "naciones".

Podríamos pensar que si Pablo usa esta promesa para explicar la justificación de individuos gentiles eso significa que, según él, la promesa a Abraham no hace referencia a grupos étnicos (pues la justificación se aplica a las personas de forma individual, personal). Pero esa no es la conclusión más lógica. Lo más probable es que Pablo entendiera el significado veterotestamentario de *panta ta etne* en Génesis 18:18 (es el texto más cercano a la versión paulina) y de ahí hiciera la inferencia de que esa expresión también incluye a los individuos gentiles. Por tanto,

---

[61] Quizá Pablo decidió usar *panta ta etne* porque es así como el Antiguo Testamento griego traduce esta promesa de Dios a Abraham en tres de las cinco ocasiones en las que aparece en el Génesis (en 18:18; 22:18; 26:4; pero no en 12:3 y 28:14, donde traduce *pasai hai phylai*). Pero las palabras de Pablo no se corresponden exactamente con ninguno de esos cinco textos, o sea que es posible que hiciera su propia traducción.

las versiones castellanas han hecho bien en preservar los dos significados en este texto de Gálatas 3:8.

El uso que Pablo hace de la promesa sirve de advertencia para que no nos centremos en exceso en el concepto de "grupos étnicos", hasta el punto de olvidar que son las personas las que, de forma individual, experimentan esta "bendición de Abraham".

Lo que podemos concluir, después de un estudio de las palabras de Génesis 12:3 y de su uso en el Nuevo Testamento es que el propósito de Dios para el mundo es que la bendición de Abraham, esto es, la salvación obtenida por Jesucristo, la simiente de Abraham, llegue a todos los grupos étnicos del mundo. Esto ocurrirá cuando haya personas de los diferentes grupos que pongan su fe en Cristo y así se conviertan en "hijos de Abraham" (Gálatas 3:7) y herederos de la promesa (Gálatas 3:29). Y esta salvación individual (personas que deciden seguir a Cristo) tendrá lugar en "todas las naciones". El tamaño o definición de estas naciones o grupos no es muy preciso. Pero como hemos visto, los términos que hemos estado analizando apuntan a grupos bastante reducidos, puesto que la referencia a "todas las familias" (Génesis 18:18 = Gálatas 3:8) se hace eco de la expresión "todas las familias" (Génesis 12:3).

El tamaño reducido de estos grupos étnicos que vislumbramos en la esperanza del Antiguo Testamento vuelve a aparecer cuando nos encontramos con la expresión "familias de las naciones" en Salmos 22:27 (21:28 LXX) y 96:7 (95:7 LXX):

> *Todos los términos de la Tierra se acordarán y se volverán al SEÑOR, y* todas las familias de las naciones *adorarán delante de Ti. Porque del SEÑOR es el reino, y Él gobierna las naciones. (Salmo 22:27-28)*

La expresión "todas las familias de las naciones" es *pasai hai patriai ton etnon*. Así que la esperanza a la que aquí se apunta no es solo que "todas las naciones" (*panta ta etne*) responderán a la verdad y adorarán a Dios, sino que la bendición de Abraham alcanzará a grupos más pequeños: a "todas las familias de las naciones". El término "familia" no se corresponde con nuestra idea de familia cercana, sino que viene a ser lo que nosotros entendemos por clan.[62] (Esta idea quedará reforzada

---

[62] Prueba de ello podría ser, por ejemplo, el repetido uso en el Antiguo Testamento griego de la expresión "las casas paternas de las familias", que muestra que una "familia" (*patria*) es una agrupación más extensa que una "casa paterna". Cf. Éxodo 6:17; Números 1:44; 3:24; 18:1; 25:14-15; Josué 22:14; 1º Crónicas 23:11; 24:6; 2º Crónicas 35:5; Esdras 2:59. Ver más abajo la sección titulada "¿Cuál es el tamaño de una familia?".

cuando analicemos la esperanza de la que habla Apocalipsis 5:9, donde no solo hay adoradores de toda "nación" (*etnous*), sino de toda "tribu" (*phyles*).

La esperanza de las naciones

Una de las mejores maneras de discernir el alcance de la Gran Comisión, la que Jesús quiso transmitir y los apóstoles perseguían, es sumergirnos en la esperanza que les invadía cuando leían su Biblia, el Antiguo Testamento. Uno de los principales aspectos de esa esperanza era su expectativa de que la verdad de Dios llegaría a todas las naciones del mundo y que estos pueblos vendrían y adorarían al Dios verdadero. Esta esperanza se expresaba a través del uso constante de términos como "pueblos, naciones, tribus, familias, etcétera". Aquí tenemos unos ejemplos de los Salmos y de Isaías, donde podemos ver cómo la esperanza del Antiguo Testamento preparó el camino para la Gran Comisión de Jesús. Estos textos se pueden dividir en cuatro categorías: exhortación, promesa, oración y determinación.

"Declarad su gloria entre las naciones"

La primera categoría de los textos que expresan la esperanza de las naciones es una compilación de *exhortaciones* para que las naciones declaren y alaben la gloria de Dios entre las naciones.

> *Cantad alabanzas al SEÑOR, que mora en Sión; proclamad entre los* pueblos *sus proezas.*
>
> *Salmo 9:11*

> *Batid palmas,* pueblos todos*; aclamad a Dios con voz de júbilo.*
>
> *Salmo 47:1*

> *Bendecid, oh* pueblos*, a nuestro Dios, y haced oír la voz de su alabanza.*
>
> *Salmo 66:8*

> *Contad su gloria entre las naciones, sus maravillas entre todos los pueblos.*
>
> *Salmo 96:3*

Tributad al SEÑOR, oh familias de los pueblos, *tributad al SEÑOR gloria y poder... Decid entre las naciones: El SEÑOR reina; ciertamente el mundo está bien afirmado, será inconmovible; Él juzgará a los pueblos con equidad.*

Salmo 96:7, 10

Dad gracias al SEÑOR, invocad su nombre; dad a conocer sus obras entre los pueblos.

Salmo 105:1

Alabad al SEÑOR, naciones todas; *alabadle,* pueblos todos.

Salmo 117:1

Y aquel día dirás: Dad gracias al SEÑOR, invocad su nombre, haced conocer entre los pueblos *sus obras, haced recordar que su nombre es enaltecido.*

Isaías 12:4

Acercaos, naciones, *para oír, y escuchad,* pueblos; *oiga la Tierra y cuanto hay en ella, el mundo y todo lo que de él brota.*

Isaías 34:1

"Las naciones vendrán a tu luz"

La segunda categoría de los textos que expresan la esperanza de las naciones es una compilación de *promesas* de que las naciones adorarán al Dios verdadero.

Te daré las naciones *como herencia tuya.*

Salmo 2:8; cf. 111:6

Haré que tu nombre sea recordado por todas las generaciones; por tanto, los pueblos *te alabarán*[63] *eternamente y para siempre.*

Salmo 45:17

Se han reunido los príncipes de los pueblos *como el pueblo del Dios de Abraham; porque de Dios son los escudos de la Tierra; Él es ensalzado en gran manera.*

Salmo 47:9

---

[63] Este salmo está dedicado al rey, y en su aplicación final hace referencia a Cristo el Mesías (ver el uso que se hace del versículo 7 en Hebreos 1:9).

Todas las naciones *que tú has hecho vendrán y adorarán delante de Ti,
Señor, y glorificarán tu nombre.*

Salmo 86:9

El SEÑOR *contará al inscribir los* pueblos: *Éste nació allí.*

Salmo 87:6

Y las naciones *temerán el nombre del* SEÑOR, *y todos los reyes de la
Tierra, tu gloria.*

Salmo 102:15

Cuando los pueblos y los reinos *se congreguen a una para servir al*
SEÑOR.

Salmo 102:22

*Ha hecho conocer a su pueblo el poder de sus obras, al darle la heredad
de* las naciones.

Salmo 111:6

*Acontecerá en aquel día que las naciones acudirán a la raíz de Isaí, que
estará puesta como señal para* los pueblos, *y será gloriosa su morada.*

Isaías 11:10

el SEÑOR *de los ejércitos preparará en este monte para* todos los pueblos
*un banquete de manjares suculentos, un banquete de vino añejo, pedazos escogidos
con tuétano, y vino añejo refinado. Y destruirá en este monte la cobertura que
cubre todos los pueblos, el velo que está extendido sobre todas las naciones.*

Isaías 25:6-7

*Dice Él: Poca cosa es que tú seas mi siervo, para levantar las tribus de
Jacob y para restaurar a los que quedaron de Israel; también te haré luz de* las
naciones, *para que mi salvación alcance hasta los confines de la Tierra.*

Isaías 49:6

Cerca está mi justicia, ha salido mi salvación, y mis brazos juzgarán a los
pueblos; *por mí esperan las costas, y en mi brazo ponen su esperanza.*

Isaías 51:5

El SEÑOR ha desnudado su santo brazo a la vista de todas las naciones, y todos los confines de la Tierra verán la salvación de nuestro Dios.

Isaías 52:10

Ciertamente Él asombrará a muchas naciones, los reyes cerrarán la boca ante Él; porque lo que no les habían contado verán, y lo que no habían oído entenderán.

Isaías 52:15

He aquí, llamarás a una nación que no conocías, y una nación que no te conocía correrá a ti a causa del SEÑOR, porque Él te ha glorificado.

Isaías 55:5

Yo los traeré a mi santo monte, y les alegraré en mi casa de oración. Sus holocaustos y sus sacrificios serán aceptos sobre mi altar; porque mi casa será llamada casa de oración para todos los pueblos.

Isaías 56:7

Y acudirán las naciones a tu luz, y los reyes al resplandor de tu amanecer.

Isaías 60:3

Mas yo conozco sus obras y sus pensamientos. Llegará el tiempo de reunir a todas las naciones y lenguas, y vendrán y verán mi gloria. Y pondré señal entre ellos y enviaré a sus sobrevivientes a las naciones: a Tarsis, a Fut, a Lud, a Mesec, a Ros, a Tubal y a Javán, a las costas remotas que no han oído de mi fama ni han visto mi gloria. Y ellos anunciarán mi gloria entre las naciones.

Isaías 66:18-19

"¡Oh Dios, todos los pueblos te alaben!"

La tercera categoría de los textos que expresan la esperanza de las naciones está formada por un conjunto de oraciones confiadas que piden que las naciones alaben a Dios.

Dios tenga piedad de nosotros y nos bendiga, y haga resplandecer su rostro sobre nosotros; para que sea conocido en la Tierra tu camino, entre todas las naciones tu salvación. Te den gracias los pueblos, oh Dios, todos los pueblos te den gracias. Alégrense y canten con júbilo las naciones, porque tú juzgarás a los pueblos con equidad, y guiarás a las naciones en la Tierra. Te den gracias los pueblos, oh Dios, todos los pueblos *te den gracias.*

Salmo 67:1-5

Y póstrense ante Él todos los reyes de la Tierra; sírvanle todas las naciones.

Salmo 72:11

Sea su nombre para siempre; que su nombre se engrandezca mientras dure el Sol, y sean benditos por Él los hombres; llámenlo bienaventurado todas las naciones.

Salmo 72:17

"¡Te alabaré entre las naciones!"

La cuarta categoría de los textos que expresan la esperanza de las naciones anuncia los *planes* del salmista de trabajar para que las naciones conozcan la grandeza de Dios.

Por tanto, te alabaré, oh Señor, entre las naciones *y cantaré alabanzas a tu nombre.*

Salmo 18:49

Te alabaré entre los pueblos, *Señor; te cantaré alabanzas entre* las naciones.

Salmo 57:9

Te alabaré entre los pueblos, *SEÑOR; te cantaré alabanzas entre* las naciones.

Salmo 108:3

Bendita para ser de bendición

Lo que estos textos demuestran es que el plan de Dios fue que la bendición del perdón y de la salvación que Dios concedió a Israel llegara a todos los pueblos del mundo. Israel fue bendito para ser de bendición a las naciones. El Salmo 67:1-2 recoge muy bien esta idea: "Dios tenga piedad de nosotros y nos bendiga, y haga resplandecer su rostro sobre nosotros; [¿para qué?] para que sea conocido en la Tierra tu camino, entre *todas las naciones* tu salvación". Dios bendijo a Israel para poder bendecir a todas las naciones. Esa es la esperanza del Antiguo Testamento: las bendiciones de la salvación son para todas las naciones.

El Dios misionero versus el profeta reticente

En el libro de Jonás encontramos una de las confirmaciones e ilustraciones veterotestamentarias más vivas de que el plan salvador de Dios tiene en cuenta a las naciones. En el relato bíblico vemos que Dios encargó al profeta que fuera a predicar a la ciudad pagana de Nínive. Pero éste huyó porque sabía que Dios iba a ser misericordioso con aquella gente y les iba a perdonar. La enseñanza de este libro no está en la liberación milagrosa de Jonás del vientre de aquel pez. Los temas principales son la misión, el racismo y el etnocentrismo. Y la lección que hemos de extraer, la siguiente: Sed misericordiosos como Dios, no mezquinos y tacaños como Jonás.

Al final, y gracias a la desganada predicación de Jonás, los ninivitas se arrepintieron. Cuando Dios vio aquel arrepentimiento: "se arrepintió Dios del mal que había dicho que les haría [otras versiones: "la ira de Dios se aplacó"], y no lo hizo" (Jonás 3:10). Eso es lo que Jonás estaba temiendo.

> *Pero esto desagradó a Jonás en gran manera, y se enojó. Y oró al Señor, y dijo: ¡Ah Señor! ¿No era esto lo que yo decía cuando aún estaba en mi tierra? Por eso me anticipé a huir a Tarsis, porque sabía yo que Tú eres un Dios clemente y compasivo, lento para la ira y rico en misericordia, y que te arrepientes del mal con que amenazas. Y ahora, oh Señor, te ruego que me quites la vida, porque mejor me es la muerte que la vida.*
>
> *Jonás 4:1-3*

Podríamos decir que Jonás no fue un misionero modélico. Su vida es el ejemplo de cómo no debemos ser. Mientras Jonás esperaba enfurruñado en las afueras de la ciudad, Dios dispuso una planta para que Jonás tuviera dónde cobijarse del sol. Cuando la planta se secó, ¡Jonás se apiadó de la planta! Por lo que Dios le dijo: "Tú te apiadaste de la planta por la que no trabajaste ni hiciste crecer, que nació en una noche y en una noche pereció, ¿y no he de apiadarme yo de Nínive, la gran ciudad, en la que hay más de ciento veinte mil personas que no saben distinguir entre su derecha y su izquierda, y también muchos animales?" (Jonás 4:10-11).

Las implicaciones misioneras de la historia de Jonás no son simplemente que Dios está más dispuesto a ser misericordioso con las naciones de lo que lo está su pueblo, sino también, que Jesús se identifica a sí mismo como "algo más grande que Jonás" (Mateo 12:39-41). Él es más grande, no solo porque su resurrección es algo más espectacular que salir del vientre de un pez, sino porque Él tiene misericordia, una misericordia que alcanza a *todas las naciones*.

Para ver la poderosa influencia que esta esperanza del Antiguo Testamento tuvo sobre la visión misionera que se desarrolló en el Nuevo Testamento, vamos a centrarnos en el apóstol Pablo y en su concepción de la labor misionera. La esperanza del Antiguo Testamento es la base de su vocación misionera.

La concepción paulina de la labor misionera

En el capítulo anterior analizamos el uso que Pablo hace de Génesis 12:3 (Gálatas 3:8). Él vio la promesa de que todas las naciones serían benditas en Abraham, y explicó que Cristo era la verdadera descendencia de Abraham y, por tanto, el heredero de las promesas (Gálatas 3:16). Además, argumentó que todos los que estaban unidos a Cristo por la fe también pasaban a ser hijos e hijas de Abraham y, así, herederos y herederas de la promesa: "Los que son de fe, éstos son hijos de Abraham... Si sois de Cristo, entonces sois descendencia de Abraham, herederos según la promesa" (Gálatas 3:7, 29). Según Pablo, ésa era la forma en la que la bendición de Abraham llegaba a las naciones. Llegaba a través de Cristo, que era la simiente de Abraham. A través de la fe, las personas pueden unirse a Cristo y heredar la bendición de Abraham. "Cristo nos redimió de la maldición de la ley... a fin de que en Cristo Jesús la bendición de Abraham viniera a los gentiles" (Gálatas 3:13-14). Así que la promesa de Génesis 12:3 se cumple cuando los misioneros de la Iglesia cristiana llevan el mensaje del Evangelio a todas las familias de la Tierra.

¿Cómo iba a convertirse Abraham en el padre de multitud de naciones?

Pero Pablo vio otra conexión entre la promesa que Dios hizo a Abraham y su propio llamamiento a llevar el Evangelio a las naciones. Al leer Génesis 17:4-5 vio que Dios había prometido que Abraham sería padre de multitud de naciones. "En cuanto a mí, he aquí, mi pacto es contigo, y serás *padre de multitud de naciones*. Y no serás llamado más Abram; sino que tu nombre será Abraham; porque yo te haré *padre de multitud de naciones*".

Ya vimos que el término "naciones" que aquí aparece hace referencia a grupos étnicos, y no a individuos gentiles. Pero, ¿cómo iba a cumplirse esta promesa? ¿Cómo iba un judío a convertirse en el padre de una multitud de naciones? No sería suficiente responder que Abraham fue el bisabuelo de las doce tribus de Israel, el padre de Ismael y sus descendientes, y el abuelo de Esaú y los edomitas. Catorce no son una multitud.

La respuesta de Pablo es que todos los que creen en Cristo pasan a ser hijos de Abraham. De esta forma, Abraham se convierte en el padre de una multitud de naciones, porque por la labor de los misioneros que llevarán el Evangelio a todos los grupos étnicos del mundo, habrá creyentes en todas las naciones. El planteamiento de Pablo es el siguiente: En Romanos 4:11, explica que Abraham recibió la circuncisión como una señal de la justicia que ya había obtenido por la fe antes de ser circuncidado. El propósito de esto era "que fuera padre de todos los que creen sin ser circuncidados, a fin de que la justicia también a ellos les fuera imputada". Dicho de otro modo, el elemento necesario para que Abraham pudiera tener una relación con Dios se dio antes de recibir la marca distintiva del pueblo judío, la circuncisión. Así que para ser hijo espiritual de Abraham no es necesario marcarse como un judío, sino tener la misma fe que él tuvo.

Abraham se convierte en el padre de una multitud de naciones cuando las naciones creen y así se unen a la misma fuente de bendición que mana del pacto que Dios hizo con él. De ahí que Pablo diga en Romanos 4:16-17: "Por eso es por fe, para que esté de acuerdo con la Gracia, a fin de que la promesa sea firme para toda la posteridad, no solo a los que son de la ley [es decir, los judíos], sino también a los que son de la fe de Abraham [es decir, las naciones gentiles], el cual es padre de todos nosotros (como está escrito: te he hecho padre de muchas naciones)".

Al leer que Dios haría a Abraham "padre de muchas naciones", Pablo oyó la Gran Comisión. Esas naciones llegarían a ser hijas de Abraham, recibiendo su bendición, solo si los misioneros llegaban a ellas con el mensaje de salvación por fe en Jesucristo. Por tanto, no es de sorprender que Pablo respalde su propio llamamiento misionero con otras promesas del Antiguo Testamento que predecían la extensión de la luz y la salvación de Dios a las naciones.

"Te he puesto como luz para las naciones"

Por ejemplo, en Hechos 13:47, la explicación que Pablo hace de su ministerio a las naciones gentiles está basada en la promesa de Isaías 49:6, donde dice que Dios hará que su siervo sea luz de las naciones. Cuando Pablo estaba predicando en la sinagoga de Antioquía de Pisidia en su primer viaje misionero, los judíos "se llenaron de celo, y blasfemando, contradecían lo que Pablo decía" (Hechos 13:45). Por lo que Pablo y Bernabé salieron de la sinagoga y centraron su ministerio en predicar el Evangelio a personas de otros grupos étnicos. Pablo explica el porqué de su decisión, Pablo cita Isaías 49:6: "Ya que rechazáis [la Palabra de Dios] y no os juzgáis dignos de la vida eterna, he aquí, nos volvemos a los gentiles. Porque así nos lo ha mandado el Señor: te he puesto como luz para los gentiles [*etnon*, "naciones"], a fin de que lleves la salvación hasta los confines de la Tierra" (Hechos 13:46-47).

Es difícil saber por qué algunas versiones castellanas no preservan el sentido de Isaías 49:6 y traducen "gentiles" en lugar de "naciones". En hebreo, la palabra que encontramos en Isaías 49:6 es *goyim*, que no significa individuos gentiles, sino grupos étnicos. Entonces Pablo estaría haciendo lo que aparentemente hizo en Gálatas 3:8: a partir de la referencia veterotestamentaria a las naciones, hace la inferencia necesaria sobre el carácter personal de la salvación (de ahí que use "gentiles" o "individuos gentiles". Ver más arriba, al final de la sección titulada *Todas las familias de la Tierra serán benditas*). Así, la visión misionera de Pablo nació no solo de la meditación en las promesas que Dios hizo a Abraham, sino también de una meditación más amplia que incluía la esperanza veterotestamentaria (presente *a lo largo de todo* el Antiguo Testamento) de que la salvación llegaría a todas las naciones.

El énfasis de Pablo en los pueblos que aún no han oído el Evangelio

Esto lo vemos, sobre todo, en Romanos 15. En ese capítulo queda muy claro. Pablo veía su llamamiento misionero como un llamamiento a llevar el Evangelio a más y más pueblos (no tan solo personas aisladas).

En Romanos 15:8-9, Pablo expone el doble propósito de la venida de Cristo: "Pues os digo que Cristo se hizo servidor de la circuncisión [es decir, se encarnó como judío] para demostrar la verdad de Dios, para [1] *confirmar las promesas dadas a los padres*, y para que [2] *los gentiles* [ta etne] *glorifiquen a Dios por su misericordia*". El primer propósito de la venida de Cristo era demostrar que Dios es verdad y que, por tanto, es fiel para cumplir, por ejemplo, las promesas que hizo a Abraham. El segundo propósito de la venida de Cristo es que las naciones glorifiquen a Dios por su misericordia.

Estos dos propósitos se solapan, pues una de las promesas hechas a los patriarcas era que la bendición de Abraham alcanzaría a "todas las familias de la Tierra". Esto está en perfecta armonía con lo que vimos sobre la esperanza del Antiguo Testamento. *Israel* es bendita para que *las naciones* sean benditas (Salmo 67). Del mismo modo, Cristo se encarnó en medio de la nación de Israel para que las naciones pudieran recibir misericordia y dar gloria a Dios.

Impregnado de la esperanza de las naciones

Para respaldar esta idea de que Dios quiere que su bendición llegue a todas las naciones, Pablo reúne cuatro citas del Antiguo Testamento donde aparece *etne* que, en su contexto veterotestamentario, hace referencia a las naciones, no solo a individuos gentiles.

Como está escrito: POR TANTO, TE ALABARÉ ENTRE LAS NACIONES [ethnesin], *Y CANTARÉ A TU NOMBRE.*
Romanos 15:9 = Salmo 18:49; traducción del autor

Regocijaos, oh naciones [etne], *con su pueblo.*
Romanos 15:10 = Deuteronomio 32:43; traducción del autor

Alabad al Señor, oh naciones [panta ta etne], *y dejad que todos los pueblos le alaben.*

Romanos 15:11 = Salmo 117:1; traducción del autor

Vendrá la raíz de Isaí, el que se levanta a gobernar las naciones [etnon]*; en él pondrán su esperanza las* naciones [etne].

Romanos 15:12 = Isaías 11:10; traducción del autor

Para elaborar esta serie de textos que Pablo enlaza de forma tan coherente, o bien los conocía de memoria, o bien se tomó las molestias de buscarlos en el Antiguo Testamento y eso, ¡sin concordancia alguna! Increíble. Fuera como fuera, vemos que estaba decidido a ver su llamamiento misionero a la luz de la esperanza veterotestamentaria de que el Evangelio llegaría a todas las naciones. Y el énfasis en el concepto de grupo étnico que aparece en estos textos nace, indiscutiblemente, del contexto veterotestamentario.

De Jerusalén hasta Ilírico: ¡he acabado el trabajo!

Por tanto, lo que vemos a continuación es cómo esta mentalidad de llegar con el Evangelio a los distintos grupos étnicos condiciona la práctica misionera de Pablo. ¿Su objetivo era ganar para Cristo el mayor número posible de personas gentiles, o llegar con el Evangelio al mayor número posible de grupos étnicos o naciones? Romanos 15:18-21 nos da una respuesta un tanto inesperada:

> *Porque no me atreveré a hablar de nada sino de lo que Cristo ha hecho por medio de mí para la obediencia de los gentiles* [etnon, *"naciones"*]*, en palabra y en obra, con el poder de señales y prodigios, en el poder del Espíritu; de manera que* desde Jerusalén y por los alrededores hasta el Ilírico he cumplido el Evangelio de Cristo. *De esta manera traté, y de ello me honro, de anunciar el Evangelio,* no donde Cristo era ya conocido, *para no edificar sobre el fundamento de otro; sino como está escrito: aquellos a quienes nunca les fue anunciado acerca de Él, verán, y los que no han oído, entenderán.*

Literalmente, Pablo dice "desde Jerusalén y por los alrededores hasta el Ilírico he *cumplido* [*peplerokenai*] el Evangelio de Cristo". ¿Qué puede significar eso? Sabemos que en aquella zona había miles de almas que aún no eran salvas, porque ésa es la suposición de Pablo y de Pedro cuando escriben las cartas a las iglesias que había en aquellas regiones. Estamos hablando de una superficie enorme, que va desde el sur de Palestina hasta el norte de Italia. Y, sin embargo, Pablo dice que *ha completado la proclamación del Evangelio* en toda aquella región, y eso que solo lleva entre diez y quince años de obra evangelística y misionera.

Sabemos que Pablo creía que era necesario seguir trabajando allí, pues dejó a Timoteo en Éfeso (1ª Timoteo 1:3) y a Tito en Creta (Tito 1:5) para que siguieran con la obra. No obstante, dice que ha *completado el Evangelio* en toda la región. De hecho, luego más adelante, en Romanos 15:23-24 dice: "Pero ahora, *no quedando ya más lugares para mí en estas regiones*, y puesto que durante muchos años he tenido un gran deseo de ir a vosotros, cuando vaya a España, iré a vosotros". ¿No es sorprendente? ¿Cómo puede decir que ha completado la proclamación del Evangelio en aquella región, y que ya no le quedan más lugares en los que trabajar? Dice que ha acabado su trabajo, y que se va a España (Romanos 15:24). ¿Qué quiere decir?

Significa que el concepto que Pablo tenía de la labor misionera no solo consiste en salvar al mayor número de personas posible (pues eso podría haberlo hecho en aquellas regiones), sino en llevar el Evangelio al mayor número de grupos étnicos posible. Romanos 15:9-12 (que acabamos de citar) nos muestra que su mente estaba totalmente impregnada de los textos del Antiguo Testamento que hablan de la esperanza de las naciones.

Movido por la visión profética de la esperanza

¿Qué fue lo que movió a Pablo a decir en Romanos 15:20 que su objetivo era predicar allí donde Cristo aún no era conocido o nombrado, *"para no edificar sobre el fundamento de otro"*? Algunos, injustamente, podrían decir que fue movido por el ego que busca llevarse el mérito por el trabajo realizado. Pero eso no coincide con el Pablo que nos presentan las Escrituras, ni tampoco concuerda con el contexto en el que nos encontramos.

El versículo siguiente (Romanos 15:21) nos dice qué es lo que mueve a Pablo. El concepto veterotestamentario del propósito global de Dios es lo que empuja a Pablo a ser un misionero pionero. Lo que le mueve es esa visión profética de esperanza. El apóstol cita Isaías 52:15:

"Aquellos a quienes nunca les fue anunciado acerca de Él, verán, y los que no han oído, entenderán".

En el Antiguo Testamento, lo que precede a esas palabras dice así: "Ciertamente Él esparcirá a *muchas naciones* [*etne pola*], los reyes cerrarán la boca ante Él" (Isaías 52:15). Es muy probable que Pablo lo asociara con la comisión que el Señor le encargó, pues las palabras del Señor fueron muy similares: "para llevar mi nombre en presencia de los *gentiles* [*ethon*], de los *reyes*..." (Hechos 9:15).

Dicho de otro modo, lo que movía a Pablo era una comisión del Señor que estaba fuertemente respaldada con una visión profética de esperanza. Estaba fascinado ante el propósito veterotestamentario de Dios de bendecir a todas las naciones de la Tierra (Gálatas 3:8), de recibir la alabanza de todos los pueblos (Romanos 15:11), de enviar salvación hasta la último de la Tierra (Hechos 13:47), de convertir a Abraham en padre de una multitud de naciones (Romanos 4:17), y de ser entendido en todos los pueblos donde aún no había sido anunciado (Romanos 15:21).[64]

Así que el concepto que Pablo tenía de su labor misionera era que debía ir más allá de las regiones y las naciones en las que ya se había predicado de Cristo, y llegar a lugares como, por ejemplo, España y a grupos étnicos "a quienes nunca se les había predicado". La gracia misionera que Dios le concedió a Pablo fue la de poner el fundamento en el mayor número posible de lugares y pueblos. Su objetivo no era llevar el Evangelio al mayor número posible de personas gentiles, sino al mayor número posible de grupos étnicos o naciones. Ésta fue la visión misionera que Dios le dio al apóstol Pablo.

Por amor a su nombre llevamos a las naciones a la obediencia de la fe

Ante este telón de fondo, las afirmaciones misioneras que aparecen al principio y al final del libro de Romanos resultan mucho más claras. Anteriormente dijimos que *panta ta etne* en estos dos versículos es una expresión ambigua. Pero por lo que acabamos de ver ahora, por el uso que el Antiguo Testamento hace de esta expresión y por la dependencia

---

[64] A estas reflexiones podríamos añadir las palabras de Pablo en Romanos 10:14-15. Allí Pablo habla de la necesidad de enviar a gente a predicar para que los pueblos donde Cristo aún no ha sido anunciado puedan oír, creer, e invocar el nombre del Señor y ser salvos. Ver el comentario de estos versículos en el capítulo 4.

paulina de la esperanza veterotestamentaria, es probable que Pablo tenga en mente no solo a individuos gentiles, sino a las naciones o grupos étnicos.

> *Por medio de [Cristo] hemos recibido la Gracia y el apostolado para promover la obediencia a la fe entre todos los gentiles [pasin tois ethnesin], por amor a su nombre.*
>
> Romanos 1:5

> *Ahora que [el misterio] ha sido manifestado, y por las Escrituras de los profetas, conforme al mandamiento del Dios eterno, se ha dado a conocer a todas las naciones [panta ta etne] para guiarlas a la obediencia de la fe...*
>
> Romanos 16:26

Pablo veía "la Gracia y el apostolado" que había recibido como uno de los medios que Dios había establecido para poder cumplir el "mandamiento" de llevar a las naciones a la obediencia de la fe.

La visión joánica de la labor misionera

La visión de la labor misionera en los escritos del apóstol Juan confirma que la comprensión paulina de la esperanza veterotestamentaria de que el Evangelio llegaría a todas las naciones no es exclusiva de los apóstoles. Del libro de Apocalipsis y del Evangelio de Juan se desprende una visión que da por sentado la labor misionera de llevar el Evangelio a todos los grupos étnicos o naciones, y no solo a individuos gentiles concretos.

El texto clave para hablar de este tema es Apocalipsis 5:9-10. Juan tiene el privilegio de vislumbrar el clímax de la Redención, y ve a la multitud de redimidos que adoran a Dios. Y aquella multitud está compuesta por personas de todas las naciones.

> *[Los cuatro seres vivientes y los veinticuatro ancianos] cantaban un cántico nuevo, diciendo: Digno eres de tomar el libro y de abrir sus sellos, porque tú fuiste inmolado, y con tu sangre compraste para Dios a gente de toda tribu, lengua, pueblo y nación. Y los has hecho un reino y sacerdotes para nuestro Dios; y reinarán sobre la Tierra.*

La visión misionera que se esconde detrás de esta escena es la siguiente: la tarea de la Iglesia es reunir a los redimidos de todas las tribus, lenguas, pueblos y naciones.[65] Tenemos que llegar a todas las naciones porque allí hay gente que Dios ha rescatado a través de la sangre de su Hijo y ha establecido que crean en el Evangelio. El diseño de la Expiación prescribe el diseño de la estrategia misionera. Y el diseño de la Expiación (el rescate o la compra de Cristo, versículo 9) es *universal* pues llega a todas las naciones, y es *definido* porque rescata a algunas personas de entre todas esas naciones. Por tanto, la labor misionera consiste en reunir a los rescatados de todas las naciones a través de la predicación del Evangelio.

Reunir a los hijos que están esparcidos

Esta comprensión de la visión misionera de Juan se ve fuertemente reafirmada en su Evangelio. En Juan 11:50-52, Caifás, el sumo sacerdote, recomienda al indignado consejo judío que quiten a Jesús de en medio porque "os es más conveniente que un hombre muera por el pueblo, y no que toda la nación perezca". Y acto seguido Juan hace un comentario sobre estas palabras de Caifás. Y esta declaración de Juan es crucial para entender su misión misionera. Juan dice:

> *[Caifás] no dijo esto de su propia iniciativa, sino que siendo el sumo sacerdote ese año, profetizó que Jesús iba a morir por la nación; y no solo por la nación, sino también* para reunir en uno a los hijos de Dios que están esparcidos.

Eso concuerda muy bien con la concepción que Juan presenta de las misiones en Apocalipsis 5:9. Allí dice que la muerte de Cristo rescató a personas "de toda tribu, lengua, pueblo y nación". En Juan 11:52 dice que la muerte de Cristo reúne a los hijos de Dios que están esparcidos por las naciones. Dicho de otro modo, ambos textos muestran que la labor misionera consiste en reunir a aquellos que Cristo ha rescatado. Y a éstos, Juan les llama "los hijos de Dios".

---

[65] No podemos evitar el pensar que Juan quiere que veamos la inversión que eso supone, pues contrasta enormemente con la idolatría que hay en la Tierra expresada, por ejemplo, en Daniel 3:7. Nabucodonosor había erigido un ídolo y había promulgado que todo el mundo debía adorarlo. Las palabras que se usan para explicar el alcance de la adoración son casi idénticas a las palabras que Juan usa en Apocalipsis para describir el alcance de la verdadera adoración: "todos los pueblos, naciones y lenguas se postraron y adoraron la estatua de oro que el rey Nabucodonosor había levantado".

Por tanto, "esparcidos" (en Juan 11:52) debe entenderse en su sentido más amplio: Encontraremos a "los hijos de Dios" tan esparcidos como *naciones* hay en la Tierra. La labor misionera consiste en llevar el Evangelio a toda tribu, lengua, pueblo y nación. Y eso tendrá lugar a través de la predicación de los misioneros. A ellos se refería Jesús, aunque de forma implícita, cuando dijo en Juan 17:20: "No ruego solo por éstos, sino también por los que han de creer en mí por la palabra de ellos". Y en ese versículo encontramos un paralelo de Juan 11:52, donde dice que Jesús no solo murió por la nación, sino para reunir en una sola a los hijos de Dios que están esparcidos por las naciones. El poder salvador de su muerte llegará a personas de todas las naciones del mundo, pero solo lo hará a través de la palabra de aquellos que Él envía.

¡Me es necesario traer a las otras ovejas también!

Si analizamos el texto misionero de Juan 10:16, veremos que contiene el mismo principio o concepto. Jesús dice: "Tengo otras ovejas que no son de este redil; a ésas también me es necesario traerlas, y oirán mi voz". "Este redil" hace referencia al pueblo de Israel. Las "otras ovejas" hace referencia a los "hijos de Dios" que están esparcidos por las naciones (Juan 11:52). Ésas son las que Jesús "compró de toda tribu, lengua, pueblo y nación" (Apocalipsis 5:9). Por tanto, las palabras "a ésas también me es necesario traerlas" son una contundente afirmación de que el Señor hará que su propósito misionero se cumpla de forma completa. Reunirá a sus "ovejas" o "los hijos de Dios" o "aquellos que compró" de todas las naciones de la Tierra. Como dice en Mateo 16:18, "edificaré mi Iglesia".

Así, vemos que el Evangelio de Juan reafirma el propósito misionero que emana de Apocalipsis 5:9. Jesús ha rescatado o comprado a personas de todos los pueblos del mundo. Murió para *reunir* a esos "hijos de Dios" que están esparcidos por las naciones. Por tanto, ¡le es necesario traer a su redil a todas esas ovejas errantes! Y las traerá a través de la predicación de la Palabra que sale de la boca de sus mensajeros.

Una y otra vez: tribus, lenguas, pueblos y naciones

En Apocalipsis encontramos cuatro pasajes más que confirman lo que hemos estado viendo: según Juan, la labor misionera consiste en llegar a todos los grupos étnicos del mundo para poder reunir a todos los redimidos.

Después de esto miré y vi una gran multitud, que nadie podía contar, de todas las naciones, tribus, pueblos y lenguas, *de pie delante del trono y delante del Cordero, vestidos con vestiduras blancas y con palmas en las manos. Y clamaban a gran voz, diciendo: La salvación pertenece a nuestro Dios que está sentado en el trono, y al Cordero (7:9-10).*

A menos que pensemos que esta multitud se refiere a los conversos de la gran tribulación y, de ahí, digamos que el propósito misionero de Dios en aquel momento será diferente al de ahora, el alcance global del propósito de Dios está muy claro: su objetivo es recibir la adoración de personas conversas de todas las tribus, lenguas, pueblos y naciones.

Y vi volar en medio del cielo a otro ángel que tenía un evangelio eterno para anunciarlo a los que moran en la Tierra, y a toda nación [pan etnos], tribu, lengua y pueblo, *diciendo a gran voz: Temed a Dios y dadle gloria, porque la hora de su juicio ha llegado; adorad al que hizo el Cielo y la Tierra, el mar y las fuentes de las aguas (14:6-7).*

De nuevo, la intención es que el Evangelio llegue no solo a cuantas más personas mejor, sino que llegue a "toda tribu, lengua, pueblo y nación".

¡Oh, Señor! ¿Quién no temerá y glorificará tu nombre? Pues solo Tú eres santo; porque todas las naciones [panta ta etne] *vendrán y adorarán en tu presencia, pues tus justos juicios han sido revelados (15:4).*

Si tenemos en cuenta la alusión al Salmo 86:9[66], y el contexto de Apocalipsis, donde una y otra vez se repite el uso de *etnos* para referirse a las "naciones" (diez veces al menos) y no a personas individuales, no hay duda de que *panta ta etne* en 15:4 hace referencia a grupos étnicos y no solo a individuos gentiles. Por tanto, vemos que para Juan, el resultado de la labor misionera será una multitud de santos procedentes de todos los pueblos de la Tierra.

---

[66] En la LXX, Salmo 85:9. Anteriormente en este mismo capítulo hemos tratado este texto con más detalle.

Entonces oí una gran voz que decía desde el trono: He aquí, el tabernáculo de Dios está entre los hombres, y Él habitará entre ellos y ellos serán su pueblo [laoi], y Dios mismo estará entre ellos (21:3).

Aquí tenemos una espléndida imagen de lo que serán los nuevos cielos y la nueva Tierra. En la era que está por venir, no solo habrá un pueblo, sino que habrá *pueblos* (hay evidencias para afirmar que en este versículo Juan usa *laoi* [pueblos] y no *laos* [pueblo]).[67] Por tanto, cuando Juan recoge las palabras de la voz angélica, parece ser que la idea que se nos quiere transmitir (a diferencia de Levítico 26:12, donde la palabra que se usa es *laos*) es que el objetivo final de Dios en la Redención no es anular las características distintivas de los pueblos, sino reunirlos y formar una multitud diversa, pero a la vez unida.

Después de analizar la cuestión que nos ocupa en los escritos de Juan, podemos concluir que, según él, la labor de las misiones es llevar el Evangelio a más y más pueblos, hasta que haya hijos de Dios en "todas las tribus, lenguas, pueblos y naciones". En sus escritos vemos también la certeza de que esta labor se va a cumplir de forma perfecta, pues así lo demuestra su visión de la era por venir.

¿Heredaron Pablo y Juan esa visión del mismo Jesús?

¿Está presente esta idea de los "grupos étnicos" en la comisión final de Jesús? El concepto que Pablo tenía de su propia tarea misionera, tarea que recibió de parte del mismo Señor resucitado, apunta a que ese concepto sí estaba presente en lo que el Señor le encomendó; pero no en lo que le encomendó a él, sino también en lo que encomendó a todos los apóstoles y a su Iglesia.

La Gran Comisión: ¡estaba escrito!

También podemos ver esta intención de Jesús en el Evangelio de Lucas, cuando éste recoge las palabras del Señor:

---

[67] El NT en griego de las Sociedades Bíblicas Unidas (4ª edición) y el NT en griego Nestle-Aland (27ª edición) creen que *laoi* es la palabra original. En la NRSV aparece "pueblos", igual que en los comentarios de Heinrich Kraft, Leon Morris, Robert Mounce y G.K. Beale.

Entonces les abrió la mente para que comprendieran las Escrituras, y les dijo: Así está escrito, que el Cristo padeciera y resucitara de entre los muertos al tercer día; y que en su nombre se predicara el arrepentimiento para el perdón de los pecados a todas las naciones [panta ta etne], comenzando desde Jerusalén.

Lucas 24:45-47

Es muy importante que, al analizar este texto, nos fijemos bien en el contexto. En primer lugar, Jesús "les abrió la mente para que comprendieran las Escrituras". Luego, Jesús dice "Así está escrito" (en el Antiguo Testamento), y a continuación de estas palabras en el original griego aparecen tres proposiciones coordinadas que explican lo que está escrito en el nuevo testamento: primero, que el Cristo tiene que sufrir; segundo, que resucitará al tercer día; y tercero, "que la predicación en su nombre sobre el arrepentimiento y el perdón de pecados debe llegar a "todas las naciones".

Así que Jesús está diciendo que su comisión de llevar el mensaje del arrepentimiento y del perdón de pecados a todas las naciones "está escrito" en las Escrituras del Antiguo Testamento. Ésa es una de las cosas que pudieron entender cuando Jesús les abrió la mente. Pero, ¿cuál es la concepción veterotestamentaria del propósito global de Dios (que ya vimos más arriba)? La misma que la que Pablo vio: el propósito de bendecir a todas las familias de la Tierra y hacer un pueblo reuniendo a los que le adoran en "todas las naciones".[68]

Por tanto, tenemos evidencias de peso para creer que en Lucas 24:47 Jesús entiende la expresión *panta ta etne* no solo como una referencia a individuos gentiles, sino al conjunto de pueblos de la Tierra que tienen que oír el mensaje de arrepentimiento para el perdón de pecados.

En otra ocasión en la que Lucas recoge la comisión de Jesús (Hechos 1:8), también apunta en la misma dirección. Jesús les dice a sus apóstoles justo antes de ascender a los cielos, "recibiréis poder cuando el Espíritu Santo venga sobre vosotros; y me seréis testigos en Jerusalén, en toda Judea y Samaria, y hasta los confines de la Tierra". En esta comisión, aunque no se habla explícitamente de "grupos étnicos", queda bien claro que la tarea concreta de las misiones es llevar el Evangelio a los lugares donde éste aún no ha llegado. Esto nos empuja a seguir avanzando,

---

[68] De todos los usos de *panta ta etne* en el Antiguo Testamento a los que Jesús se podría estar refiriendo, al menos los siguientes tienen que ver con la visión misionera del pueblo de Dios: Génesis 18:18; 22:18; 26:4; Salmo 48:2; 71:11, 17; 81:8; 85:9; 116:1; Isaías 2:2; 25:7; 52:10; 56:7; 61:11; 66:18-20 (todas estas citas se corresponden con la división de capítulos y versículos de la LXX).

no solo hasta llegar a las personas inconversas de nuestro alrededor, sino a lugares mucho más lejanos, incluso hasta lo último de la Tierra. Para darnos cuenta del alcance que tenemos que tener en mente, valga reflexionar sobre el hecho de que la expresión "hasta lo último de la Tierra" en el Antiguo Testamento estaba estrechamente relacionada con todos los pueblos de la Tierra. Por ejemplo, el Salmo 22:27: "Todos los términos de la Tierra se acordarán y se volverán al Señor, y todas las familias de las naciones adorarán delante de Ti".

Este paralelismo muestra que, a veces, la expresión "confines de la Tierra" tenía una clara relación con pueblos distantes.[69] Es muy probable que a los apóstoles, la comisión de Hechos 1:8 no les sonara demasiado distinta a la de Lucas 24:47.

Una casa de oración para todas las naciones

Otro apunte en cuanto a la comprensión que Jesús tenía del propósito misionero de Dios lo encontramos en Marcos 11:17. Cuando Jesús purifica el templo, cita Isaías 56:7: "¿No está escrito: "mi casa será llamada casa de oración por todas las naciones [*pasin tois ethnesin*]"?".

Éste es un momento importante porque vemos a un Jesús que recurre al Antiguo Testamento (igual que hizo en Lucas 24:45-47) para interpretar el propósito de Dios de tener en cuenta a todas las naciones. Cita Isaías 56:7, texto que, en hebreo, dice explícitamente: "Mi casa será llamada casa de oración por todos los pueblos" [*kol ha'ammim*]".

También el profeta recoge el concepto de grupo étnico. Isaías no está diciendo que todas las personas gentiles tendrán el derecho de morar en la presencia de Dios, sino que entre las personas que entrarán en el templo a adorar, habrá conversos de "todas las naciones". El hecho de que Jesús estuviera familiarizado con la esperanza del Antiguo Testamento, y que basara en ella su visión de las cosas (Marcos 11:17; Lucas 24:45-47), apunta a que deberíamos interpretar su Gran Comisión siguiendo esta línea, que es la misma línea que encontramos en los escritos de Pablo y de Juan.

---

[69] Encontramos una relación similar en Salmos 2:8; 67:5-7; 98:2-3; Isaías 52:10; Jeremías 16:19; Zacarías 9:10. Pero en estos textos se usan expresiones griegas diferentes. El único texto que contiene exactamente las palabras y el orden de las palabras de Hechos 1:8 es Jeremías 16:19.

La Gran Comisión en Mateo

Volvamos al esfuerzo que iniciamos unas páginas más atrás para entender lo que Jesús quiso decir en Mateo 28:19 cuando dijo: "Id, pues, y haced discípulos de *panta ta etne*". Este mandamiento tiene su correspondiente promesa en Mateo 24:14, donde se anuncia que se llevará a cabo: "Y este evangelio del reino se predicará en todo el mundo como testimonio a todas las naciones [*pasin tois ethnesin*], y entonces vendrá el fin". El alcance del mandamiento y el alcance de la promesa dependerán del significado de *panta ta etne*.

A partir de lo que hemos visto en este capítulo, está claro que interpretar que *panta ta etne* significa "todas las personas gentiles" (o "todos los países") es ir en contra de todas las evidencias. Éstas muestran que Jesús habla de hacer discípulos a todos los grupos étnicos del mundo. Hagamos un repaso de los descubrimientos que nos llevan a esta conclusión:

1. En el Nuevo Testamento, el uso en singular de *etnos* nunca significa individuos gentiles, sino que siempre significa grupo étnico o nación.
2. El plural *etne* puede significar tanto individuos gentiles como grupos étnicos. A veces el contexto restringe su significado a una de las dos opciones, pero en la mayoría de ocasiones puede significar tanto una cosa como la otra.
3. La expresión *panta ta etne* aparece dieciocho veces en el Nuevo Testamento. Y de todas ellas, solo hay una ocasión en la que obligatoriamente tiene que significar individuos gentiles. En nueve ocasiones significa, indiscutiblemente, grupos étnicos. Los ocho casos restantes son ambiguos.
4. Casi todos los usos de *panta ta etne* que aparecen en el Antiguo Testamento en griego (cerca de cien usos) hacen referencia a las naciones distintas a la nación de Israel. Ver la nota 15.
5. El Nuevo Testamento retoma la promesa que Dios hizo a Abraham de que en él "todas las familias de la Tierra" serían benditas, y de que él sería "padre de multitud de naciones", asumiendo así que la misión de la Iglesia se tiene que extender a todos los grupos étnicos.
6. La esperanza misionera del Antiguo Testamento aparece una y otra vez, a veces como exhortación, y otras como promesa, como

oración o como un plan de acción. Siempre, como expresión del deseo de que la gloria de Dios sea proclamada en medio de las naciones y de que éstas lleguen a conocer su salvación.

7. Pablo entendía su labor misionera en términos de esta esperanza veterotestamentaria. Por eso, el fundamento de su misión está en las promesas que tienen que ver con los pueblos del mundo. Con su trabajo pretendía llegar al mayor número posible de grupos étnicos, no al mayor número posible de individuos. Así entendió la comisión que el mismo Cristo le había encargado.

8. Para el apóstol Juan, la labor misionera consistía en reunir a "los hijos de Dios" o a las "otras ovejas" que están en "todo pueblo, tribu, lengua y nación".

9. El contexto veterotestamentario de la comisión de Jesús en el Evangelio de Lucas 24:46-47 muestra que el significado más natural de panta ta etne era todos los pueblos o naciones.

10. En Marcos 11:17 también parece ser que cuando Jesús piensa en el propósito global de Dios, tiene en mente el concepto de grupo étnico.

Por tanto, con la mayor probabilidad, Jesús no envió a sus apóstoles con la misión general de salvar a tantas personas como fuera posible, sino que les encargó que llevaran las buenas nuevas a todos los pueblos del mundo y así reunir a los "hijos de Dios" que están esparcidos (Juan 11:52) y llamar a todos los que el Señor compró "de toda tribu, lengua, pueblo y nación" (Apocalipsis 5:9), hasta que los redimidos "de todos los pueblos alaben al Señor" (Romanos 15:11).

Así, cuando Jesús dice en Marcos 13:10 que "primero el Evangelio debe ser predicado a todas las naciones [*panta ta etne*]", no hay ninguna razón que nos lleve a interpretar algo diferente a lo que es la interpretación lógica: que el Evangelio debe llegar a todos los pueblos del mundo y que, después de eso, llegará el fin. Y cuando dice "Id, pues, y haced discípulos de todas las naciones [*panta ta etne*]", tampoco hay razones para llegar a una conclusión diferente a la conclusión más directa: que la tarea misionera de la Iglesia es trabajar para llevar el Evangelio a todos los pueblos adonde éste aún no ha llegado, hasta que el Señor vuelva. Jesús así lo manda, y nos asegura que todos los pueblos habrán oído de Él antes de su retorno. Él puede hacer esa promesa porque Él mismo está edificando su Iglesia con personas de todas las naciones. Y para este fin "le ha sido dada toda autoridad en el cielo y en la Tierra". (Mateo28:18).

¿Qué es un grupo étnico?

Hemos intentado probar que la labor misionera que se nos presenta en el Nuevo Testamento consiste en llevar el Evangelio a todos los grupos étnicos del mundo. Pero no hemos definido de forma precisa qué es un grupo étnico. De hecho, lo que sí hemos descubierto es que, basándonos en lo que Dios ha revelado en la Biblia, probablemente no sea posible hallar una definición concreta. Quizá Él no quiso dar una definición concreta para que no llegara el día en que abandonáramos la obra pionera porque pensáramos que, según nuestra definición, ya habíamos alcanzado a todos los grupos étnicos.

Por ejemplo, Mateo 24:14 ("Este evangelio del reino se predicará en todo el mundo como testimonio a todas las naciones, y entonces vendrá el fin") no enseña que deberíamos llevar el Evangelio a todas las naciones, tal como las entendemos, y luego cesar la labor misionera. Lo que se nos está diciendo es que hasta que el Señor no regrese habrá grupos étnicos que aún no han oído las buenas nuevas, por lo que nuestra tarea debe continuar.

En la Biblia encontramos detalles que nos hablan de la naturaleza de un grupo étnico. Por ejemplo, en Apocalipsis 5:9 aparecen cuatro términos para describir los grupos étnicos que estarán representados ante el trono de Dios: "Con tu sangre compraste para Dios a gente de toda tribu, lengua, pueblo y nación". Y a estos cuatro términos, Abraham añade una quinta expresión: "Y en ti serán benditas todas las familias[70] de la Tierra".

¿Qué es una lengua?

La lengua es una marca distintiva que nos ayuda a definir el concepto de "grupo étnico". La labor misionera debería, al menos, llegar a todos los *grupos lingüísticos* ("lengua", Apocalipsis 5:9). Pero, ¿quién determina cuándo un dialecto puede cobrar el estatus de lengua? Este complejo

---

[70] El Antiguo Testamento griego traduce el término hebreo *mishpehot* (familias o clanes) por *phylai*, que en Apocalipsis 5:9 traducimos por "tribus". Así que podría parecer que este término, en el fondo, no es una categoría diferente. Pero, de hecho, *phylai* suele ser la traducción de la palabra hebrea *shebet*, y *mishpehot* normalmente se traduce al griego como *suggeneia*. Por tanto, deberíamos ver que hay una diferencia entre *mishpehot* y "tribu", sobre todo porque según Éxodo 6:14s está claro que se trata de una unidad más pequeña.

debate ilustra lo difícil que es definir de forma concreta el término "grupo étnico". Ralph Winter establece que en el mundo hay 24.000 grupos étnicos. No obstante, en la edición de 2001 de *Operación Mundo*, Patrick Johnstone observa lo siguiente: "Hasta la década de 1990 no se realizó una lista razonablemente completa de los grupos étnicos y de las lenguas del mundo. Por primera vez en la Historia tenemos una visión razonablemente clara de la tarea que aún tenemos por delante".[71] Él habla de un total de "12.000 grupos etnolingüísticos en el mundo".

De forma similar, en la revisión de la *World Christian Encyclopedia*, David Barrett define un grupo etnolingüístico de la forma siguiente: "Un grupo racial o étnico homogéneo y con características propias que está enmarcado en un solo país, y que habla su propia lengua (que tiene una sola lengua materna). Según nuestra definición, los grupos que abarcan dos, tres, cuatro o varios países se corresponden con dos, tres, cuatro o varios grupos etnolingüísticos diferentes".[72] Barrett recoge 12.600 grupos etnolingüísticos.[73]

La discrepancia entre los cálculos de Winter y los de Johnson y Barrett tiene una razón de ser, y esa razón subraya lo difícil que es definir de forma precisa el significado bíblico de "lengua" en Apocalipsis 5:9. Winter ilustra el problema. Observa la diferencia entre su estimación (24.000) y la que Barrett había hecho en la edición de 1982 de la *World Christian Encyclopedia* (8.990), y comenta:

En la tabla de Barrett queda claro que su lista es casi idéntica a la lista de lenguas a las que, en su opinión, la Biblia debe traducirse. Ahora bien, veamos a donde nos lleva hacer una asociación así. Los traductores de la Biblia de la organización Wycliffe, *por ejemplo, van al sur de Sudán y cuentan a cuántas lenguas deben traducir e imprimir la Biblia para así llevar las buenas nuevas a todas las personas que viven en aquella zona. La respuesta de los traductores es que deben realizar 50 traducciones distintas. ¿Qué significa este número? ¿Qué hay 50 grupos étnicos? ¡Claro que no! Sabemos que en muchos casos los distintos grupos étnicos pueden leer la misma traducción.*

¿Cómo lo sabemos? La organización Gospel Recordings *también va al sur de Sudán y cuenta el número de lenguas. El resultado de su recuento es de*

---

[71] Patrick Johnstone y Jason Mandryk, *Operación Mundo*, (edición 2001; pronto, en castellano), 15.

[72] David Barrett, George T. Kurian y Todd M. Johnson, *World Christian Encyclopedia: A Comparative Survey of Churches and Religions – AD 30 to 2200*, vol. 2 (Oxford: Oxford University Press, 2001), 27-28.

[73] Ibíd., 16.

130. ¿Por qué? Porque ellos distribuyen las Escrituras en audio, y la lengua oral es una comunicación lingüística más precisa que la lengua escrita. Vemos, pues, que las estimaciones dependerán de los autores y sus razones, y de las organizaciones y sus propósitos.[74]

Por tanto, podemos ver que la referencia a "lenguas" en Apocalipsis 5:9 no nos ofrece una definición concreta del término "grupos étnicos". Ni tampoco las otras expresiones de este versículo que se refieren a los grupos étnicos.

Por ejemplo, en Génesis 25:23 ("Dos naciones hay en tu seno, y dos pueblos se dividirán desde tus entrañas"), "pueblo" (*laou*) y "nación" (*etnous*) son sinónimos intercambiables. A veces se usa el término "pueblo" para referirse a todo Israel, pero en Hechos 4:27 encontramos la expresión "los pueblos (*laois*) de Israel". No obstante, en Apocalipsis 21:3, "pueblos" (*laoi*)[75] hace referencia a todos los grupos e individuos de la Tierra nueva. Estos datos nos impiden elaborar una definición concreta de los grupos étnicos a los que los misioneros tienen que llevar el Evangelio.

¿Cuál es el tamaño de una familia?

Hemos dicho que todas las familias de la Tierra serán benditas. Eso nos dice que los grupos a los que Dios quiere que llevemos el Evangelio son relativamente pequeños. Obviamente no se está hablando del concepto actual de familia (la familia más directa), sino de la idea de clan. Por ejemplo, Éxodo 6:14-15 nos revela el tipo de grupo del que se está hablando:

> *Estos son los jefes de las casas paternas. Los hijos de Rubén, primogénito de Israel: Hanoc, Falú, Hezrón y Carmi. Estas son las familias de Rubén. Y los hijos de Simeón: Jemuel, Jamín, Ohad, Jaquín, Zohar y Saúl, hijo de una cananea. Estas son las familias de Simeón.*

Por tanto, "familias" se refiere a un grupo más reducido de lo que eran las tribus de Israel (cf. también 1º Samuel 10:20-21). Pero hemos

---

[74] Ralph Winter, "Unreached Peoples: What, Where, and Why?", en *New Frontiers in Mission*, ed. Patrick Sookhedeo (Grand Rapids: Baker, 1987), 154.
[75] Ver nota 20.

de tener en cuenta que no se está refiriendo a un grupo tan reducido como el de la familia más próxima (o casa). Así lo demuestra el caso de Acán en Josué 7. Después de que Acán pecara, era necesario encontrar al que había traído la desgracia al pueblo, y Josué dijo que investigarían a todo el mundo hasta descubrir quién era el culpable.

> *Por la mañana os acercaréis, pues,* por tribus. *Y será que la tribu que el Señor señale se acercará* por familias [mishpehot]*, y la familia que el Señor señale se acercará* por casas*, y la casa que el Señor señale se acercará hombre por hombre.*
>
> *Josué 7:14*

Lo que este texto prueba es que el concepto de "familia" en el Antiguo Testamento tiene más que ver con nuestra idea de "clan". El tamaño está entre el de una tribu y el de una "casa" o familia directa.

Así, la labor misionera del Nuevo Testamento no solo es alcanzar a todos los grupos del tamaño de Israel, y todas las tribus del tamaño de Rubén, Simeón o Judá, sino también a todos los clanes o familias, como las de Hanoc, Falú, Serón, Carmi y Acán.

El hecho de que *etne* se use con tanta frecuencia en el Antiguo y el Nuevo Testamento para hablar del alcance universal de la misión no debe limitar nuestra compresión de este término tan amplio. *Etne* es un término flexible que también permite la inclusión de grupos de diferentes tamaños. De hecho, Karl Ludwig Schmidt concluye su estudio de *etnos* en el *Theological Dictionary of the New Testament* comparándolo con *laos*, *glossa* y *phyle*: "De todos ellos, *etnos* es el término más general y, por tanto, el más débil, por lo que simplemente tiene un sentido etnográfico y denota la cohesión natural de un grupo en general".[76] Así, *panta ta etne* sería la expresión más adecuada para incluirlos a todos ellos y eso es, de hecho, lo que encontramos en Apocalipsis 22:2". En este texto *etne* hace referencia a toda la gente que hay en la Tierra nueva, y eso incluye las "lenguas", los "pueblos" y las "tribus". Concluimos, pues, que *panta ta etne* probablemente sea la forma más sencilla de recoger los diferentes grupos, ya sea grupos grandes, como grupos más pequeños.

---

[76] Kittle, *Theological Dictionary of the New Testament*, vol. 2, 369.

¿Qué queremos decir cuando hablamos de los "alcanzados" y los "no alcanzados"?

Si la labor de las misiones es alcanzar a los grupos étnicos "no alcanzados,"[77] tenemos que saber qué significa "los no alcanzados" para que la gente que haya sido llamada a la labor misionera de la Iglesia sepa a qué grupos ir y a qué grupos no ir. Pablo debía de tener en mente de algún modo el concepto de "los alcanzados" cuando dijo en Romanos 15:23 "ahora ya no quedan más lugares para mí en estas regiones". También debía de saber lo que significaba haber completado la labor misionera, pues si no, ¿cómo explicar las palabras de Romanos 15:19? "Desde Jerusalén y por los alrededores hasta el Ilírico he predicado en toda su plenitud (o he cumplido) el evangelio de Cristo ["he completado la proclamación del Evangelio de Cristo por todas partes (NVI)]. Él sabía que en aquella región ya había completado la obra. Y por eso anuncia que se va hacia España. En la reunión de 1982 a la que nos referimos anteriormente, se definió a los grupos "no alcanzados" de la siguiente forma: "un grupo étnico en el que no hay una comunidad autóctona

---

[77] Trataré aquí dos problemas, aunque solo de forma breve, pues no son parte de la revelación bíblica y no tienen mucho que ver con la cuestión de la labor misionera: (1) En primer lugar nos encontramos con el debate sobre si todos los pueblos estarán representados ante el trono de Dios independientemente de si la Iglesia desempeña su labor misionera o no, puesto que en todos los pueblos hay bebés que mueren y, presumiblemente, éstos van al Cielo. (2) En segundo lugar surge la pregunta sobre si todos los clanes o tribus estarán representadas ante el trono de Dios, pues muchos clanes y tribus se extinguieron antes de ser evangelizados.

En cuanto al primer problema, yo creo que los bebés que mueren estarán en el reino. Para decir algo así me baso en el principio de que seremos juzgados según el conocimiento que tengamos (Romanos 1:19-20), y los bebés (y los niños hasta cierta edad) no tienen ningún conocimiento puesto que aún no han desarrollado la facultad cognitiva. No obstante, Dios nunca menciona este tema ni lo relaciona con la labor misionera o la promesa de que todas las naciones de la Tierra serán benditas. Al contrario, parece ser que su propósito es ser glorificado a través de la conversión de personas que reconocen su belleza y su grandeza y deciden amarle por encima de todas las cosas. La honra que Dios recibiría no sería tan grande si la única forma de tener adoradores de todas las naciones fuera gracias a la mortalidad infantil.

En cuanto al segundo problema, puede que sea cierto que hay clanes y tribus que desaparecen de la Historia sin que ninguno de sus miembros sea salvo. La cuestión es que la Biblia no desarrolla este tema. Por tanto, si decimos que para esas tribus debe haber otra forma de salvación diferente a la que es por oír y creer el Evangelio de Jesús, estaremos yendo más allá de lo bíblicamente justificable (ver más en el capítulo 4). Ahora bien, aunque no tenemos una revelación específica sobre este tema, sí podemos concluir que el significado de la promesa y del mandamiento a las naciones es que "todas las naciones" hace referencia a todas aquellas que existan al final de esta era. Cuando llegue el final, no habrá ningún grupo étnico que quede fuera de la bendición.

de creyentes en Cristo capaces de evangelizar a los demás miembros de su grupo".[78] Por tanto, un grupo es un grupo "alcanzado" cuando los esfuerzos misioneros han logrado establecer una iglesia autóctona que tiene las fuerzas y los recursos para evangelizar al resto del grupo.

Patrick Johnstone señala que en un sentido estricto, "la acción de alcanzar no tiene nada que ver con la respuesta de los no creyentes... De hecho, la acción de alcanzar tiene que ver con la calidad y la intensidad del esfuerzo invertido en evangelizar a un grupo o región, y no con el discipulado o el establecimiento de iglesias". Pero tiene que admitir que "debido al uso popular que se ha hecho del término, tenemos que ampliar el significado de *alcanzar*".[79]

En la Biblia encontramos ambos significados, tanto el más limitado, como el más amplio. Por ejemplo, Marcos 16:15 recoge el mandato de Jesús de la siguiente forma: "Id por todo el mundo y predicad el Evangelio a toda la creación".[80] Aquí no dice nada en cuanto a la respuesta de la gente. Si solo tuviéramos este relato, la labor misionera se cumpliría a través de la proclamación universal del mensaje. De forma similar, Mateo 24:14 dice: "Y este evangelio del reino se predicará en todo el mundo como testimonio a todas las naciones, y entonces vendrá el fin". De nuevo, no se menciona la respuesta ante el mensaje del Evangelio (cf. Lucas 24:47; Hechos 1:8). Por tanto, en este sentido más limitado se alcanza a un grupo étnico cuando el mensaje se proclama en medio de él de una forma comprensible.

Pero ésta *no* es la única forma en la que las Escrituras expresan el mandato misionero. Mateo 28:19 dice: "Id, pues, y haced discípulos de todas las naciones". Aquí, el mandato incluye la respuesta de la gente que oye la proclamación del mensaje. La labor de las misiones no está completa hasta que, al menos, algunos miembros de un grupo étnico dado se convierten en discípulos de Jesús.[81] Lo mismo podemos decir

---

[78] Winter, "Unreached Peoples", 12.

[79] "What does Reached Mean? An EMQ Survey", *Evangelical Missions Quarterly* 26, núm. 3 (julio 1990): 316.

[80] Muchas versiones dicen "a toda criatura", pero es más probable que la traducción más acertada sea "a toda la creación". El paralelismo más cercano a esta expresión griega (*pase te ktisei*) lo encontramos en Romanos 8:22: "Pues sabemos que la creación entera [*pasa he ktisis*] a una gime y sufre dolores de parto hasta ahora". Las palabras y el orden de las palabras es idéntico; lo único que varía es el caso, pues en Marcos 16 se usa el dativo, y en Romanos 8, el nominativo. Para lo que aquí pretendo, no hace falta entrar en el debate de si el fragmento de Marcos 16:9 y versículos siguientes fue añadido con posterioridad. El versículo 15 sigue representando una de las formas en las que la Biblia expresa la Gran Comisión.

[81] "Haced discípulos de todas las naciones" podría interpretarse así: haced que toda la nación siga a Jesús. Pero el orden de las palabras en los versículos 19 y 20 apuntan en

de Apocalipsis 5:9 y 7:9, donde Juan describe que los redimidos vienen de "toda tribu, lengua, pueblo y nación". Si entre los redimidos hay personas de todos los pueblos, entonces la labor misionera no solo consistirá en la proclamación del mensaje, sino en lograr la respuesta positiva de algunos.

La mayoría de los líderes de la obra misionera definen a un grupo étnico como un grupo "alcanzado" cuando hay una iglesia autóctona que es capaz de evangelizar al resto del grupo. Esto es porque el Nuevo Testamento enseña que la evangelización del grupo debe continuar aunque la labor misionera se haya completado. Por ejemplo, cuando Pablo finalizó su labor misionera entre las gentes de Éfeso, dejó allí a Timoteo, a quien más adelante le diría "haz trabajo de evangelista" (2ª Timoteo 4:5). Está claro que la misión concreta de Pablo era establecer la Iglesia, que luego seguiría creciendo mediante la evangelización (cf. 1ª Corintios 3:6-10). Pero la evangelización no es lo mismo que la obra misionera. La obra misionera es lo que movió a Pablo a dejar a las gentes de Asia Menor y de Grecia (¡incluso a aquellas que aún no se habían convertido!) para ir a trabajar entre los grupos "no alcanzados" de España (Romanos 15:24, 28).

Cuando decimos que el objetivo de la labor misionera es establecer una iglesia autóctona en medio de todos los grupos étnicos del mundo, surge una dificultad. La dificultad está en que nuestra definición *bíblica* de grupo étnico incluye a grupos muy pequeños y muchas veces muy cercanos a otros grupos y, por tanto, la existencia de ese tipo de iglesia se hace innecesaria. ¿De qué tamaño era la familia o clan de Carmi de la tribu de Rubén, o la familia de Acán de la tribu de Judá? ¿Estamos seguros de que las familias de Génesis 12:3 son tan distintas las unas de las otras que hubieran necesitado tener su propia iglesia? Cuando Pablo dijo que había completado su tarea misionera entre Jerusalén e Ilírico, ¿quiere decir eso que había establecido una Iglesia en medio de todas las familias o clanes?

---

otra dirección. En griego, el término "nations" (*etne*) es neutro. Pero el pronombre que aparece a continuación es masculino: "bautizándo*los* [*autous*] en el nombre del Padre y del Hijo y del Espíritu Santo, enseñándo*les* [*autous*] a guardar todo lo que os he mandado". Esto sugiere que cuando Jesús habla de hacer discípulos, tiene en mente a personas o individuos de las naciones. Por tanto, pienso que no está hablando de la nación como un todo ni que ésta es el objeto que hay que evangelizar. Karl Barth defendía con firmeza el discipulado de las personas, y se lamentaba porque la interpretación de *etne* en el sentido de discipulado colectivo "en su día infectó el pensamiento misionero y tuvo mucho que ver con las dolorosas fantasías de los cristianos alemanes". Karl Barth, "An Exegetical Study of Matthew 28:16-20", en *Classics of Christian Missions*, ed. Francis M. DuBose (Nashville: Broadman, 1979), 46.

Estas preguntas muestran que siempre habrá cierta ambigüedad en la definición de "los grupos alcanzados" y del objetivo de la labor misionera.[82] En algunos casos, el término "los alcanzados" hará referencia a un grupo en el que hay conversos que, debido a la cercanía geográfica, lingüística y cultural, pueden formar parte de la iglesia del grupo vecino. La tarea de las misiones en relación con las familias emparentadas o afines quizá no consista en el establecimiento de iglesias en medio de cada una de ellas, sino en el establecimiento de una Iglesia con elementos comunes que sea capaz de evangelizar a los miembros no creyentes de esas familias emparentadas. Parece que eso es lo que Pablo había hecho cuando dijo que ya no quedaban más lugares para él en aquellas regiones tan extensas. Seguro que quedaban familias o clanes que aún no habían oído el Evangelio. Pero Pablo debió de pensar: "Ahora, eso es trabajo de las iglesias cercanas".

Lo que de ahí se desprende es que, en muchas ocasiones, la línea divisoria entre la acción de los misioneros y la acción evangelística de las iglesias vecinas no está muy definida. Por eso, se empezó a hablar de la evangelización "E-1", "E-2" y "E-3".[83] Estos términos muestran que no estamos ante dos tareas claramente diferenciadas (la evangelización local o interna y la obra misionera fuera de las fronteras propias), sino ante diferentes grados de distancia cultural de la comunidad cristiana más

---

[82] Obviamente, para Ralph Winter y otros misionólogos que definen un grupo étnico como "la unidad más grande por la que el Evangelio se puede extender (con el consiguiente establecimiento de iglesias) sin toparse con barreras de comprensión o aceptación", este problema no existe (Winter, "Unreached Peoples", 12). Dicho de otro modo, si una "familia" que no ha sido evangelizada es culturalmente muy cercana a una "familia" que sí ha sido evangelizada y, a través de esta, el Evangelio puede llevar sin problemas a la primera, entonces, según Winter, esa "familia" que no ha sido evangelizada no es "un grupo no alcanzado". Es, simplemente, parte de un grupo alcanzado que tiene que evangelizar a todos sus miembros. La diferencia entre la aproximación de Winter y la mía es que yo intento incluir el significado *bíblico* de "familias" en Génesis 12:3, mientras que él define los grupos étnicos en función de los esfuerzos misioneros que se requieren. Estas dos aproximaciones no son tan lejanas, pero la diferencia está en que en ocasiones yo llamo a una "familia" o clan un "grupo étnico no alcanzado" (una de las *panta ta etne* a las que hay que ir a hacer discípulos), y Winter dirá que, a efectos de la obra misionera, no es un grupo "no alcanzado".

[83] Estos términos no son tan frecuentes ahora como cuando se publicó la primera edición de este libro en 1993, pero lo cierto es que algunas iglesias y organizaciones aún los usan como guías de estrategia. "E" significa evangelizar: E-1, evangelizar a personas "como nosotros"; E-2, evangelizar a personas que no son como nosotros (de otra zona, raza o posición social) pero que hablan la misma lengua y tienen algunos elementos culturales que nosotros también tenemos; E-3, evangelizar a personas que hablan otra lengua y tienen una cultura muy diferente a la nuestra (independientemente de si viven cerca o lejos de nosotros).

cercana. No siempre está claro cuándo la distancia es lo suficientemente grande para dejar de hablar de evangelización local y hablar de labor misionera.[84]

Implicaciones

En el Nuevo Testamento, no obstante, queda claro que la Iglesia ha recibido el llamamiento específico de llevar el Evangelio a los grupos que aún no han sido alcanzados. La pregunta que deberíamos hacernos hoy es la siguiente: ¿Qué personas o agencias misioneras de nuestras iglesias y denominaciones deberían seguir con la obra pionera de Pablo? Sabemos que ésa no es la *única* labor de la Iglesia. Los ministerios como el de Timoteo también son importantes. Él se quedó en Éfeso continuando la obra que Pablo había empezado. Pero Pablo tenía que irse a otro lugar como respuesta al llamamiento concreto que él había recibido[85], y a la comprensión que Dios le había dado a través del Antiguo Testamento de que su propósito era extender su Gracia a todas las naciones. No hay razones para pensar que con el paso del tiempo el propósito divino ha cambiado.

Entonces, ¿quién debe tomar el relevo de los apóstoles y de su labor misionera de llevar el Evangelio a los grupos "no alcanzados"? ¿No deberían todas las iglesias y denominaciones tener un grupo de personas que escoge, capacita, envía y apoya a misioneros como Pablo? ¿No deberían todas las iglesias y denominaciones tener un grupo de personas (un consejo o departamento misionero) cuya tarea principal no fuera simplemente trabajar para salvar al mayor número de personas posible, sino para salvar a algunas personas (es decir, establecer una iglesia) de todos los grupos étnicos "no alcanzados"?

---

[84] *Bíblicamente hablando,* alcanzar a todos los clanes de una región es una labor misionera independientemente de que culturalmente estén estrechamente emparentados con otros clanes que ya han sido alcanzados. Pero *misionológicamente hablando,* no todos consideran que ese esfuerzo sea parte de la labor misionera. Quizá sea necesario usar el lenguaje con una mayor concreción. Pablo entendió que su labor misionera en Asia había finalizado aunque el Evangelio aún no había llegado a todos los clanes o "familias". No obstante, si en la Gran Comisión en Mateo 28:19 el concepto de "todas las familias de la Tierra" está incluido en la expresión *panta ta etne*, entonces la labor misionera *en ese sentido* no se acaba o completa hasta que todos los clanes o "familias" estén representados en el reino. En la práctica, probablemente lo más sabio sea enfatizar la estrategia paulina como la esencia de las misiones.

[85] "Ve, porque te voy a enviar lejos, a las *etne*" (Hechos 22:21).

La Supremacía de Dios en la adoración de las naciones

¿Qué tiene que ver este capítulo con la Supremacía de Dios? El gran objetivo de Dios durante toda la Historia es mostrar la gloria de su nombre para el disfrute de su pueblo, formado por personas de todas las naciones.[86] La pregunta que nos hacemos ahora es: ¿Por qué ha establecido Dios que, para lograr este objetivo de mostrar su gloria, la labor misionera tiene que tener en cuenta a *todos los pueblos* del mundo?

Lo primero que nos viene a la mente cuando reflexionamos sobre esta cuestión es que los textos que recogen que el objetivo de la labor misionera es llegar a todos los grupos étnicos del mundo, confirman también ese objetivo último de la gloria de Dios. Por ejemplo, Pablo dijo que él había sido hecho apóstol "para promover la obediencia a la fe entre todos los gentiles [o todas las naciones], por amor al nombre [de Cristo]" (Romanos 1:5). La labor misionera existe para la gloria de Cristo. Su objetivo es restablecer la Supremacía de Cristo en medio de los grupos étnicos del mundo. De forma similar, en Romanos 15:9 Pablo dice que la labor misionera de Cristo le inspiró a trabajar "para que los gentiles [o las naciones] *glorifiquen a Dios* por su misericordia". El objetivo de la misión de Cristo, y de nuestra misión, es que las naciones experimenten la misericordia de Dios y le glorifiquen. En este mismo sentido, en Apocalipsis 5:9 leemos que en la consumación de la labor misionera, personas de "toda tribu, lengua, pueblo y nación" adorarán al Cordero y declararán su gloria infinita. Y todo esto responde a las repetidas exhortaciones que aparecen en el Antiguo Testamento: "Contad su gloria entre las naciones, sus maravillas entre todos los pueblos" (Salmo 96:3). El objetivo de la labor misionera es la gloria de Dios.

La diversidad: deseada y eterna

Otro tema que surge cuando reflexionamos sobre esta cuestión es que la Creación y la consumación de la diversidad de las naciones forman parte de la voluntad de Dios. El origen de esta diversidad no es accidental, ni tampoco está bajo la influencia del maligno.[87] Y su

---

[86] He presentado la base bíblica sobre la que fundamento esta afirmación en el capítulo 1 y en *Sed de Dios: meditaciones de un hedonista cristiano* (Viladecavalls, Barcelona: Andamio, 2001), 237-269; también en *The Pleasures of God: Meditations on God's Delight in Being God* (Sisters, Ore.: Multnomah, 2000), 97-119.

[87] La historia de la torre de Babel en Génesis 11 no significa que la diversidad lingüística no estuviera dentro de los planes de Dios. No se nos dice que si el episodio

futuro es eterno: la diversidad nunca será sustituida por la uniformidad. La evidencia de que eso es así la encontramos en Hechos 17:26 y en Apocalipsis 21:3.

Pablo les dijo a los atenienses: "[Dios] de uno hizo todas las naciones del mundo para que habitaran sobre toda la faz de la Tierra, habiendo determinado sus tiempos señalados y los límites de su habitación" (Hechos 17:26). Eso significa que el origen de los pueblos no dio fuera del plan Dios, sino que es conforme al plan de Dios. Él *hizo* las naciones. Él las puso en el sitio donde están. Y él es quien determina la duración de su existencia. La diversidad de las naciones es idea de Dios. Por tanto, sea por la razón que sea, Él ha establecido que el objetivo de la labor misionera sea todas las naciones del mundo. Esta decisión divina no se trata de un "plan B" para dar respuesta a un accidente de la Historia, sino que está enraizada en el propósito que Dios tenía cuando hizo a las naciones.

La diversidad de las naciones no es un propósito divino temporal o válido solo para esta era. A pesar de la resistencia de la mayoría de traducciones al castellano, las ediciones en griego del Nuevo Testamento[88] están de acuerdo en que la traducción más cercana al original de Apocalipsis 21:3 debería ser como sigue: "Y oí una gran voz del cielo que decía: 'El tabernáculo de Dios está ahora con los hombres. Él morará con ellos, y ellos serán *sus pueblos*'". La mayoría de versiones traducen "ellos serán su *pueblo*". Pero lo que Juan está diciendo es Dios va a preservar a la humanidad descrita en Apocalipsis 5:9: los redimidos por la sangre de Cristo "de toda tribu, lengua, pueblo y nación". En el cielo nuevo y la Tierra nueva seguirá habiendo diversidad. Así lo quiso Dios desde el principio. La diversidad tiene un lugar permanente en su plan.

---

de la torre de Babel Dios no hubiera tenido lugar, Dios no habría creado las diferentes lenguas. Este momento de orgullo humano (Génesis 11:4) fue la ocasión que Dios eligió para iniciar la diversidad lingüística. Pero eso no quiere decir que la diversidad lingüística sea una maldición de la que Dios nos va a librar en la era venidera. De hecho, ya se habla de la diversidad lingüística en Génesis 10:5, 20 y 31, antes del episodio de la torre de Babel (Génesis 11). Lo que podemos ver es que tanto el plan divino de que todos los pueblos tuvieran un solo origen, como el plan divino de que hubiera diversas lenguas frenan el orgullo del Hombre en dos sentidos: la diversidad es un obstáculo ante la tentación de unirse en contra de Dios (como en Babel), y el origen común es un obstáculo ante la tentación de jactarse de exclusividad étnica (como en Atenas). El milagro y la bendición de las "lenguas" en Pentecostés no fue una declaración de que en la era de la promesa las lenguas desaparecerían, sino una declaración de que en la era de la promesa ya no habría ataques contra esa unidad en la fe que glorifica a Dios.

[88] Ver la nota 20.

Por qué la diversidad magnifica la gloria de Dios

Entonces, tener en cuenta la diversidad de los pueblos sirve para el avance del propósito de Dios de ser glorificado en su creación. Pero, ¿por qué?[89] Cuando uno reflexiona sobre esta cuestión, en las Escrituras encuentra, al menos,[90] cuatro respuestas.

1. En primer lugar, de la unidad *en medio de la diversidad* surgen una belleza y un poder de adoración mayores de los que surgirían de la simple unidad. El Salmo 96:3-4 asocia la evangelización de los pueblos con la calidad de adoración que Dios merece. "Contad su gloria entre las naciones, sus maravillas entre todos los pueblos. *Porque grande es el Señor, y muy digno de ser alabado*; temible es Él sobre todos los dioses". Nótese el uso de la palabra "porque". La extraordinaria grandeza de la adoración que el Señor debería recibir es la base o motivación que debe llevarnos a la evangelización de las naciones.

---

[89] Una de las preguntas que suele surgir en medio de los que creemos que Dios busca adoradores de todos los pueblos del mundo es "¿Qué ocurre con los grupos que desaparecen antes de que el Evangelio llegue a ellos? Si crees que estos pueblos están perdidos, como has argumentado, entonces ninguno de ellos estará representado en el Cielo". Tengo tres respuestas para esa pregunta: (1) No estoy completamente seguro de que la afirmación bíblica de que Cristo "compró para Dios a gente de toda tribu, lengua, pueblo y nación" incluya a aquellos pueblos que desaparecen antes de que ninguno de sus miembros haya tenido la posibilidad de creer. (2) Es cierto que la enseñanza bíblica sobre el estado final de los bebés que mueren no es explícita. Pero yo soy de la opinión de que los bebés que mueren no perecen, sino que forman parte de los escogidos y llegan a la fe en Cristo y reciben la vida eterna, aunque no se nos haya dicho cómo. (Ver el capítulo 4, nota 27). Por tanto, los que mueren como bebés en medio de aquellos pueblos que desaparecen antes de ser alcanzados con el Evangelio serán los que representen a su grupo étnico en el Cielo. (3) Pero mi argumentación en esta sección final, con la que pretendo explicar *por qué* la diversidad glorifica a Dios, prueba que la respuesta determinante va en otra dirección. Una de las razones principales es que, cuando en medio de un grupo muy diverso, alguien toma la decisión de depositar una fidelidad consciente a un único líder, está magnificando la gloria exclusiva del líder. Ver más adelante. Pero entonces esto sugeriría que el objetivo de Dios al enviarnos a pueblos que *sí existen* es que solo va a recibir la gloria de aquellos que oigan de Jesús y le sigan de forma consciente. A su vez, esto sugeriría que el "toda" de Apocalipsis 5:9 simplemente no contempla la cuestión de los grupos étnicos que desaparecen.

[90] He evitado discutir la posibilidad real de las correlaciones misteriosas que hay entre los números y los propósitos de los pueblos y los números de los santos o de los ángeles. Deuteronomio 32:8 dice: "Cuando el Altísimo dio a las naciones su herencia, cuando separó los hijos del Hombre, fijó los límites de los pueblos *según el número de los hijos de Israel*". El Antiguo Testamento griego tiene una traducción un tanto extraña: "… según el número de los *ángeles de Dios*", que algunas versiones han seguido traduciendo "según el número de los hijos de Dios". Con este texto no hay mucho que comentar sin adentrarse en la especulación, pero al menos nos recuerda que las razones de Dios a menudo son demasiado elevadas para nosotros y por eso no nos las ha revelado.

De ahí, deduzco que la belleza y el poder de adoración que el Señor recibirá desde la diversidad de las naciones serán mayores que la belleza y el poder que recibiría si el coro de los redimidos fuera culturalmente uniforme. Tomemos a una coral como ilustración. La coral que canta a diferentes voces produce una canción más bella que la coral que canta a una voz. La unidad en medio de la diversidad es más bella y más poderosa que la unidad en medio de la uniformidad. Y lo mismo se puede decir de las grandes diferencias que hay entre los grupos étnicos del mundo. Cuando la diversidad de todos ellos se une para adorar a Dios, la belleza de su adoración se hace eco de la profundidad y la grandeza de la belleza de Dios mucho más que si los redimidos solo provinieran de unos cuantos pueblos.

2. En segundo lugar, la fama, la grandeza y el valor de un objeto bello aumenta en proporción a la diversidad de aquellos que reconocen su belleza. Si una obra de arte solo recibe el elogio de un pequeño grupo homogéneo, es probable que no se trate de buen arte. Sus cualidades solo estarán apelando al condicionamiento provincial, no a la búsqueda universal de lo bello. Pero si una obra de arte logra captar la atención de más y más admiradores no solo de culturas diferentes, sino también de épocas diferentes, entonces quedará de manifiesto su irresistible grandeza.

Así, cuando Pablo exclama: "Alabad al Señor todas las naciones, y alábenles todos los pueblos" (Romanos 15:11), está diciendo que Dios tiene algo digno de la adoración universal, algo tan bello y tan satisfactorio que va a encontrar admiradores apasionados en todos los pueblos del mundo. Su verdadera grandeza se pondrá de manifiesto a través de la amplísima diversidad de aquellos que perciben y aman su belleza. También se pondrá de manifiesto que su excelencia es más alta y más profunda que las preferencias provincianas que nos hacen felices en la mayoría de las ocasiones. Y su llamamiento alcanzará a todas y cada una de las capacidades del alma humana. Por tanto, la diversidad de la fuente de admiración testificará de su gloria incomparable.

3. En tercer lugar, la fuerza, la sabiduría y el amor de un líder son magnificadas en proporción a la diversidad de las personas que le siguen con gozo. Si un líder solo puede dirigir a un grupo pequeño y uniforme, sus cualidades de liderazgo nos son tan grandes como las de un líder al que le sigue una gran multitud formada por gente muy diversa.

Pablo sabe que lo que está ocurriendo en su labor misionera entre las naciones es lo siguiente: que Cristo está demostrando su grandeza ganándose la obediencia de todas las naciones del mundo. "No me atreveré a hablar de nada, sino de lo que *Cristo ha hecho por medio de mí para la obediencia de los gentiles [o las naciones]*" (Romanos 15:18). Según Pablo, el hecho de que personas de diferentes pueblos decidan seguir a Cristo no glorifica su experiencia misionera, sino que glorifica la grandeza de Cristo. Él es el mayor de entre todos los líderes.

La última frase del Salmo 96:3-4 nos habla de la competición por el liderazgo que hay en el mundo. "Contad su gloria entre las naciones... *temible es Él sobre todos los dioses*". Deberíamos proclamar la gloria de Dios entre las naciones porque de ese modo Él mostrará que está por encima de los demás dioses que pretenden gobernar sobre las personas o pueblos. Cuantos más grupos o pueblos abandonen a sus dioses para seguir al Dios verdadero, más visible será la superioridad de Dios.

4. Al tener en cuenta a todos los grupos étnicos del mundo, Dios anula el orgullo étnico y establece que todos los pueblos dependen de su Gracia. Así lo aclara Pablo en Hechos 17:26, cuando les dice a los orgullosos ciudadanos de Atenas: "[Dios] hizo todas las naciones del mundo para que habitaran sobre la faz de la Tierra, habiendo determinado sus tiempos señalados y los límites de su habitación". En su comentario al Libro de los Hechos, F. F. Bruce aclara que "los atenienses... se jactaban de ser... los únicos griegos puros... Los antecesores del resto de compatriotas provenían de fuera de Grecia". Pablo, en cambio, les dice que todos tienen el mismo origen, tanto los griegos, como los bárbaros, los judíos o los romanos. Los griegos existen por la voluntad de Dios, no por la suya propia; y el tiempo y el lugar de su existencia están en las manos de Dios, no en las de ellos. Cada vez que Dios nos recuerda el alcance universal de su salvación, nos recuerda también que no hay lugar para el orgullo étnico. Es toda una lección de humildad descubrir que Dios no elige a nuestro grupo étnico por nuestro valor, sino para que nuestro gozo en Él aumente cuando nos dejamos usar para que otros grupos étnicos puedan disfrutar del mismo gozo.

Para concluir con el tema de darle a Dios toda la gloria diremos, pues, que la humildad es la otra cara de la moneda. La humildad significa deleitarnos en su Gracia, y no en nuestra bondad. Cuando nos envía a todas las naciones, Dios nos enseña más sobre su Gracia, nos hace más humildes y nos va librando de nuestro orgullo. De este modo, está preparando para sí un pueblo – formado por personas de todos los pueblos – que será capaz de adorarle con admiración y entusiasmo.

Parte 3

LA SUPREMACÍA DE DIOS EN LAS MISIONES

El resultado práctico
de la compasión y la adoración

6
Pasión por la Supremacía de Dios y compasión por el alma del Hombre: Jonathan Edwards y su concepto de ambas

Las misiones no son el objetivo último de la Iglesia. El objetivo último es la adoración. Las misiones existen porque no hay adoración. La adoración es el objetivo último, y no las misiones, porque Dios es la realidad última, y no el Hombre. Cuando esta era se acabe, y los millones de redimidos se postren ante el trono de Dios, las misiones dejarán de existir. Es una necesidad temporal. Pero la adoración permanece para siempre.

Éstas son las palabras con las que empecé este libro sobre la Supremacía de Dios en las misiones. Son el producto de mucha reflexión, y de la influencia que he recibido de un hombre de Dios al que le debo mucho. La persona que hay detrás de muchas de mis ideas y la articulación de éstas (bajo la guía de Dios y de su Palabra) es Jonathan Edwards, el pastor y teólogo del siglo XVIII cuya cosmovisión apasionadamente teocéntrica alumbra todas las páginas de este libro. El impacto que este gran pensador ha tenido sobre mí y sobre mi comprensión de la adoración y las misiones (y de casi todos los demás temas) es incalculable. Este capítulo es otro tributo en su honor y en honor de su Dios, ahora que celebramos el tricentenario de su nacimiento.

La penetrante influencia de Jonathan Edwards

Podemos ver su influencia en las preguntas que hay detrás de la primera afirmación. ¿Cuál es el objetivo último de la Iglesia? ¿Cuál es la meta última de la Redención, de la Historia y de la Creación? Edwards siempre se hacía preguntas sobre el fin de las cosas, porque una vez que conocemos y abrazamos la razón última de nuestra existencia, de la existencia de la Iglesia y de las naciones, entonces todo nuestro pensamiento, todas nuestras emociones y toda nuestra conducta están gobernadas por esa meta. Es increíble que haya tan poca gente que se pregunte y responda con convicción y pasión a las preguntas más importantes de la existencia.

Es lo que más preocupaba a Edwards. Él tenía muy claro el porqué de la existencia de las cosas, de tu existencia y de la mía, y también de la Iglesia universal, las naciones y la Historia. Él lo tenía muy claro porque Dios había sido muy claro. Edwards escribió un libro llamado *The End for Which God Created the World*.[1] En mi opinión, es su libro más importante. Una vez entendemos lo que en él quiso expresar, todo cambia. ¡Todo! He aquí su respuesta a la pregunta sobre el objetivo último de la Creación, la Historia, la Redención, tu vida y las demás cosas: "Todo lo que se dice en las Escrituras en relación con el fin último de las obras de Dios se puede resumir en una sola expresión: la gloria de Dios".[2]

Una argumentación absolutamente bíblica

Edwards está seguro de lo que dice porque la Biblia es muy clara en cuanto a este tema. Nuestro pensador dedica casi sesenta páginas[3] a recoger textos de las Escrituras que demuestran que el objetivo de Dios es buscar su propia gloria. Veámoslo en palabras del mismo Edwards:

> *Dios se debe respeto a sí mismo, por ser Él el fin [u objetivo] más elevado en esta obra [de la Creación]; porque Él es digno en sí mismo, pues es*

---

[1] Jonathan Edwards, *The End for Which God Created the World* aparece en su totalidad en John Piper, *God's Passion for His Glory: Living the Vision of Jonathan Edwards* (Wheaton: Crossway, 1998). Las obras completas de Edwards están traducidas al castellano: "Disertación con respecto al fin por el cual Dios creó el mundo", en Paul Ramsey, ed., *Escritos Éticos*, vol. 8, *Las Obras de Jonathan Edwards* (New Haven, Conn.: Yale University Press, 1989), 399-536.

[2] Ibíd., 242.

[3] Ibíd., 183-251.

infinitamente el mayor y el mejor de todos los seres. Todo lo demás, en relación con su dignidad, importancia y excelencia, son menos que nada.[4]

Edwards cita Romanos 11:36: "Porque de Él, y por Él y *para Él* son todas las cosas. A Él sea la gloria para siempre"; Colosenses 1:6: "Todo ha sido creado por medio de Él y *para Él*"; Hebreos 2:10: "Porque convenía que aquel *para quien* son todas las cosas y por quien son todas las cosas, llevando muchos hijos a la gloria, hiciera perfecto por medio de los padecimientos al autor de la salvación de ellos"; y Proverbios 16:4: "El Señor ha hecho todas las cosas *para sí mismo*".[5]

La temática de estos textos – y de muchos más[6] – no es que Dios intenta poner remedio a sus errores, sino que lo que quiere es mostrarnos su perfección. El objetivo de Dios en la Creación es mostrarse a sí mismo. "Los cielos proclaman la gloria de Dios", dice el Salmo 19:1. ¿Quién lo dispuso de esa forma? Dios. Ése es el objetivo que hay detrás de la Creación: darse a conocer como un ser glorioso. Y lo mismo es cierto de la historia de la Redención. Isaías 48:9-11 no solo refleja la liberación que Dios efectúa liberando al pueblo de Israel del exilio, sino todos sus actos de liberación, especialmente el de la cruz:

> *Por amor a mi nombre contengo mi ira, y para mi alabanza la reprimo contigo a fin de no destruirte. He aquí, te he purificado... te he probado en el crisol de la aflicción. Por amor mío, por amor mío lo haré, porque ¿cómo podría ser profanado mi nombre? Mi gloria, pues, no la daré a otro.*

Dios ha diseñado toda la Creación, toda la Redención y toda la Historia para mostrarse a sí mismo. Ése es el objetivo último de la Iglesia.

¿Por qué puse "adoración" donde tenía que haber puesto "gloria de Dios"?

Eso no es lo que escribí en la primera frase de este libro sobre misiones. Allí ponía: "Las misiones no son el objetivo último de la Iglesia.

---

[4] Ibíd., 140 (la cursiva es del original).

[5] La cursiva es mía. En lugar de traducir "para sí mismo", la mayoría de versiones modernas traducen "para su propio fin": "Todas las cosas hechas por el Señor tienen su propio fin [o propósito], aun el impío, para el día del mal". Pero esa traducción no nace necesariamente de un análisis sintáctico del texto, sino de una inferencia contextual. El término hebreo *lamma'anehu* puede traducirse por "para sí mismo".

[6] Algunos de ellos aparecen en el capítulo 1 de este libro.

El objetivo último es la *adoración*." ¿Por qué he sustituido "gloria de Dios" por "adoración"? ¿Por qué no dije "Las misiones no son el objetivo último de la Iglesia. El objetivo último es la *gloria de Dios*"? La respuesta está en que las misiones son necesarias, no porque Dios no sea capaz de mostrar su gloria, sino porque el Hombre no es capaz de saborearla. La Creación declara la gloria de Dios, pero los pueblos la ignoran.

> *Porque desde la Creación del mundo, sus atributos invisibles, su eterno poder y divinidad, se han visto con toda claridad, siendo entendidos por medio de lo creado, de manera que no tienen excusa. Pues aunque conocían a Dios, no le honraron como a Dios ni le dieron gracias.*
>
> *Romanos 1:20-21*

La revelación natural no ha sido suficiente. Los pueblos no honran ni dan gracias a Dios al ver su gloria manifestada en la Naturaleza. No están adorando al Dios verdadero. De ahí que la labor misionera sea necesaria.

Las misiones existen porque no hay *adoración*. La preocupación última de las misiones es que los pueblos del mundo no están honrando la gloria de Dios. Cuando Pablo acusa a su pueblo, por fin dice indignado en Romanos 2:24: "el nombre de Dios es blasfemado entre los gentiles por causa de vosotros". Ése es el problema básico de este mundo. Ése es el agravio principal.

> *El mundo no honra la Gloria de Dios.*
> *El mundo no reverencia la Santidad de Dios.*
> *El mundo no admira la Grandeza de Dios.*
> *El mundo no alaba el Poder de Dios.*
> *El mundo no busca la Verdad de Dios.*
> *El mundo no considera la Sabiduría de Dios.*
> *El mundo no valora la Belleza de Dios.*
> *El mundo no saborea la Bondad de Dios.*
> *El mundo no confía en la Fidelidad de Dios.*
> *El mundo no obedece los mandamientos de Dios.*
> *El mundo no respeta la Justicia de Dios.*
> *El mundo no teme la Ira de Dios.*
> *El mundo no aprecia la Gracia de Dios.*
> *El mundo no estima la presencia de Dios.*
> *El mundo no ama la persona de Dios.*

Los pueblos del mundo ignoran, desobedecen, deshonran y no confían en el glorioso e infinito Creador del Universo, aquel que da aliento y vida a todas las cosas, por el cual y para el cual todas las cosas existen (Hechos 17:25). Ésa es la razón de ser de las misiones.

Ante alguien así, la respuesta adecuada es la adoración. La adoración no es una reunión. La adoración no solo es participar de un tiempo de alabanza o escuchar una predicación. De hecho, la esencia de la adoración no tiene que ver con una acción externa. La adoración es, fundamentalmente, una actitud del corazón que nos lleva a estimar a Dios por encima de todos los tesoros del mundo...

> ... *a valorar a Dios por encima de aquello que consideramos valioso*
> ... *a amar a Dios por encima de todo lo que amamos*
> ... *a saborear a Dios por encima de todo aquello que nos deleita*
> ... *a admirar a Dios por encima de todo lo que admiramos*
> ... *a temer a Dios por encima de todo aquello que tememos*
> ... *a respetar a Dios por encima de todo lo que respetamos*
> ... *a apreciar a Dios por encima de aquello que consideramos precioso*

La adoración: de dentro hacia afuera

Dicho de otro modo, la adoración consiste en un sentimiento de amor que nace del corazón y que está fundamentado en una idea correcta de Dios, y que se materializa en acciones correctas que reflejan a Dios. Así, la adoración nace de dentro y se expresa hacia el exterior, parando por tres etapas que se describen de forma clara en los tres textos siguientes:

- En primer lugar, Mateo 15:8-9: "este pueblo con los labios me honra, pero *su corazón* está muy lejos de mí. mas en vano me rinden culto". Por tanto, si la adoración no nace del corazón, es vana, está vacía; de hecho, *no* es adoración. Eso significa que la esencia de la adoración no es externa. La esencia de la adoración no es la acción, sino el amor que hay en el corazón.
- En segundo lugar, Juan 4:23: "Pero la hora viene, y ahora es, cuando los verdaderos adoradores adorarán al Padre en espíritu y *verdad*; porque ciertamente a los tales el Padre busca que le adoren". El Padre busca una adoración en espíritu *y* verdad: un amor que esté fundamentado en una idea o en un concepto adecuado de Dios.

- En tercer lugar, Mateo 5:16: "Así brille vuestra luz delante de los hombres, para que vean vuestras *buenas acciones* y glorifiquen a vuestro Padre que está en los cielos". Dios quiere que su gloria sea pública, visible. No creó el mundo para que su gloria fuera de incógnito. Tampoco redime a las personas solo para que tengan una experiencia personal e intransferible de su belleza. Su objetivo es que su gloria quede reflejada de forma abierta en las acciones de su pueblo, un pueblo cuyos *pensamientos o idea de Dios* reflejan la verdad de Dios, y cuyo *amor* refleja la valía de Dios. La adoración es ver, saborear y mostrar la gloria de todo lo que Dios es para nosotros en Jesucristo.

El primer y último objetivo de las misiones es que esta adoración exista en medio de todas las naciones del mundo, que en todas ellas pueda verse el reflejo de la grandeza y la gloria de Dios.

No solo más personas, sino personas de todos los pueblos

El objetivo de la obra misionera (a diferencia de la evangelización local donde ya hay Iglesia) es que haya una Iglesia que adore a Dios a través de Jesucristo en todos los pueblos, tribus, lenguas y grupos étnicos del mundo. Este objetivo de las misiones puede verse claramente en el resultado que encontramos en Apocalipsis 5:9. La canción que Cristo oirá en los cielos será: "Digno eres de tomar el libro y abrir sus sellos, porque Tú fuiste inmolado, y con tu sangre compraste para Dios a gente de toda tribu, lengua, pueblo y nación". Jesucristo, el Hijo de Dios, murió para redimir a gente de todos los pueblos, tribus, lenguas y naciones y hacerles adoradores de su Padre. Las misiones existen para establecer en todos los pueblos del mundo comunidades de redimidos que busquen a Cristo y adoren y exalten a Dios.

El deseo de un misionero (a diferencia del objetivo del evangelista) es establecer una comunidad de cristianos en un grupo étnico que no tiene acceso al Evangelio a causa de las barreras lingüísticas o culturales. Pablo fue uno de estos misioneros "pioneros": "Trato de anunciar el Evangelio, no donde Cristo era ya conocido… pero ahora, no quedando ya más lugares para mí en estas regiones… me voy a España" (Romanos 15:20, 23-24).

Por tanto, el gran objetivo y la gran pasión de la obra misionera es honrar la gloria de Dios haciendo que Él ocupe su lugar en el corazón de las personas que ahora piensan, sienten y actúan día a día de una forma que deshonra a Dios, y así crear un pueblo de adoradores formado por personas de todos los pueblos "no alcanzados" del mundo. Si amas la gloria de Dios, no puedes ser indiferente ante la labor de las misiones. Ésta es la razón principal por la que Cristo vino al mundo. Romanos 15:8-9 dice: "Cristo se hizo servidor de la circuncisión... *para que los gentiles glorifiquen a Dios por su misericordia*". Cristo vino para que su Padre fuera glorificado en todas las naciones. Si amas aquello que Cristo vino a hacer, amas la obra misionera.

Compasión por las personas, no solo pasión por Dios

Pero ahora llegamos a la pregunta que este capítulo pretende contestar: ¿qué tiene que ver la compasión por las personas con el deseo de glorificar a Dios? La mayoría de nosotros está de acuerdo en que Jesús no solo vino a vindicar la justicia de Dios y a exaltar la gloria de Dios, sino que también vino a rescatar a los pecadores de la miseria eterna.

Junto a la verdad de que todos somos culpables de traición y hemos deshonrado al Rey, debemos presentar el hecho de que, por tanto, merecemos la ejecución y el castigo eterno. La incredulidad no solo deshonra a Dios, sino que destruye el alma. Todo lo que deshonra a Dios, daña al Hombre. Todo ataque contra la santidad de Dios es un ataque contra la felicidad humana. Cualquier pensamiento, sentimiento o acción que desacredita a Dios o le hace parecer irrelevante aumenta la ruina del Hombre. Todo lo que socava la reputación de Dios incrementa el sufrimiento del Hombre.

Por tanto, la motivación de las misiones no solo es restituir la gloria de Dios, sino también rescatar a los pecadores del dolor eterno. Los que conocen bien a Jonathan Edwards saben que creía en la concreción real de la eternidad y el infierno.

Edwards quería honrar a Dios y rescatar a las personas del infierno

En su sermón más famoso, "Los pecadores en manos de un Dios de ira", Edwards no hablaba como un observador distante y frío, que se dirigía a los perdidos con condescendencia. Era un evangelista apasionado que *rogaba* a los que le escuchaban que recibieran la misericordia entonces que aún era posible. Después de hacer referencia a Apocalipsis 14:20, que habla del "lagar de la furia y la ira del Dios Todopoderoso", dice:

> *Las palabras son terroríficas... "La furia y la ira de Dios". ¡La ferocidad de Dios! ¡La furia de Jehová! ¡Debe de ser insoportable! ¿Quién puede llegar a entender todo lo que estas expresiones implican? ... Escuchad, los que estáis aquí presentes, que aún no habéis sido regenerados... Dios está dispuesto a apiadarse de vosotros; hoy es día de misericordia.[7]*

Edwards no solo creía que el dolor en el infierno sería horrible y consciente, sino que además, sería eterno. Se horrorizaría si supiera que en la actualidad hay tantos que, llamándose evangélicos, han abandonado la enseñanza bíblica de que el infierno será un tormento eterno y consciente, y la han sustituido por la creencia en la aniquilación (Mateo 25:41, 46; Marcos 9:42-48; 2ª Tesalonicenses 1:5-10; Apocalipsis 14:9-11; 20:10, 14-15).[8] En respuesta a los aniquilacionistas de su época, el propio Edwards dijo en una predicación el 2 de abril de 1739: "La miseria de los impíos en el infierno será incuestionablemente eterna". En otro de sus sermones explica que la aniquilación no es la forma de castigo que los incrédulos reciben, sino la liberación que desean y no reciben. "En la eternidad, los impíos desearán ser aniquilados para siempre, dejar de existir, para poder escapar de la ira de Dios".[9] En mi opinión, Edwards está en lo cierto, y deberíamos temblar y aferrarnos a Cristo, nuestra única esperanza.[10]

Por tanto, diré de nuevo que la motivación para la obra misionera no solo nace del deseo de ver la Supremacía de Dios sobre todas las cosas, sino también de la compasión por las personas que se pierden, pues un día todos nosotros también estuvimos en esa situación.

Edwards realizó una serie de quince predicaciones sobre el "capítulo del amor", 1ª Corintios 13 ("La caridad y sus frutos"), y en la cuarta predicación, hablando del versículo 4 ("El amor es paciente, es bondadoso"), dijo: "El espíritu cristiano hace que las personas sean mansas

---

[7] Jonathan Edwards, *Pecadores en manos de un Dios airado* (Editorial Bíblico Dominicano).

[8] Ver mi respuesta al abandono de la enseñanza bíblica en el capítulo 4.

[9] Citado en John Gerstner, *Jonathan Edwards on Heaven and Hell* (Grand Rapids: Baker, 1980), 75.

[10] Encontrará un análisis más extenso del pensamiento de Edwards sobre la justicia del infierno en el capítulo 4, nota 19.

para soportar el mal que reciben de los demás, y que de forma libre y gozosa devuelvan bien por mal".[11] He aquí una de sus aplicaciones:

> *Los hombres pueden hacer bien a las almas de las personas viciosas siendo instrumentos para liberarlas de sus vicios. Pueden hacer bien a las almas de los pecadores seguros e insensibles haciéndoles entender la miseria en la que están inmersos y el peligro que eso supone, y así ser instrumentos para que despierten. Los hombres pueden ser instrumentos para la conversión de otros, para que otros lleguen a Cristo, a su verdadero hogar. En Daniel 12:3 leemos sobre aquellos que guían a muchos a la justicia.1212*

El amor hacia los pecadores y el deseo de hacer con ellos el bien son características básicas del espíritu cristiano. Es el espíritu de Cristo mismo. Marcos 6:34 dice: "[Jesús] vio una gran multitud, y tuvo compasión de ellos, porque eran como ovejas sin pastor; y comenzó a enseñarles muchas cosas". En Lucas 15:20, en la parábola del hijo pródigo, Jesús retrata el corazón de su Padre del mismo modo: "Y levantándose [el hijo], fue a su padre. Y cuando todavía estaba lejos, su padre lo vio, y sintió compasión por él, y corrió, se echó sobre su cuello, y lo besó". "Porque de tal manera amó Dios al mundo, que dio a su Hijo unigénito, para que todo aquel que cree en Él, no se pierda, mas tenga vida eterna" (Juan 3:16). El amor de Dios por los pecadores que se pierden le llevó a pagar un alto precio para rescatarles de la destrucción eterna, y la obra misionera es la extensión de ese amor a los pueblos "no alcanzados" del mundo.

¿Qué tiene que ver la compasión por las personas con la pasión por Dios?

Ésta es la pregunta que estamos intentando contestar: ¿qué relación hay entre nuestra pasión por la Supremacía de Dios – la gloria de Dios, el honor de Dios y de su Hijo en medio de las naciones – y nuestra compasión por los pecadores cuyo fin es la miseria eterna si no oyen el Evangelio y creen? Me pregunto si alguna vez has sentido cierta tensión entre estas dos motivaciones. Yo sí la he sentido. Por eso, esta pregunta

---

[11] Jonathan Edwards, "Charity and Fruits", en *The Works of Jonathan Edwards*, vol. 8, *Ethical Writings*, ed. Paul Ramsey (New Haven: Yale University Press, 1989), 185.

[12] Ibíd Daniel 12:3 dice: "Los entendidos brillarán como el resplandor del firmamento, y los que guiaron a muchos a la justicia, como las estrellas, por siempre jamás".

es tan importante para mí. Yo quiero vivir completamente entregado a la evangelización del mundo, y quiero que esa entrega nazca de la motivación de exaltar a Dios y amar a las personas. Pero en muchas ocasiones estas dos motivaciones no parecen emocionalmente compatibles. ¿O sí lo son? ¿Nos da Jonathan Edwards la clave para descifrar esta incógnita? Intentaré desarrollar la respuesta en cinco pasos:

1. *La compasión persigue el rescate de los pecadores que se pierden.* La compasión nos mueve a trabajar para rescatar a los incrédulos de la ira venidera de Dios en el infierno (1ª Tesalonicenses 1:10). Todos los seres humanos tienen el mismo problema, desde los más pobres hasta los más ricos, desde los más enfermos hasta los más sanos: ¿cómo escapar de la ira de Dios que recae sobre todos nosotros a causa de nuestro pecado? El amor nos impulsa a trabajar para rescatar a las personas de la ira de Dios.

2. *El temor al infierno por sí mismo no salva a nadie.* Edwards nunca se cansó de advertir a la gente de la ira venidera.[13] Pero sabía que el simple temor a las consecuencias del pecado no es igual al temor que lleva a la salvación. Las personas que aman el pecado también temen, y a veces incluso lloran por las consecuencias del pecado.[14] Odiar el dolor es algo natural. Odiar el pecado es sobrenatural. Amar el pecado es algo natural, y amar a Cristo, sobrenatural.

Eso significa que aunque el miedo puede hacer que la Humanidad se acerque al Cielo, no puede hacer que *entre* en el Cielo. La fe que salva supone recibir a Cristo como un tesoro preciado, no solo como una vía para librarse del dolor. No es posible tener fe en Cristo solo como Aquel que nos rescata del infierno. Una fe así no salva a nadie. Jesús dijo: "Yo soy el pan de vida; el que viene a mí no tendrá hambre, y el que cree en mí nunca tendrá sed" (Juan 6:35). La fe que salva consiste en acercarse a Jesús para saciar la sed del alma, para encontrar en Él la satisfacción que buscamos y anhelamos.[15]

Hasta que tu alma no anhele a Cristo como el pan de vida y el agua viva, usarás a Cristo para aquello que tu alma anhela. Mucha gente que

---

[13] Gerstner, *Jonathan Edwards on Heaven and Hell.* Ver la página 51, donde aparece un sermón en el que comenta cuán a menudo advertía a sus oyentes de los peligros del infierno.

[14] Véase el contraste en 2ª Corintios 7:10 entre "la tristeza conforme a la voluntad de Dios" y la "tristeza del mundo": "Porque la tristeza que es conforme a la voluntad de Dios produce un arrepentimiento que conduce a la salvación, sin dejar pesar; y la tristeza del mundo produce muerte".

[15] Encontrará una exposición más extensa de esta afirmación en John Piper, *The Purifying Power of Living by Faith in FUTURE GRACE* (Sisters, Ore.: Multnomah, 1995).

dice que tiene fe simplemente usa a Cristo para conseguir lo que quiere, que no es Cristo mismo, sino los regalos que Él ofrece (escapar del infierno, paz, sanidad, un buen matrimonio, una vida social, etc.). Somos salvos cuando nos acercamos a Cristo no solo como nuestro libertador, sino como nuestro tesoro más preciado, cuando nos acercamos por todo lo que Dios es para nosotros en Jesús. Pruébate a ti mismo: ¿Querrías ir a Cielo si Cristo no estuviera allí? ¿Qué es lo que tiene valor para ti? ¿Jesús, o los regalos que ofrece?

3. *Por tanto, la compasión no solo debe servir para advertir a las personas del sufrimiento que habrá en el infierno, sino que también debe servir para que se sientan atraídas por el placer de conocer a Cristo.* La única forma de llegar al Cielo es querer estar con Cristo y confiar en la obra que Él ha hecho para poder entrar en la morada que nos está preparando. Así que no estaríamos siendo compasivos si solo habláramos del infierno. Debemos mostrar a la gente la belleza de Cristo. La compasión no solo avisa a la gente, sino que la corteja. El objetivo de la compasión no solo es que las personas tengan miedo del infierno, sino que tengan el deseo de estar con Cristo. Nadie va al Cielo si no ama a Cristo. Pablo dijo: "Si alguno no ama al Señor, que sea maldito" (1ª Corintios 16:22). La compasión persigue, por medio de la oración, la predicación y el servicio en el poder del Espíritu Santo, que las almas se gocen en Cristo y en lo que Él es. En última instancia, la compasión produce satisfacción en Cristo. De hecho, la fe que salva no es más (ni menos) que encontrar satisfacción en todo lo que Dios es para nosotros en Jesús.

4. *Jonathan Edwards nos da la clave: esa satisfacción en Cristo es, precisamente, lo que honra y glorifica a Dios.* La relación entre la pasión por la gloria de Dios y la compasión por los perdidos es posible porque cuando nos gozamos en Dios, por medio de Cristo, estamos glorificando a Dios. El gozo que encuentras en Dios habla del valor que Él tiene para ti. Él es importante para ti y hablas de su grandeza cuando encuentras gozo en Él, especialmente cuando el atractivo de su gozo te lleva a dejar la comodidad y dedicar tu vida a la causa de las misiones. Éste es el párrafo clave de Edwards en cuanto a este tema:

Así que Dios también se glorifica en las criaturas de dos formas: 1. Revelándose al... entendimiento de ellas. 2. Llegando a sus corazones, y haciendo así que las criaturas disfruten, se gocen y se deleiten en las manifestaciones que Él hace de sí mismo... Dios se glorifica no solo cuando vemos su gloria, sino cuando nos gozamos en ella. *Cuando aquellos que ven la gloria de*

Dios se deleitan en ella, Dios se glorifica más que si solo la vieran. Entonces, su gloria llega a toda el alma, tanto al entendimiento como al corazón. Dios creó el mundo para poder comunicar su gloria, y para que ésta llegue a la criatura; y para que le llegue tanto a la mente como al corazón. Aquel que testifica del concepto de la gloria de Dios [no] glorifica a Dios tanto como aquel que también testifica de su amor por esa gloria, y de su gozo en ella[16]

A mí me gusta expresarlo de este modo: "Dios se glorifica más en nosotros cuanto más satisfechos estamos en Él".[17]

En esta profunda reflexión de Jonathan Edwards sobre el propósito de Dios en la Creación y la Redención, vemos la unidad que hay entre las dos motivaciones de las que estamos hablando en este capítulo:

5. *El objetivo de rescatar a los pecadores del dolor eterno y el objetivo de glorificar a Dios no están en conflicto.* Los pecadores escapan del infierno y honran a Dios con el mismo acto: amando todo lo que Dios es para ellos en Cristo, encontrando satisfacción en todo lo que Dios es para ellos en Cristo. Si el Hombre no hace de Cristo su tesoro, no logrará librarse de ese dolor interno y profundo, y Dios tampoco recibirá la honra que merece. Pero si, por la misericordia de Dios, Cristo se convierte en el tesoro de las naciones y Dios se convierte en su deleite, entonces Dios recibe la honra y el Hombre, la salvación.

Y ése es el objetivo de las misiones. Por tanto, las dos motivaciones que nos llevan a trabajar en la obra misionera, misericordia para los hombres y gloria para Dios, se funden de forma coherente en una sola motivación (podríamos llamarla "motivación doble"). Así que tomemos nuestra cruz y, por el gozo puesto delante de nosotros, estemos dispuestos a entregar nuestras vidas para que las naciones se alegren en Dios.

Te den gracias los pueblos, oh Dios,
todos los pueblos te den gracias.
Alégrense y canten con júbilo las naciones.

Salmo 67:3-4

---

[16] Jonathan Edwards, *The "Miscellanies"*, en *The Works of Jonathan Edwards*, vol. 13, ed. Thomas Schafer (New Haven: Yale University Press, 1994), 495. La cursiva es mía.

[17] Encontrará una explicación de esta declaración en las dos obras de John Piper, *Sed de Dios: meditaciones de un hedonista cristiano* (Viladecavalls, Barcelona: Andamio, 2001); y en *Los peligros del deleite*, Unilit, 2003.

7
Adoración:
sencillez interior y libertad de expresión

Escribo este capítulo final[18] para aclarar las dos primeras afirmaciones del capítulo 1: "Las misiones no son el objetivo último de la Iglesia. El objetivo último es la adoración." Quiero aclarar lo que yo entiendo por "adoración", para que nadie piense que solo me refiero a las reuniones de alabanza o (muchos menos) a la parte de la reunión en que se cantan alabanzas e himnos. A mí me encantan esos momentos, y los disfruto porque me encuentro con Dios. Pero decir que las misiones solo existen para *eso* está muy lejos de lo que yo he querido transmitir. Cuando hablo de que la adoración es el objetivo último de las misiones me refiero a algo mucho más radical que se apodera de nuestra alma y abarca todos los ámbitos de nuestra vida.

Indiferencia ante las formas externas

Mi tesis es que la adoración en el Nuevo Testamento se convirtió en algo radicalmente sencillo e interno, que luego se expresaba de formas muy diversas en la vida cotidiana y en la liturgia. Lo creo así porque en el Nuevo Testamento encontramos una visión de la obra misionera que sirve para cualquier cultura y, por tanto, no podía estar cargada de expresiones externas concretas. Incluso me atrevería a decir (aunque imagino que no todos los lectores se alegrarán tanto como yo) que esta simplificación e interiorización radical va en la línea de la tradición reformada. Es decir, que el Nuevo Testamento es altamente indiferente an-

---

[18] Este capítulo es la adaptación de un material publicado en John Piper, *Brothers, We Are Not Professionals* (Nashville: Broadman & Colman, 2002), cap. 28.

te la idea de adoración como expresión externa, y nos quiere enseñar que la adoración es una experiencia del corazón, una experiencia interna.

En el Nuevo Testamento hay poca enseñanza explícita sobre la adoración colectiva

Empecemos con un dato llamativo: las epístolas del Nuevo Testamento contienen muy poca instrucción explícita sobre la adoración colectiva, sobre lo que nosotros llamamos un culto de alabanza. Aunque eso no quiere decir que no hubiera encuentros de adoración. En 1ª Corintios 14:23 se habla de la ocasión en que "toda la Iglesia se reúne", en Hechos 2:46 se explica que los primeros cristianos "acudían unánimes al templo y partían el pan en los hogares", y en Hebreos 10:15 se exhorta a los creyentes a "no dejar de congregarse". Pero no son muchas citas, y lo más sorprendente es que incluso cuando se habla de estas reuniones o encuentros, en ningún momento los apóstoles usan el término "adoración".

Pero vamos a verlo con más detenimiento. En el Antiguo Testamento, la palabra más común para "adoración" es la palabra hebrea *hishtahavah* (o sus derivados). El significado básico de esa palabra es "arrodillarse" o "postrarse", en el sentido de reverencia, respeto y honor. Aparece en 171 ocasiones. En el Antiguo Testamento griego, de esas 171 ocasiones, 164 se traducen por el término griego *proskyneo*. Y *proskyneo* es la palabra más común para hablar de la "adoración" en el Nuevo Testamento griego. No obstante, si observamos el uso que se hace de dicho término en el Nuevo Testamento, nos daremos cuenta de un dato sorprendente.[19] Nuestra palabra aparece bastante en los Evangelios (en 26

---

[19] Heinrich Greeven en *Theological Dictionary of the New Testament*, ed. Gerhard Friedrich, vol. 6 (Grand Rapids: Eerdmans, 1968), 765, observa el "dato sorprendente" de que si bien *proskyneo* aparece de forma abundante en los Evangelios (veintiséis veces), Hechos (cuatro veces) y Apocalipsis (veintiuna veces), apenas aparece en las epístolas (Hebreos 1:6 y 11:21 son citas del Antiguo Testamento). Aparte de Hechos 24:11, donde *proskynein* es un término técnico para referirse a la adoración en el templo, el único ejemplo en el que *proskynesis* se usa en relación con la comunidad de los primeros cristianos es 1ª Corintios 14:25, donde se está hablando de la acción física de postrarse. En otros lugares encontramos referencias a orar de rodillas (Hechos 9:40; 20:36) y a levantar las manos (1ª Timoteo 2:8), pero en ninguno de esos momentos se usa la palabra *proskynein*. Greeven concluye: "Esto es una prueba más de que estamos ante un término muy concreto. El uso de *proskynesis* implica que es necesaria una majestad visible. El Hijo de Dios era visible para los que vivieron cuando Él habitó en la Tierra (Evangelios) y el Señor exaltado será visible para los suyos cuando la fe dé paso a la vista (Apocalipsis)".

ocasiones), donde se usa para describir a la gente que se postraba ante Jesús en actitud de adoración, y también en el libro del Apocalipsis (en 21 ocasiones), donde vemos a los ángeles y a los ancianos arrodillarse delante de Dios. Pero en las epístolas de Pablo solo aparece una vez, en 1ª Corintios 14:25, y aparece para explicar que cuando el incrédulo ve el poder de la profecía, se postra y confiesa a Dios en medio de la asamblea. Y en las epístolas de Pedro, Santiago y Juan no aparece ni una sola vez.

Lo queramos o no, es un hecho. La palabra que se usa en el Antiguo Testamento para referirse a la adoración apenas aparece en las epístolas del Nuevo Testamento.[20] ¿Por qué? ¿Por qué esas epístolas que fueron diseñadas para ayudar a la Iglesia a ser lo que debería ser en estos últimos tiempos apenas contienen esta palabra, ni ninguna enseñanza explícita sobre la adoración colectiva?

Jesús es el nuevo "lugar" de adoración

Creo que encontraremos la respuesta en el modo en que Jesús trató la adoración, tanto en su vida como en su enseñanza. Su instrucción principal la encontramos en Juan 4:20-24. Pero antes de analizar ese texto, vamos a considerar otras de sus enseñanzas. Por ejemplo, su actitud hacia el templo, el lugar principal de la adoración judía, no fue la que los líderes judíos pensaban que debía ser.

Cuando sacó a los mercaderes del templo, explicó que no lo había hecho para que los sacrificios pudieran realizarse como era debido, sino para que se pudiera orar. De hecho, para que gente de *todas las naciones* pudiera orar. "mi casa será llamada casa de oración para todas las naciones" (Marcos 11:17). Dicho de otro modo, en lugar de dar importancia a los actos externos de la tradición judía, Jesús estaba haciendo hincapié en la comunión personal con Dios, una comunión disponible para personas de todas las naciones.

También hizo otras dos afirmaciones sobre el templo que modificarían de forma radical la comprensión que había de la adoración. "Algo mayor que el templo está aquí" (Mateo 12:6) y "Destruid este templo, y en tres días lo levantaré" (Juan 2:19). Esa actitud ante el templo hizo que le mataran no solo a Él (Marcos 14:58; 15:29), sino también a Esteban (Hechos 6:14). Así de importante era esa enseñanza.

---

[20] Ver la nota 2, donde se citan las aparentes excepciones de Hebreos.

Jesús se identificó con el templo verdadero. "Algo mayor que el templo está aquí". En Él se iba a cumplir todo aquello que el templo representaba, en especial el "lugar" en el que los creyentes se encontraban con Dios. Él dejó a un lado la definición de adoración como una actividad ubicada en un lugar concreto, y que estaba caracterizada por una expresión externa concreta. Jesús nos habló de una experiencia espiritual y personal en la que Él era el centro. Para la adoración no es necesario contar con un edificio, un sacerdote o un sistema de ritos o sacrificios. Solo necesitamos al Jesús resucitado.

Jesús aclara que la adoración no tiene un lugar ni unas formas concretas

Si nos fijamos en la actitud que tiene ante el templo, ese concepto de adoración que Jesús transmite se hará explícito en Juan 4:20-24. En este texto usa la palabra *proskyneo*, la más usada en el Antiguo Testamento para referirse a la adoración, y explica que hace referencia a algo externo y a una ubicación concreta. ¡Pero Él transforma ese término y establece que la adoración es algo interno y que no precisa de un lugar específico!

La mujer samaritana dijo:

> *Nuestros padres adoraron en este monte, y vosotros decís que en Jerusalén está el lugar donde se debe adorar. [La palabra que aquí se usa para "adorar" es el término veterotestamentario* proskyneo. *Véase el énfasis que ella hace en la ubicación.] Jesús le dijo: Mujer, créeme; la hora viene cuando ni en este monte ni en Jerusalén adoraréis al Padre.*
>
> *Juan 4:20-21*

Aquí Jesús anula las connotaciones de lugar y de forma que hasta ahora se asociaban con la adoración. El lugar o ubicación no es una cuestión importante: "ni en este monte ni en Jerusalén". Y sigue diciendo:

> *Pero la hora viene, y ahora es, cuando los verdaderos adoradores adorarán al Padre en espíritu y en verdad; porque ciertamente a los tales el Padre busca que le adoren. Dios es espíritu, y los que le adoran deben adorarle en espíritu y verdad.*
>
> *Juan 4:23-24*

La clave de su enseñanza es ésta: La verdadera adoración, que según la profecía llegaría con el nuevo siglo, ¡ya ha llegado!: "La hora *viene* [en la era venidera] y ya está aquí [¡en mí]". Lo que caracteriza a esta verdadera adoración futura, que desde la gloriosa era venidera ya ha irrumpido en el presente, es que ya no está ligada a un lugar concreto o a unas formas externas. En lugar de ser en este monte o en Jerusalén, es "en espíritu y verdad".[21]

Jesús despoja el término *proskyneo* de sus últimos vestigios físicos.[22] No es malo que la adoración se realice en un lugar concreto o haga uso de unas formas externas concretas, pero Jesús deja claro que eso no es lo que hace que la adoración sea adoración. La adoración es adoración si se hace "en espíritu y verdad" (independientemente del lugar donde se realice e independientemente de si hay o no hay una expresión externa).

Pero, ¿qué significan las expresiones "en espíritu" y "en verdad"?

Yo entiendo que "en espíritu" significa que el Espíritu Santo es quien nos lleva a esa adoración, y que ésta tiene lugar principalmente como un acontecimiento espiritual e interno (no tanto como una expresión externa). Y entiendo que "en verdad" significa que esa adoración verdadera es una respuesta a una correcta visión de Dios, visión que a su vez va dando forma y guiando dicha adoración.[23]

Vemos que Jesús acaba con la asociación que había entre la adoración, y el lugar y las formas externas. La adoración tiene que ver con la actitud, y no tiene nada que ver con el lugar en que se realiza. A eso se refería Jesús cuando dijo: "este pueblo con los labios me honra, pero su corazón está muy lejos de mí. Mas en vano me rinden culto" (Mateo 15:8-9). Cuando el corazón está lejos de Dios, no puede haber adoración:

---

[21] En la línea de lo que vimos en la nota 2, Heinrich Greeven comenta que "si en lugar de dar el nombre del lugar en el que los peregrinos debían adorar, Jesús dice que el verdadero lugar de adoración es en espíritu y en verdad, estamos ante un oxímoron. Hasta ahora, la pureza del término *proskynein* estaba asociada a la observancia del lugar y el formato establecidos; pero ahora, pasa a tener una nueva dimensión: 'en espíritu y verdad'". *Theological Dictionary of the New Testament*, 6:764.

[22] Soy consciente de que Jesús no usó el griego para comunicarse con la mujer samaritana; por lo tanto, es probable que no usara la palabra *proskyneo*. Pero entiendo que la traducción de Juan refleja con fidelidad lo que Jesús quería transmitir.

[23] Ver John Piper, *Sed de Dios: meditaciones de un hedonista cristiano* (Viladecavalls, Barcelona: Andamio, 2001), 73-107, donde encontrará una explicación más amplia sobre el contexto de Juan 4 y la relación que tiene con la adoración en espíritu y verdad.

cualquier intento de adoración es vano, vacío. La experiencia del corazón es la esencia indispensable y vital de la adoración.

¿Por qué se boicotea el término tan usado en el Antiguo Testamento?

Volvamos a la pregunta que nos estábamos haciendo: ¿por qué cuando Pedro, Juan, Santiago y Pablo escriben a las iglesias boicotean el término *proskyneo*, que tanto se usa en el Antiguo Testamento?[24] En mi opinión, lo que ocurre es que esa palabra no recogía de forma suficientemente clara la naturaleza espiritual e interna de la verdadera adoración. Era una palabra que se asociaba más con la forma y con el lugar en el que se realizaba la adoración, es decir, con la acción de postrarse y con la presencia de una manifestación visible ante la cual uno debía postrarse.

En los Evangelios, la palabra *proskyneo* se usa con mucha frecuencia porque contaban con la presencia *visible y física* de Jesús. En el libro del Apocalipsis, cuando los adoradores se postran o arrodillan, normalmente lo hacen ante algo físico, ya sea la manifestación de Dios en los cielos, o los falsos dioses en la Tierra. Por eso, la palabra *proskyneo* se usa mucho en el último libro de las Escrituras. Pero en las epístolas ocurre algo diferente. Jesús ya no está en medio de ellos de forma física; ya no pueden arrodillarse ante alguien *visible*. Como resultado, la tendencia de la Iglesia primitiva fue ver la adoración como algo interno, espiritual, y que podían realizar en cualquier lugar.

Lenguaje que confirma que la adoración no tiene un lugar ni unas formas concretas

Para confirmar que el Nuevo Testamento presenta una adoración libre de unas formas externas y una ubicación concreta, veremos lo que Pablo hace con otras palabras del Antiguo Testamento relacionadas con la adoración. Por ejemplo, después de *proskyneo*, la siguiente palabra

---

[24] Existe otra palabra que también se usaba bastante para referirse a la adoración: *sebomai*. En los Evangelios aparece dos veces ("En vano me rinden culto [o adoran]" [Mateo 15:9 = Marcos 7:7]), y ocho veces en Hechos (en casi todas las ocasiones hace referencia a los gentiles que eran temerosos de Dios, menos en una, en la que se habla de la adoración a una diosa pagana [Hechos 19:27]).

que más se usa para hablar de la adoración en el Antiguo Testamento griego es *latreuo* [25] (aparece en más de noventa ocasiones, casi siempre como traducción del término hebreo *'abad*), que se suele traducir por "servir", como en Éxodo 23:24: "No adorarás sus dioses, ni los servirás [*latreuses*]".

Cuando Pablo usa esta palabra para referirse a la adoración cristiana, se esfuerza para que sus lectores entiendan que no está hablando de una adoración localizada y de formas externas, sino de una experiencia espiritual. De hecho, para él la adoración que nace de un espíritu adecuado es una experiencia constante, un estilo de vida. Por ejemplo, en Romanos 1:9, dice: "Pues Dios, a quien *sirvo* [o adoro, *latreuo*] en mi espíritu en la predicación del evangelio de su Hijo". En Filipenses 3:3, Pablo dice que los verdaderos cristianos "adoramos *en el Espíritu de Dios*... no poniendo la confianza en la carne". Y en Romanos 12:1, Pablo ruega a los cristianos que "presenten sus cuerpos como sacrificio vivo y santo, aceptable a Dios, que es vuestro culto racional [o vuestra adoración *espiritual*, NVI]".

Vemos que cuando Pablo usa palabras que en el Antiguo Testamento se usaban para referirse a la adoración, hace todo lo posible para que sus lectores entiendan que lo que él tiene en mente es una experiencia espiritual e interna. Y es por eso que para él, la vida y el ministerio son una expresión de esa adoración interna.

Podemos encontrar la misma idea en el uso que el Nuevo Testamento hace del vocabulario veterotestamentario referente a los sacrificios del templo y al servicio sacerdotal. En Hebreos 13:15 se dice que la alabanza que sale de los labios es un sacrificio a Dios. Pero el versículo siguiente aclara que también lo son las buenas obras del día a día. Pablo describe su ministerio como un "culto [de adoración]", a sí mismo como el sacerdote, y a los conversos como "una ofrenda aceptable [en adoración]" a Dios (Romanos 15:16; ver también Filipenses 2:17). También vemos que en Filipenses 4:18, hablando de la ofrenda que le envían las iglesias, la describe como "fragante aroma, sacrificio aceptable, agradable a Dios [en adoración]". Incluso morir por Cristo iba a ser una "ofrenda de libación" a Dios (2ª Timoteo 4:6).[26]

---

[25] *Latreuo* es el verbo. El sustantivo es *latreia*, y en el Antiguo Testamento en griego se usa en cinco ocasiones para traducir el sustantivo hebreo *abodah*. Pablo usa el sustantivo en dos ocasiones, una para referirse a la adoración en el Antiguo Testamento (Romanos 9:4), y otra para hablar de la vida cristiana (Romanos 12:1).

[26] Encontramos la misma fuerza en el simbolismo del pueblo de Dios (el cuerpo de Cristo) como el "templo" del Nuevo Testamento, donde se ofrecen sacrificios espirituales (1ª Pedro 2:5), donde Dios habita por su Espíritu (Efesios 2:21-22), y donde el pueblo

Cuando la adoración es interna se nota en todas las dimensiones visibles de la vida

En el Nuevo Testamento, la adoración deja de ser un acto externo, localizado e institucionalizado. El énfasis ya no está en la ceremonia, ni en la fecha de la festividad, ni en el lugar, ni en las formas; la adoración tiene lugar en el corazón, no solo el domingo, sino cada día de la semana, en todo momento, y en todos los ámbitos de la vida.

Ése es el mensaje de textos como los siguiente: "Entonces, ya sea que comáis, que bebáis, o que hagáis cualquier otra cosa, hacedlo todo para la gloria de Dios" (1ª Corintios 10:31). Y "Todo lo que hacéis, de palabra o de hecho, hacedlo todo en el nombre del Señor Jesús, dando gracias por medio de Él a Dios el Padre" (Colosenses 3:17). Ésa es la esencia de la adoración: vivir de tal forma que refleje cuánto valoramos la gloria de Dios. Y lo curioso es que en estas enseñanzas sobre la adoración no encontramos ninguna referencia a los cultos de adoración. Estas enseñanzas no describen un momento concreto, sino que describen *la vida de adoración*.

Incluso cuando Pablo habla de "ser llenos del Espíritu, hablando entre vosotros con salmos, himnos y cantos espirituales, cantando y alabando con vuestro corazón al Señor; dando siempre gracias por todo, en el nombre de nuestro Señor Jesucristo, a Dios, el Padre" (Efesios 5:18-20), no hace referencia a un momento ni a un lugar concreto (es decir, no está hablando de un culto o reunión). De hecho, las palabras clave de esta enseñanza son "siempre" y "por todo" ("dando *siempre* gracias *por todo*" (cf. Colosenses 3:16). Es verdad que eso es lo que hacemos en nuestros cultos o reuniones de adoración, pero lo que Pablo busca con esas palabras es llamarnos a una adoración auténtica, que nazca en nuestro interior y se haga evidente en todos los ámbitos de la vida, en nuestros pensamientos, en nuestras palabras, en nuestras actitudes, en nuestros actos. La clave de la adoración no está en el lugar o las formas externas. Dios quiere adoradores que le adoren en espíritu y en verdad.

---

escogido, formado por personas de todas las naciones, es nación santa y real sacerdocio (1ª Pedro 2:5, 9). En 2ª Corintios 6:16 vemos que la esperanza del nuevo pacto de que Dios estaría en medio de su pueblo se cumple ahora en medio de su Iglesia universal (no en un culto de alabanza concreto): "Nosotros somos el templo del Dios vivo, como Dios dijo: habitaré en ellos, y andaré entre ellos. y seré su dios, y ellos serán mi pueblo".

El impulso reformado y puritano

Esta verdad es la que embelesó y dio forma a la tradición reformada, especialmente a los puritanos y sus herederos. La adoración vuelve a estar centrada en la experiencia del corazón, libre de las formas o la ubicación. En los escritos de Juan Calvino encontramos que la adoración está libre de las formas tradicionales:

> *Mas como [el maestro] no quiso prescribir en particular lo que debemos seguir en la disciplina y las ceremonias, porque sabía muy bien que esto depende de la condición de los tiempos, y que una sola forma no les conviene a todos ... Como no dejó expresa ninguna cosa, por no tratarse de algo necesario para nuestra salvación, y porque deben adaptarse diversamente para edificación de la Iglesia conforme a las costumbres de cada nación, conviene, según lo exigiere la utilidad de la Iglesia, cambiar y abolir las ya pasadas, y ordenar otras nuevas. Admito que no debemos apresurarnos a hacer otras temerariamente a cada paso y sin motivo serio. La caridad decidirá perfectamente lo que perjudica y lo que edifica; si permitimos que ella gobierne, todo irá bien*[27]

Y Lutero recoge que la adoración tampoco se limita a un lugar específico: "La adoración a Dios... debería realizarse de forma libre cuando uno está a la mesa, en su habitación, en el piso de arriba, en el de abajo, cuando uno está en casa, o en el extranjero, en todos los lugares en el que uno esté; y la pueden practicar personas de todas las nacionalidades, y en todo momento. El que te diga lo contrario está mintiendo tanto como el papa o el mismo diablo".[28] Los puritanos llevaron a cabo la simplificación y la libertad de la adoración en la música, la liturgia y la arquitectura. Patrick Collinson resume la teoría y la práctica puritana diciendo que "la vida del puritano era, en un sentido, un acto continuo de adoración, que se sostenía por la confianza en los propósitos providenciales de Dios, y se renueva constantemente por la actividad religiosa, tanto personal, pública, como la realizada en el hogar".[29] Una de las razones por las que los puritanos llamaban a sus iglesias "casas de reunión" y las equipaban de forma muy simple era

---

[27] Juan Calvino, *Institución de la Religión Cristiana*, vol. 2 (Rijswijk: FELIRé, 1981), IV, X, 30, 953.

[28] Citado en Ewald M. Plass, ed., *What Luther Says*, vol. 3 (St. Louis: Concordia, 1959), 1546.

[29] Citado en Leland Ryken, *Worldly Saints: The Puritans as They Really Were* (Grand Rapids: Zondervan, 1986), 116.

para desviar la atención del lugar físico en el que adoraban, y así hacer un énfasis mayor en la naturaleza espiritual e interna de la adoración a través de la Palabra.

La adoración como experiencia interna y espiritual

Por todo lo dicho, concluiremos que en el Nuevo Testamento hay una gran indiferencia ante las formas externas y el lugar de adoración. Por otro lado, se intensifica de forma radical la dimensión interna y espiritual de la adoración. De hecho, la adoración es básicamente eso, interna y espiritual, no tiene barreras y abarca todas las facetas de la vida. La Reforma quiso recuperar estos énfasis neotestamentarios, y ese mismo deseo fue el que caracterizó a los puritanos de la tradición reformada. Una de las razones por las que podemos ver este desarrollo en el Nuevo Testamento es que éste no es un manual de cultos de adoración. En el Nuevo Testamento encontramos una visión de la obra misionera que se extiende a miles de grupos étnicos por todo el mundo. Las formas externas de adoración de esos grupos diferirán de forma drástica, pero todas tendrán algo en común: la realidad interior de tener a Cristo como su mayor tesoro o, lo que es lo mismo, la adoración en espíritu y en verdad.

¿Cuál es la esencia de esta experiencia de adoración radical e interna?

Llegado este punto, es necesario que contestemos la siguiente pregunta: ¿Cuál es la esencia de esta experiencia unificadora, auténtica, radical e interna llamada adoración? ¿Y de qué forma se expresa en las reuniones congregacionales y en el día a día? Para responder, creo que no hay que andarse por las ramas. En mi opinión, el requisito indispensable y esencial es que el que adora debe *estar satisfecho en Dios*. Y la razón por la que esa adoración se extiende a todos los ámbitos de la vida es que toda la conducta cristiana se ve movida por una sed de ir hacia una mayor satisfacción en Dios.

Dicho de otro modo, la razón básica por la que el apóstol Pablo apenas distingue entre la adoración colectiva y la adoración como estilo de vida es porque están unidas por una misma raíz: una devoción radical por Dios en Cristo, y una creciente sed de Él. La motivación para cantar un himno y la motivación para visitar a un preso es la misma: el contentamiento en Dios, que es increíblemente liberador, y una gran sed de Él, es decir, un deseo infinito de estar cada vez más satisfecho en Él.

Llevo años escribiendo sobre estos temas, desarrollándolos y defendiéndolos bíblicamente, sobre todo en mis libros *Sed de Dios*,[30] *Future Grace*,[31] *The Pleasures of God*[32] y *God's Passion for His Glory*.[33] Por tanto, aquí tan solo ofreceré una breve explicación para dejar constancia de la raíz bíblica de mi tesis, tan importante para la realización de la labor misionera.

Empezaré hablando de Dios. La raíz de nuestra sed de Dios está en esa exuberancia infinita de Dios por sí mismo. La raíz de la búsqueda de satisfacción en la gloria de Dios está en el celo de Dios por que su pueblo conozca y comparta la satisfacción que Él encuentra en su propia gloria. Dios preserva y despliega su gloria en todo lo que hace desde la Creación hasta la consumación. Y lo hace porque ama y se satisface en su propia gloria (como vimos en los capítulos 1 y 6). Dios ha planeado que el propósito de la predestinación (Efesios 1:4-6), la Creación (Isaías 43:6-7), la encarnación (Romanos 15:8-9), la propiciación (Romanos 3:25-26), la santificación (Filipenses 1:10-11) y la consumación (2ª Tesalonicenses 1:10) sea magnificar su propia gloria en el mundo.

Dicho de otro modo, como Dios encuentra una satisfacción tan plena en su propia gloria, dedica todas sus energías a mostrarla. La creación del Universo, la historia de la Redención y la consumación de todas las cosas tienen lugar, en última instancia, gracias a esa pasión que hay en el corazón de Dios por exaltar su propia gloria y por darla a conocer a todas las naciones para que éstas la alaben.

Decimos que debido a esa satisfacción de Dios en su propia gloria, el objetivo de todo lo que Él hace es mostrar esa gloria. Pero entonces, ¿esa satisfacción en sí mismo no es la raíz de nuestra satisfacción en Él? Pero plantearlo así no es muy esclarecedor. Las preguntas que nos ayudarán a dar con el *quid* de la cuestión son las siguientes: ¿Por qué

---

[30] Ver nota 6.

[31] [Gracia futura]; John Piper, *The Purifying Power of Living by Faith in FUTURE GRACE* (Sisters, Ore.: Multnomah, 1995).

[32] [Los placeres de Dios]; John Piper, *The Pleasures of God: Meditations on God's Delight in Being God* (Sisters, Ore.: Multnomah, 2000).

[33] [La pasión de Dios por su propia gloria]; John Piper, *God's Passion for His Glory: Living the Vision of Jonathan Edwards* (Wheaton: Crossway, 1998).

podemos decir que Dios nos está mostrando su amor cuando se exalta a sí mismo? ¿Y por qué, si nosotros también participamos de su satisfacción en sí mismo, es ésa la esencia de la adoración?

C. S. Lewis me ayudó a ver lo que era obvio

Pude responder a la primera pregunta – ¿Por qué podemos decir que Dios nos está mostrando su amor cuando se exalta a sí mismo? – gracias a la ayuda de C. S. Lewis. Cuando estaba reflexionando sobre lo que Pablo explica en Efesios 1:6, 12 y 14, que Dios nos da todas esas bendiciones espirituales para que podamos alabar su gloria, descubrí que al principio de su vida con Cristo, a Lewis le contrariaban aquellos mandamientos en los que Dios nos llamaba a adorarle. Le resultaban extraños, pues parecían nacer de la vanidad.

Pero con el tiempo descubrió que aquella actitud no nacía de la vanidad, sino de una profunda muestra de amor. Leamos su comentario, sumamente revelador:

> Había pasado por alto... el hecho más obvio sobre la alabanza... Nunca me había percatado de que el gozo pleno lleva, de forma espontánea, a la alabanza. ... El mundo está lleno de actos de alabanza: los amantes alaban a sus amadas, los lectores alaban a su poeta favorito, los excursionistas alaban la Naturaleza, los deportistas alaban su deporte favorito; alabamos el buen tiempo, el buen vino, la buena comida, a nuestros actores favoritos; alabamos a los caballos, a los personajes históricos, a los niños; alabamos los centros de estudios prestigiosos, las flores, las montañas, los sellos difíciles de encontrar, a los insectos poco comunes; alabamos incluso a los políticos y a los académicos. ...
>
> Creo que nos gusta alabar aquello que disfrutamos, porque la alabanza no solo expresa sino que completa nuestro disfrute... Los amantes no se lanzan piropos solo para que el otro los escuche; el deleite no es completo hasta que lo expresamos.[34]

Dicho de otro modo, la alabanza genuina, de corazón, no es algo que se añade de forma artificial al gozo. Es la consumación del gozo. El gozo en algo bello o algo valioso no está completo hasta que se expresa en algún tipo de alabanza.

---

[34] C. S. Lewis, *Reflections on the Psalms* (New York; Harcourt Brace and World, 1958), 93-95.

Ahora bien, si Dios nos ama como la Biblia dice, está claro que nos da lo mejor para nosotros. Y lo mejor para nosotros es *Él mismo*. Así que, si Dios nos ama para que podamos experimentar gozo, Dios no nos puede dar otra cosa que no sea a sí mismo. Pero si nuestro gozo – si nuestra satisfacción en Dios – es incompleto hasta que se haga completa en alabanza, entonces Dios no estaría actuando con amor si se mostrara indiferente ante nuestra alabanza. Si no nos ordenara que le alabáramos, no nos estaría ordenando que buscáramos la plena satisfacción, por lo que no estaría actuando con amor.

Así que la conclusión de esta reflexión es que la exaltación que Dios hace de sí mismo – el hecho de que todo lo que haga esté enfocado para mostrar su gloria – no es una acción egoísta; es el único modo en el que un Dios infinitamente glorioso puede mostrar su amor. Su mayor regalo de amor es dejarnos participar en esa satisfacción que Él encuentra en sí mismo, y llevar esa satisfacción a su consumación a través de la expresión y la alabanza.

El amor de Dios se expresa repetidamente en los mandamientos bíblicos que nos animan a gozarnos en el Señor (Filipenses 4:4), a deleitarnos en el Señor (Salmo 37:4), a que sirvamos al Señor con alegría (Salmo 110:2) y a que nos alegremos en el Señor (Salmo 32:11), y en la promesa de que "en tu presencia hay plenitud de gozo; en tu diestra, deleites para siempre" (Salmo 16:11).

El gozo en Dios es en sí mismo un tributo a ese Dios que satisface nuestra sed, incluso antes de que le alabemos

Esta tesis que estamos desarrollando contiene un elemento más, que nos lleva a la conclusión de que la satisfacción plena en Dios es la esencia (no la totalidad) de la adoración. Voy a explicarlo de una forma lógica y exegética. Empecemos por la lógica. Si nuestra alabanza es la consumación de nuestro gozo en Dios y no simplemente una expresión más, entonces nuestro gozo en Dios es un tributo a Dios. Ese gozo, incluso aún antes de que llegue a tomar forma en una expresión de alabanza, es un reflejo (si pudiéramos ver dentro del corazón) de esa valía incalculable de Dios que satisface todos nuestros anhelos. Es decir, nuestro deleite en Él le honra. Y lo sabemos por experiencia: disfrutar de la presencia de una persona es honrar a esa persona. Pero estar con ella por obligación, porque es un deber, no la honra de la misma forma. Entonces, ésta es nuestra conclusión: Dios se glorifica más en nosotros cuanto más satisfechos estamos en Él. Y como la adoración es esencialmente la experiencia de magnificar la gloria de Dios, la esencia de la adoración es estar satisfecho en Dios.

Ahora bien, debemos analizar la base bíblica de esta tesis. Consideremos Filipenses 1:20-21. Pablo dice: "mi anhelo y esperanza [es]... Cristo será exaltado en mi cuerpo, ya sea por vida o por muerte. Pues para mí, el vivir es Cristo y el morir es ganancia". La pregunta que nos surge es: ¿de qué forma será honrado Cristo en el cuerpo de Pablo? Esta es una pregunta que tiene que ver con la adoración. ¿De qué forma mostrará Pablo con su cuerpo la valía de Cristo? El apóstol dice que quiere honrar a Cristo "ya sea por vida o por muerte", así que se puede honrar a Cristo en el cuerpo a través de nuestra muerte. Pero, ¿cómo? ¿Cómo honramos a Cristo en nuestra muerte?

Pablo nos da la respuesta en el versículo 21. Resumiendo, él dice: "Tengo el deseo de honrar a Cristo en mi cuerpo por la muerte... pues para mí el morir es ganancia". Dicho de otro modo, si puedo llegar a ver la muerte como una ganancia, mi muerte honrará a Cristo. Aquí podemos ver cómo funciona la mente de Pablo. El honor y la valía de Cristo que satisface todos los anhelos queda reflejado en mi muerte en la medida en que mi alma no cede de mala gana a perder todas las cosas terrenales y relaciones, pues para mí Cristo es superior, y por eso la muerte es ganancia. La suposición – que por otro lado él deja muy clara en el versículo 23 – es que la muerte significa estar más cerca de Cristo. En el versículo 23 dice: "mi deseo es partir y estar con Cristo, pues eso es mucho mejor". Así que la muerte es ganancia porque nos permite tener una mejor experiencia de Cristo. La conclusión exegética es, por tanto, que tener a Cristo como un tesoro más valioso que aquello que perdemos con la muerte magnifica el valor de Cristo. El grado en el que estamos satisfechos en Él mientras morimos es el grado en el que le honramos mientras morimos. Dios se glorifica más en nosotros cuanto más satisfechos estamos en Él, en la vida o en la muerte.

Entonces, ¿cuál es la esencia de la adoración?

A partir de todo lo dicho, llego a la conclusión (lógica y exegética) de que la definición esencial de la adoración es la experiencia de estar satisfechos con Dios en Cristo. Esta experiencia magnifica su valía, y es esa exaltación lo que llamamos adoración. Por eso Jesús y los apóstoles mostraron tanta indiferencia hacia las formas externas y apuntaron hacia una adoración interna, auténtica, espiritual. Sin la experiencia de la satisfacción en Dios, la alabanza es en vano. Si la alabanza genuina puede manar de un corazón que no está satisfecho en Dios, entonces la palabra "hipocresía" ha perdido todo su significado, y las palabras que Jesús pronuncia en Mateo 15:8 (este pueblo con los labios me honra, pero su corazón [es decir, su búsqueda de satisfacción] está muy lejos de mí.) no tienen ningún sentido.

Por tanto, cuando digo: "Las misiones no son el objetivo último de la Iglesia. El objetivo último es la adoración", no me refiero a las reuniones de alabanza. No me refiero a las canciones de alabanza. Todas ellas son parte de la *expresión* de la esencia de la adoración, pero pueden realizarse y no necesariamente ser adoración. La adoración no es, en primer lugar, una acción externa; es la actitud espiritual de ver como un tesoro el carácter y la obra de Dios en Cristo. Es querer estar con Cristo, estar satisfecho con todo lo que Dios es para nosotros en Cristo. Cuando esto falta, no hay adoración, independientemente de las formas de expresión que se utilicen.[35]

Implicaciones

Consideremos ahora cuatro implicaciones de lo que acabamos de decir para la experiencia de adoración y su expresión en los cultos de adoración.

1. *La búsqueda del gozo en Dios no es opcional.* Es nuestro deber más elevado. Millones de cristianos han interiorizado una ética popular que proviene más de Immanuel Kant que de la Biblia. Esa ética les hace suponer que la búsqueda de la felicidad – la búsqueda del gozo, de la satisfacción – es un defecto moral. Para la adoración auténtica, esa idea es absolutamente letal. Cuanto más florezca esta ética kantiana, más se marchitará la adoración, pues la esencia de la adoración es la satisfacción

---

[35] No estoy diciendo que un verdadero cristiano nunca va a tener épocas de bajo o casi inexistente estado espiritual. Las tendrá. Ver especialmente el apartado sobre las tres etapas de adoración en Piper, *Sed de Dios*, 90-92. Aún en los momentos más bajos podrán vislumbrarse destellos de la valía de Dios. Dios es honrado por aquella mujer moribunda que se ahoga en su propio vómito (hablo desde la experiencia pastoral) y no maldice a Dios sino que se somete, aún gritando, y espera contra toda esperanza que ese error no es ira sino el último horror antes de un amanecer eterno.

en Dios. Ser indiferente o tener temor ante la búsqueda[36] de aquello que es esencial para la adoración se opone a la adoración: y la autenticidad de los cultos de adoración (en cualquier cultura o forma).

Muchos pastores favorecen esto mismo diciendo cosas como "El problema es que nuestros miembros no vienen el domingo por la mañana a dar; solo vienen a recibir. Si vinieran a dar, tendríamos una Iglesia viva". Probablemente, ése no es un buen diagnóstico. La gente debería venir para recibir. Debería venir hambrienta de Dios. Debería venir diciendo "Como el ciervo anhela las corrientes de agua, así suspira por Ti, oh Dios, el alma mía" (Salmo 42:1). Cuando un pueblo sabe que morirá de hambre y sed si no tiene a Dios, Dios recibe la honra. La tarea de los pastores es servir un banquete para su congregación. Recuperar la idea de que la búsqueda de la satisfacción *en Dios* es correcta y, de hecho, indispensable, servirá para restaurar la autenticidad y el poder de la adoración, ya sea la adoración individual, o de un grupo de seis ancianos en Uzbekistán, o de un grupo reunido en un garaje en Liberia, o la que tiene lugar en una megaiglesia en los EE.UU., o en el último escalón antes de llegar a alcanzar nuestra "ganancia".

2. *Otra implicación de decir que la esencia de la adoración es la satisfacción en Dios es que la adoración se convierte en algo radicalmente centrado en Dios.* No hay nada que honre más a Dios que el hecho de que las personas estén persuadidas de que nada fuera de Dios – ni el dinero, el prestigio, el ocio, la familia, el trabajo, la salud, el deporte, los juguetes, los amigos, ni el ministerio – van a dar satisfacción a sus corazones dolidos. Esa convicción levanta a un pueblo que busca a Dios el domingo por la mañana (y en cualquier otro momento). No se pregunta qué hace en el culto. No ve las canciones, las oraciones y los sermones como mera tradición o un mero deber. Los ve como un medio de llegar a Dios o un medio a través del cual Dios llega a ellos para darles más de su plenitud.

Si el énfasis recae sobre aquello que nosotros ofrecemos a Dios, sutilmente quitaremos a Dios del centro para poner en él la calidad de nuestra ofrenda. ¿Estamos cantando dignamente? ¿Nuestros músicos tocan con calidad, para así ofrecer una ofrenda digna a Dios? ¿La predicación ha sido una ofrenda adecuada? Y poco a poco el énfasis ya no

---

[36] Soy plenamente consciente de que la búsqueda del gozo que no pone sus ojos en Dios es una búsqueda que lleva a la muerte. No estoy diciendo que hagas una excursión al Gran Cañón, y una vez allí, te sientes y te tomes el pulso, centrándote en tu condición interior. ¡Te estarías perdiendo algo grande! Entrégate al Cañón. Contémplalo. Gózate en él. Absórbelo. Medita en él. Ése es el tipo de búsqueda de la que estoy hablando. La gloria de Dios, que satisface todos los anhelos existentes, no se experimenta centrándose en la experiencia en sí, sino en la gloria.

recae sobre el Señor mismo, sino sobre la calidad de nuestra actuación. Incluso empezamos a definir la excelencia y el poder de la adoración en términos de la distinción técnica de nuestros actos artísticos.

Para mantener a Dios como el centro de la adoración es necesaria una convicción bíblica de que la esencia de la adoración es una profunda satisfacción en Él, y la convicción de que la expresión y la búsqueda de esa satisfacción son las razones por las que nos reunimos para adorar. No hay ningún acto externo que pueda sustituir esto. El acto solo podrá expresar esa realidad (lo que llamamos un culto de adoración) o sustituirlo (lo que llamamos hipocresía).

3. *Una tercera implicación de decir que la esencia de la adoración es la satisfacción en Dios es que esa esencia protege la primacía de la adoración, obligándonos a aceptar que la adoración es un fin en sí mismo.* Si la esencia de la adoración es estar satisfechos en Dios, entonces la adoración no puede ser un medio para llegar a otro fin. No podemos decirle a Dios: "Quiero estar satisfecho en Ti para poder tener otra cosa". Una expresión así vendría a decir que realmente no estamos satisfechos en Dios, sino en esa otra cosa, y eso sería deshonrar a Dios.

No obstante, para miles de personas y pastores, el acto de adoración del domingo por la mañana (es decir, el culto de adoración) es un medio para conseguir algo más además de la adoración. "Adoramos" para recaudar fondos; "adoramos" para atraer a multitudes; "adoramos" para sanar los corazones; "adoramos" para reclutar a obreros; "adoramos" para mejorar la moral de la Iglesia. "Adoramos" para darles a los músicos con talentos la oportunidad de cumplir su llamamiento; "adoramos" para enseñar a nuestros niños el camino de la justicia; "adoramos" para que los matrimonio duren; "adoramos" para evangelizar a los no creyentes que hay entre nosotros; "adoramos" para motivar a la gente a servir; "adoramos" para que nuestras iglesias se sientan familia; etc.

Si no tenemos cuidado y hablamos de intentar llegar a esos objetivos "a través de la adoración", estamos diciendo que no sabemos lo que es la verdadera adoración. El afecto genuino por Dios (la esencia de la adoración) es un fin en sí mismo. No puedo decirle a mi mujer "Siento un gran cariño por ti para que tú me prepares la comida". No es así como funciona el deleite. Ella es mi deleite; no la comida que me prepara. No puedo decirle a mi hijo: "Me gusta jugar al fútbol contigo... pues así tú luego cortas el césped". Si tu corazón verdaderamente se deleita en jugar al fútbol con él, ese deleite no debe buscarse como un medio para que él haga algo por ti.

No estoy negando que la adoración (la esencia y el servicio) pueda tener cientos de efectos positivos sobre la vida de la Iglesia. De hecho, los tendrá, del mismo modo en que el afecto en el matrimonio hace que las cosas vayan mejor. Lo que quiero decir es lo siguiente: cuanto más "adoremos" movidos por esas razones, menos auténtica será nuestra adoración. La satisfacción en Dios es la clave para evitar esa tragedia.

4. *Finalmente, la última implicación de decir que la esencia de la adoración es estar satisfecho en Dios es que esta definición explica el concepto paulino de que toda la vida es una expresión de adoración.* Toda la conducta cristiana (en todas las culturas y a todos los niveles) debe tener como base la satisfacción en Dios, preservar y hacer crecer esa satisfacción. He dedicado un capítulo entero de mi libro *Sed de Dios* ("Amor: La tarea del hedonismo cristiano") a explicar esta declaración, pero dejadme que lo resuma con unas palabras de Jesús.

En Lucas 12:33, Jesús dice: "Vended vuestras posesiones y dad limosnas; [y así] haceos bolsas que no se deterioran, un tesoro en los cielos que no se agota, donde no se acerca ningún ladrón ni la polilla destruye". Yo creo que "tesoro en los cielos" se refiere a un mayor gozo a la diestra de Dios y al placer de la comunión en la era venidera. Jesús dice que debemos hacernos con ellos. Dicho de otro modo, debemos esforzarnos para aumentar nuestro gozo con Dios en el Cielo. Y dice que la forma de hacerlo es vendiendo nuestras posesiones y dando limosnas: ilustraciones de las muchas maneras en las que nos sacrificamos y amamos en la vida cristiana. Debemos vivir de esa forma para hacernos tesoros en los cielos.

En todo lo que hacemos nuestro objetivo debería ser maximizar nuestra satisfacción en Dios, ahora, y en la era venidera. Si alguien nos pregunta: "Dar limosnas con el objetivo de maximizar nuestro gozo en Dios, ¿es un acto de amor?", deberíamos contestar con una sonora afirmación, porque al abstenernos de bienes terrenales para cubrir las necesidades de los demás, nuestro objetivo es persuadirles de que no hay nada mejor que tener a Dios como el mayor tesoro, cosa que además nos libera para poder dar de ese modo, y lograr que vivan para Él y que así un día puedan disfrutar con nosotros del gozo del Cielo. Todo aquel que se enamora de Dios porque ha visto en nosotros que Dios es más precioso que cualquier otra cosa, hará que nuestra satisfacción en Dios sea aún más dulce. Ésa es una de las razones por las que la obra misionera es uno de los llamamientos que mayor satisfacción aporta. "Más bienaventurado es dar que recibir" (Hechos 20:35).

Así que creo que se puede demostrar que todo nuestro comportamiento debería estar motivado por el deseo profundamente liberador de saborear la bondad de Dios y por esa sed de Dios que nos lleva a buscar cada día la satisfacción en Él. Por tanto, la vida cristiana y la alabanza congregacional tienen la misma base. Por esa razón, para Pablo la adoración no solo es la que practicamos los domingos en la iglesia, sino que tiene que ver con todos los momentos y las facetas de nuestra vida. La visión de Pablo de la existencia cristiana está marcada por una constante conciencia de Dios y por las implicaciones de ésta. Cuando nuestra vida entera está dedicada a buscar la satisfacción en Dios, todo lo que hacemos apunta a la grandeza de Dios, y eso significa que todo se convierte en adoración. Que Dios nos ayude a tenerle en esa alta estima.

A esto es a lo que me refiero cuando digo que "las misiones no son el objetivo último de la Iglesia, sino que su objetivo último es la adoración". Nuestro objetivo es que esa experiencia se dé en medio de todas las naciones del mundo. Que el poder del Evangelio despierte a los muertos, los rescate de las tinieblas y los traiga a la luz, los libere del poder de Satanás y los acerque a Dios, para que puedan verle y disfrutar de Él con todo su corazón. Y que estén tan satisfechos en Él que logren librarse de los miedos y los placeres de este mundo, y que sigan a Jesús por el camino de la cruz y del amor. Entonces, otros verán sus buenas acciones y glorificarán a su Padre que está en los cielos. Y la Palabra continuará de gloria en gloria.

Conclusión

El objetivo último de Dios a través de toda la Historia es mostrar su gloria para que los redimidos de todas las lenguas, tribus, lenguas y naciones puedan disfrutar de ella. Este objetivo es la alegría de su pueblo, porque Dios se glorifica más en nosotros cuanto más satisfechos estamos en Él. El deleite es un tributo más elevado que el deber. El objetivo último de Dios es la exaltación de su propia gloria y disfrutar de esa gloria por siempre. Dado que la mayor forma de exaltación de su gloria está en la satisfacción que su pueblo encuentra en Él, esa exaltación de su propia gloria y nuestro júbilo son una misma cosa. La mejor noticia del mundo es que el objetivo último de Dios de recibir la gloria y el objetivo del Hombre de encontrar satisfacción son conciliables.

Adoración

Por tanto, el objetivo de las misiones es que los pueblos se alegren en la grandeza de Dios. "El Señor reina; regocíjese la tierra; *alégrense* las muchas islas" (Salmo 97:1). "*Alégrense y canten con júbilo* las naciones" (Salmo 67:4). El mandamiento misionero de alegrarse en Dios es simplemente un mandamiento para que la alabanza se consume. La alabanza a Dios que no va de la mano del deleite en Dios es hipocresía.

Así, diremos que la adoración es el combustible y el objetivo de las misiones. La adoración es el objetivo de la obra misionera porque a través de ésta última buscamos que las naciones lleguen a disfrutar de la gloria de Dios. Es el combustible de la obra misionera porque no podemos recomendar aquello que no amamos. No podemos clamar "¡*Alégrense* las naciones!" hasta que digamos "¡*Yo me alegro* en el Señor!". La obra misionera empieza y termina con la adoración.

Oración

Eso significa que Dios en la obra misionera Dios tiene la Supremacía. Él es el principio y el fin. También es el que sostiene y hace posible todo el proceso. "Porque de Él, por Él y para Él son todas las cosas. A Él sea la gloria para siempre" (Romanos 11:36). Cuando Dios sostiene el movimiento cristiano está asegurando su Supremacía, porque el que da el poder se lleva la gloria. El que sirve, que sirva "por la fortaleza que Dios da, para que en todo Dios sea glorificado mediante Jesucristo" (1ª Pedro 4:11).

Es por esto por lo que Dios ha establecido que la oración tenga un lugar tan importante en la misión de la Iglesia. El propósito de la oración es dejar claro a todos los que participan en la obra misionera que la victoria es del Señor. "Se prepara al caballo para el día de la batalla, pero la victoria es del Señor" (Proverbios 21:31). La oración es el medio que Dios ha establecido para otorgar gracia al mundo y, a la vez, glorificar su nombre. "Invócame en el día de la angustia; yo te libraré, *y tú me honrarás*" (Salmo 50:15). "Y todo lo que pidáis en mi nombre, lo haré, *para que el Padre sea glorificado en el Hijo*" (Juan 14:13).

La oración pone a Dios en el lugar de un Benefactor todopoderoso y autosuficiente, y a nosotros, en el lugar de los beneficiarios necesitados. Por tanto, cuando la misión de la Iglesia avanza por la oración, la Supremacía de Dios se pone de manifiesto y las necesidades de los misioneros cristianos se cubren. En la oración, Él recibe la gloria, y nosotros encontramos satisfacción. "Hasta ahora nada habéis pedido en mi nombre; pedid y recibiréis, para que vuestro gozo sea completo" (Juan 16:24). El propósito de la oración es extender el conocimiento del Padre y lograr la plenitud de los santos.

Sufrimiento

Dios mismo es la plenitud de la que bebemos y la fuente de vida de la que predicamos a través de la obra misionera. Él es nuestro mayor tesoro. Su "misericordia es mejor que la vida" (Salmo 63:3). Por tanto, la grandeza de su valía se ve de forma mucho más clara cuando estamos dispuestos a entregar nuestras vidas por amor a su nombre. Las cosas que estamos dispuestos a abandonar para poder tener un tesoro hablan del valor que le damos a ese tesoro.

El sufrimiento por sí solo no prueba nada, pero el sufrimiento que aceptamos por el "incomparable valor de conocer a Cristo Jesús", y las pérdidas que experimentamos para poder "ganar a Cristo" (Filipenses 3:8) hablan del valor que Cristo tiene para nosotros. "Bienaventurados seréis cuando os insulten y persigan… Regocijaos y alegraos, porque vuestra recompensa en los cielos es grande" (Mateo 5:11-12). El grado de nuestro *sacrificio* unido a la profundidad de nuestro *gozo* habla del valor que le damos a la recompensa de Dios. La pérdida y el sufrimiento, cuando es aceptado con gozo por la causa del reino de Dios, muestran la Supremacía de la gloria de Dios de forma más clara que toda la adoración y la oración.

Así, Dios ha establecido que la misión de su Iglesia avance no solo gracias al combustible de la adoración y al poder de la oración, sino también gracias al precio del sufrimiento. "Si alguno quiere venir en pos de mí, niéguese a sí mismo, tome su cruz, y sígame" (Marcos 8:34). "Un siervo no es mayor que su señor. Si me persiguieron a mí, también os perseguirán a vosotros" (Juan 15:20). "Si al dueño de la casa lo han llamado Beelzebú, ¡cuánto más a los de su casa!" (Mateo 10:25). "El Hijo del Hombre debía padecer muchas cosas" (Marcos 8:31). "Como el Padre me ha enviado, así también yo os envío" (Juan 20:21). "Mirad, yo os envío como ovejas en medio de lobos" (Mateo 10:16). "Yo le mostraré cuánto debe padecer por mi nombre" (Hechos 9:16).

¿Conocer a Cristo es imprescindible?

Como el precio es tan alto, uno podría preguntarse: ¿es realmente necesario? Si el objetivo de Dios a lo largo de la Historia es exaltar y mostrar su gloria para que los redimidos disfruten de ella, ¿no será que al final acabará redimiendo a todas las personas? ¿Es posible adorar al Dios verdadero y tener la fe que salva sin haber conocido a Jesús y su obra en la cruz? ¿La Naturaleza y otras religiones pueden llevar a la vida eterna y al gozo con Dios?

En la Biblia hemos encontrado una respuesta negativa. En el Nuevo Testamento vemos que, desde la encarnación del Hijo de Dios, la única fe que salva es la fe que se deposita en Él. No había sido así siempre. Antes de Cristo, el pueblo de Israel ponía su fe en las promesas de Dios (Romanos 4:20) que hablaban de un Redentor que había de venir. Y Dios había permitido que las naciones siguieran sus propios caminos (Hechos 14:16). Pero a ese periodo se le llama tiempos de ignorancia. Cuando el Hijo de Dios vino a este mundo, Cristo pasó a ser el centro explícito de la misión de la Iglesia. El objetivo de la obra misionera es "promover la obediencia a la fe entre todos los gentiles [todas las naciones], *por amor a su¹ nombre*" (Romanos 1:5). La voluntad de Dios es ser glorificado en su Hijo haciendo que Él sea el centro de toda proclamación misionera. Bíblicamente, la Supremacía de Dios en la obra misionera se afirma cuando proclamamos la Supremacía de su Hijo como el único Salvador.

Dado que el destino eterno de todas las personas depende de conocer a Cristo, aceptarle y valorarle como el mayor tesoro jamás conocido, nos preguntamos lo siguiente: entonces, ¿cuál es la labor de las misiones? ¿Trabajar para que aumente el número de redimidos? ¿O trabajar para que el Evangelio llegue cada vez a más pueblos o grupos étnicos? La respuesta bíblica es que el llamamiento misionero no solo habla de ir a otras culturas para lograr que el número de las personas salvas aumente.² Dios quiere que el testimonio de Cristo llegue a todos los grupos étnicos y que su pueblo esté formado por gente de todas las naciones. De hecho, puede que esta definición de la obra misionera resulte ser la forma llegar a tener el mayor número posible de adoradores del Hijo de Dios. Pero ésa es una cuestión que solo Dios conoce. Nuestra responsabilidad es definir la obra misionera tal como Él la ve y obedecer su Palabra.

El objetivo último de Dios a través de toda la Historia es mostrar su gloria para que los redimidos de todas las lenguas, tribus, lenguas y naciones puedan disfrutar de ella. La belleza de una alabanza formada por la diversidad que aportarán todas las naciones es mayor que la que se conseguiría si el coro de los redimidos fuera culturalmente uniforme. Además, como la grandeza de Dios es de alcance universal, es decir,

---

¹ Por el contexto sabemos que, sin duda alguna, este determinante se refiere de Jesucristo: "[Él] fue declarado Hijo de Dios con poder, conforme al Espíritu de santidad, por la resurrección de entre los muertos: nuestro Señor Jesucristo, por medio de quien hemos recibido la Gracia y el apostolado para promover la obediencia a la fe entre todos los gentiles, por amor a su nombre" (Romanos 1:4-5).

² David Doran, en su libro *For the Sake of His Name: Challenging a New Generation for World Missions* (Allen Park, Mich.: Student Global Impact, 2002), 131-54, ha escrito un capítulo titulado "El territorio de la Gran Comisión". En él corrige lo que llama un énfasis desequilibrado en el concepto de los grupos étnicos a expensas del concepto geográfico. A pesar de las conversaciones que hemos intercambiado, no creo que sea necesario cambiar nada de lo que he escrito. Pero advierto al lector que Doran cita mi tesis en su libro y que podría ofrecer una perspectiva que yo rechazo.

tiene la capacidad de dejar embelesado a cualquier persona de cualquier nación, y lo mismo ocurre con su belleza y con su capacidad de satisfacer los deseos más profundos del ser humano, Dios encontrará adoradores entregados en todos los grupos étnicos del mundo. Su grandeza quedará manifiesta en la amplitud de la diversidad de aquellos que perciban y valoren su belleza. Cuantos más grupos étnicos abandonen a sus dioses para seguir al Dios verdadero, más visible será la superioridad de Dios sobre todos sus competidores.

Al fijarse en todos los grupos étnicos del mundo, Dios anula el orgullo etnocéntrico y apela a todos los pueblos a que no confíen en sus características distintivas, sino que pongan su fe sola y exclusivamente en la inmerecida gracia divina. Esa humildad es la otra cara de la moneda: si queremos que Dios reciba la gloria, es indispensable. La humildad significa gozarnos en su Gracia, y no en nuestra bondad. Al enviarnos a todas las naciones, Dios trabaja en nosotros liberándonos de nuestro orgullo, nos llena de humildad, lo que nos lleva a experimentar su Gracia de forma profunda. De esta forma, Dios está preparando para sí un pueblo – formado por gente de todos los pueblos – que será capaz de adorarle libremente y con una admiración apasionada.

Por tanto, la Iglesia debe unirse al Señor de gloria en su causa. Es para nosotros un privilegio indescriptible participar con Él en este gran momento de la Historia, que es la reunión de los escogidos de toda tribu, lengua, pueblo y nación hasta que todo el número de gentiles venga al Dios verdadero, todo Israel sea salvo, el Hijo del Hombre descienda con poder y gran gloria como Rey de reyes y Señor de señores, y la Tierra sea llena del conocimiento de su gloria como las aguas cubren el mar por todos los siglos. Entonces todos verán la Supremacía de Cristo, y Él entregará el reino a Dios el Padre, y Dios será todo en todos.

Epílogo de Tom Steller

La Supremacía de Dios al ir o al enviar

Hay un pasaje precioso en 3ª de Juan que resume de forma muy bella la carga o preocupación que encontramos en este libro. Queremos que, al llegar al final de sus páginas, te quedes con la verdad que leemos en este pasaje bíblico. Solo hay dos formas en las que podemos responder a la verdad que hemos estado considerando sobre la Supremacía de Dios en las misiones. Podemos ir por amor a su nombre, o podemos enviar a personas que estén dispuestas a ir, apoyarlas, y hacerlo de una forma digna del Dios al que servimos. Escuchemos las palabras del apóstol Juan.

El anciano al amado Gayo, a quien yo amo en verdad. Amado, ruego que seas prosperado en todo así como prospera tu alma, y que tengas buena salud. Pues me alegré mucho cuando algunos hermanos vinieron y dieron testimonio de tu verdad, esto es, de cómo andas en la verdad. No tengo mayor gozo que éste: oír que mis hijos andan en la verdad. Amado, estás obrando fielmente en lo que haces por los hermanos, y sobre todo cuando se trata de extraños; pues ellos dan testimonio de tu amor ante la Iglesia. Harás bien en ayudarles a proseguir su viaje de una manera digna de Dios. Pues ellos salieron por amor al Nombre, no aceptando nada de los gentiles. Por tanto, debemos acoger a tales hombres, para que seamos colaboradores en pro de la verdad.

3ª Juan 1-8

Es interesante ver lo que hace feliz a un ancianito piadoso. El apóstol Juan, que se llama a sí mismo "el anciano", está muy contento. Acaba de oír de noticias de que Gayo, uno de sus hijos espirituales, está andando en la verdad. ¡No hay mayor alegría que esa!

¿Qué evidencias convencen al apóstol de que Gayo va por buen camino? ¿En qué verdad está caminando Gayo? Aparentemente, algunos evangelistas/misioneros itinerantes que Juan conocía habían visitado a Gayo y habían recibido mucho amor y cuidado. Al volver a la iglesia de la que Juan formaba parte le contaron que Gayo, aún sin conocerles, les había tratado muy bien. Estas noticias conmovieron tanto a Juan, que decidió escribirle a Gayo una carta para animarle a seguir caminando en esa verdad y actuando de forma tan fiel. "Harás bien en ayudarles a proseguir su viaje de una manera digna de Dios".

Vemos que el apóstol encarga a Gayo a ser alguien que envía. Esta expresión, "ayudarles a proseguir su viaje", aparece nueve veces en el Nuevo Testamento y, todas ellas, en un contexto que tiene que ver con la obra misionera.[1]

El versículo más descriptivo lo encontramos en Tito 3:13. En este versículo, Pablo le dice a Tito: "Encamina con diligencia a Zenas, intérprete de la ley, y a Apolos, para que nada les falte". En este versículo podemos ver que cuando se envía a alguien se debe hacer de forma diligente y que se deben tener en cuenta todas sus necesidades: "para que *nada* les falte".

En 3ª de Juan, esa diligencia y esa visión global de las necesidades de una persona se ven recogidas en la expresión "de una manera digna de Dios" (v. 6). Así, vemos que la acción de enviar es una acción mucho más elevada e importante de lo que en muchas ocasiones pensamos. Es un mandamiento de Dios (fijémonos en el "debemos" del v. 8). La razón por la que debemos enviar a la gente de una manera digna de Dios es que aquellos a los que enviamos van por amor al Nombre. La forma en la que tratamos a los misioneros puede poner en entredicho el nombre de Dios. Dios es glorificado cuando los apoyamos con nuestras oraciones, con nuestro dinero, con nuestro tiempo, y de muchas otras formas prácticas (fijémonos en el "*todo* lo que haces" del v. 5 [NVI]). Dios no es glorificado cuando nuestros misioneros no son más que un nombre en el boletín de la Iglesia o una salida más de nuestro presupuesto.

Estar involucrado en el ministerio de enviar a personas no significa tener un papel secundario. De hecho, es un llamamiento muy elevado.

---

[1] Ver especialmente los usos de *propempo* en Hechos 15:3; Romanos 15:24; 1ª Corintios 16:6, 11; 2ª Corintios 1:16; y Tito 3:15.

Como hemos visto en este texto, es caminar en la verdad. Es la manifestación de un alma sana. Los que trabajan para enviar a misioneros son colaboradores de la verdad. Enviar una persona de una manera digna de Dios es un llamamiento a apoyar a los misioneros con toda excelencia. Se trata de participar de forma directa en los propósitos de Dios. La tarea de aquellos que envían es crucial. Por tanto, no debe hacerse de cualquier forma, sino "de una manera digna de Dios".[2] Hay una diferencia enorme entre "tener" a un misionero y "enviar" a un misionero. Si nuestra iglesia envía a misioneros de una manera digna de Dios, estaremos glorificando a Dios, creceremos espiritualmente, y estaremos siendo colaboradores de la verdad. Y así, estaremos en sintonía con el propósito de Dios de ser glorificado en medio de todas las naciones.

Pero del mismo modo que Dios debe ser el centro cuando enviamos a misioneros, Dios también debe ser el centro cuando éstos van. De hecho, estas dos acciones están íntimamente relacionadas. Escuchemos la línea de pensamiento del apóstol Juan: "Harás bien en ayudarles a proseguir su viaje *de una manera digna de Dios. Pues* ellos salieron *por amor al Nombre*, no aceptando nada de los gentiles. *Por tanto*, debemos acoger a *tales* hombres". Según este texto, solo hay un tipo de personas a las que debemos apoyar y enviar a la misión (fijémonos en la palabra "tales"). Solo deberíamos apoyar a aquellos que *van por amor al Nombre*.

Aquí tenemos, quizá, la mejor definición neotestamentaria de un misionero o misionera: alguien que sale por amor al Nombre, no aceptando nada de los gentiles. Su motivación no debe ser la ganancia material y personal. Tampoco la preocupación por las personas, por importante que ésta sea. Los misioneros salen a la obra porque aman de forma profunda el nombre y la gloria de Dios. Como el apóstol Pablo, el objetivo de los misioneros es "promover la obediencia a la fe entre todos los gentiles, por amor a su Nombre" (Romanos 1:5).

El propósito de este libro no solo era informar a los lectores sobre la Supremacía de Dios en las misiones. Desde el principio hasta el final te he estado invitando a te involucres de una forma más personal en la causa de la obra misionera, y a que lo hagas con la mirada puesta en Dios. Mi objetivo no es ensalzar a los misioneros, sino exaltar a Dios y

---

[2] John Stott, comentando el versículo 6, dice: "No solo debemos recibirles en el momento en el que llegan, sino que debemos atenderles para que recuperen fuerzas y proveer para sus necesidades (sin duda también está hablando de comida y dinero), y enviarles de nuevo de una manera digna de Dios... Actuar así con los misioneros no solo es "obrar fielmente" (v. 5), sino que es "hacer bien" (v. 6, *kalos poieseis*). *Las Cartas de Juan*, Comentarios Didaqué, (Buenos Aires: Ediciones Certeza, 1974), 239.

exaltar su obra misionera. La naturaleza de tu participación en la obra misionera será diferente a la de otras personas. No importa si vas como misionero o misionera, o si te quedas y eres alguien que envía y apoya. Lo realmente importante es que hagas lo que hagas, lo hagas para la gloria de Dios (1ª Corintios 10:31), para el avance de su reino (Mateo 6:33) y con la mirada puesta en su consumación, día que reunirá a una gran multitud, que nadie podrá contar, de todas las naciones, tribus, pueblos y lenguas (Mateo 24:24; Apocalipsis 7:9).

A aquel que tiene esta mentalidad, David Bryant le llama un "cristiano mundial".[3] No todos los cristianos son llamados a ser misioneros, pero todo seguidor de Cristo es llamado a ser un "cristiano mundial". Un cristiano mundial es alguien tan fascinado por la gloria de Dios y por la gloria de su propósito de alcance global que decide participar en la misión de Dios de llenar la Tierra con el conocimiento de su gloria como las aguas cubren el mar (Habacuc 2:14). Todo lo que un cristiano mundial hace, lo hace para santificar el nombre de Dios y para ver el reino de Dios en medio de todos los pueblos de la Tierra. La oración del cristiano mundial es: "¡Te den gracias los pueblos, oh Dios, todos los pueblos te den gracias!" (Salmo 67:3). Así que, seamos misioneros o seamos los que enviamos a los misioneros, gloriémonos en la Supremacía de Dios en las misiones, y unamos nuestros esfuerzos mientras clamamos, como el salmista: "¡Alégrense las naciones!".

Tom Steller trabaja en el desarrollo del liderazgo en la iglesia Bautista *Bethlehem*, y es el decano del *Institute Bethlehem* de Minneapolis, Minnesota.

---

[3] David Bryant, a través de su libro *In the Gap: What It Means to Be a World Christian* (Downers Grove, Ill.: InterVarsity, 1979), ha popularizado el término "cristiano mundial".

Bibliografía

Esta breve bibliografía se compiló originalmente para el curso de "Introducción a la Misionología" del Seminario Teológico UEBE, Alcobendas, Madrid, año 2005. Contiene exclusivamente material en castellano, el cual es limitado en contraste con lo existente en otros idiomas, especialmente en inglés. Algunas de estas obras están agotadas y solo se pueden leer en bibliotecas. La selección refleja la convicción evangélica del compilador y hay lagunas en algunas secciones. Existe mucho material de origen católico romano, pero en esta bibliografía está limitado. Agradecemos a Samuel Escobar su gentileza al proporcionarnos este compendio.

I. Obras introductorias y de referencia

-David J. Bosch, *Misión en transformación. Cambios de paradigma en la teología de la misión*, Grand Rapids Libros Desafío, 2000
- Pablo Carrillo Luna, *Seminario Raimundo Lulio*, Granada: LAM-PM, 2005.
-Orlando E. Costas *Compromiso y misión* Miami: Caribe, 1979.
-Pablo A. Deiros, *Diccionario hispanoamericano de la Misión*, Santa Fe, Argentina-Miami: COMIBAM Internacional- Unilit, 1997.
-Jonatán Lewis *Misión mundial: un análisis del movimiento cristiano mundial* 3 Tomos, Miami: UNILIT, 1990 .
-Ted Limpic, *Catálogo de organizaciones misioneras iberoamericanas*, Santa Fe, Argentina-Miami: COMIBAM Internacional- Unilit
-Larry D. Pate, *Misionología: nuestro cometido transcultural* Miami: Editorial Vida, 1987.
-Valdir Steuernagel, Comp., *La misión de la Iglesia: una visión panorámica* San José: Visión Mundial, 1992
-John R.W. Stott, *La misión cristiana hoy* Buenos Aires: Certeza, 1978.
-Max Warren, *Creo en la Gran Comisión*, Miami: Ed. Caribe, 1978

II. Historia de las misiones

a) Panoramas históricos e introducciones generales

- Justo L. González *Historia de las misiones* Buenos Aires: La Aurora, 1970.
- Justo L. González, *Mapas para la historia futura de la Iglesia*, Buenos Aires: Kairos, 2001
- Juan Kessler, *Quinientos años de evangelización en América latina*, San José, Costa Rica: INDEF, s/f
- León Mc Beth, *Hombres clave de las misiones*, El Paso: Casa Bautista de Publicaciones, 1980.
- Frank W. Patterson, *Breve historia de la misión cristiana*, El Paso: Casa Bautista de Publicaciones, 1992.
- Valdir Steuernagel, *Obediencia misionera y práctica histórica*, Buenos Aires-Grand Rapids: Nueva Creación, 1996
- Ruth A. Tucker *Hasta lo último de la tierra. Historia biográfica de la obra misionera*, Miami: Editorial Vida, 1988.
- Juan C. Varetto, *Héroes y mártires de la obra misionera*, Buenos Aires: Junta Bautista de Publicaciones, 1946.

b) La época neotestamentaria

- Roland Allen *La expansión espontánea de la Iglesia* Buenos Aires: La Aurora, 1970
- Michael Green *La evangelización en la iglesia primitiva* Buenos Aires-Grand Rapids: Nueva Creación, 1997.
- Eduardo Hoornaert *La memoria del pueblo cristiano* Buenos Aires: Ediciones Paulinas, 1985.
- Wayne A. Meeks *Los primeros cristianos urbanos* Salamanca: Sígueme, 1988.

c) La época post-apostólica y medieval

- Peter Brown, *El primer milenio de la cristiandad occidental*, Barcelona: Crítica, 1997.
- Margarita y Santiago Cantera Montenegro, *Los monjes y la cristianización de Europa*, Madrid: Arco/Libros S.L., 1996.
- Margarita y Santiago Cantera Montenegro, *Las órdenes religiosas en la iglesia medieval Siglos XIII a XV,* Madrid: Arco/Libros S.L., 1998.

d) La misión cristiana en América latina. Panoramas generales

- Pablo Deiros, *Historia del cristianismo en América latina*, Buenos Aires: Fraternidad Teológica Latinoamericana, 1992
- Juan Kessler, *500 años de evangelización en América latina*, San José, Costa Rica: IINDEF,1992
- Manuel M. Marzal, *Tierra encantada: Tratado de antropología religiosa de América latina*, Madrid: Trotta, 2002
- Hans Jürgen Prien, *La historia del cristianismo en América latina*, Salamanca: Ed. Sígueme, 1985
- Sidney Rooy, *Misión y encuentro de culturas*, Buenos Aires: Kairos, 2001.

e) La misión católica en América latina

- Pedro Borges, *Métodos misionales en la cristianización de América, Siglo XVI* Madrid: CSIC, 1960.
- Pedro Borges *Misión y civilización en América* Madrid: Alhambra, 1987
- Enrique D. Dussel, *Historia de la Iglesia en América latina. Coloniaje y liberación 1492-1973*, Barcelona: Nova Terra, 1974
- Gustavo Gutiérrez *En busca de los pobres de Jesucristo. El pensamiento de Bartolomé de las Casas* Lima: CEP, 1992.
- Juan Pablo II, *Ecclesia in America . Exhortación Apostólica Postsinodal*, Varias ediciones, 1998.
- Lewis Hanke, *La lucha española por la justicia en la conquista de América*. Madrid: Aguilar, 1967.
- Instituto Teológico de Vida Religiosa *Gracia y desgracia de la evangelización de América* Madrid: Publicaciones Claretianas, 1992.
- Manuel Marzal, *La transformación religiosa peruana*, Lima: Pontificia Universidad Católica del Perú, 1983
- Manuel Marzal, *El sincretismo iberoamericano*, Lima: Pontificia Universidad Católica del Perú, 1985.
- Robert Ricard, *La conquista espiritual de México*, México: Fondo de Cultura Económica, 1991

d) Protestantismo y misión en América latina

- Jean Pierre Bastian, *Breve historia del protestantismo en América latina*, México: CUPSA, 1986

- Jean Pierre Bastian, *Protestantismos y modernidad latinoamericana*, México: Fondo de Cultura Económica, 1994.
- Jean Pierre Bastian, *La mutación religiosa de América latina*, México: Fondo de Cultura Económica, 1997.
- Miguel Berg y Pablo Pretiz *Mensajeros de esperanza: los evangélicos* Miami: Unilit, 1994
- Arnoldo Canclini *Diego Thomson* Buenos Aires: Asociación Sociedad Bíblica Argentina,1987.
- Claudio Celada *Un apóstol contemporáneo. La vida de F.G.Penzotti* Bs. Aires: La Aurora, 1945.
- Consejo Latinoamericano de Iglesias (CLAI), *Oaxtepec 1978. Unidad y misión en América latina*, San José, Costa rica: CLAI, 1980.
- Pablo A.Deiros y Carlos Mraida *Latinoamérica en llamas* Miami: Caribe, 1944.
- Samuel Escobar, *Tiempo de misión*, Guatemala-Bogota: Semilla-CLARA, 1999
- Samuel Escobar *La fe evangélica y las teologías de la liberación* El Paso: Casa Bautista de Publicaciones, 1987
- Juan Fonseca Ariza, *Misioneros y civilizadores. Protestantismo y modernización en el Perú (1915-1930)*, Lima: Pontificia Universidad Católica del Perú, 2002
- Fraternidad Teológica latinoamericana *CLADE III Todo el evangelio para todos los pueblos desde América latina* Buenos Aires, FTL, 1992.
- Walter J. Hollenweger *El Pentecostalismo. Historia y doctrinas* Buenos Aires: La Aurora, 1976.
- Juan A. Mackay, *El otro Cristo español* México: Casa Unida de Publicaciones, 2da. ed., 1988.
- José Míguez Bonino, *Rostros del protestantismo latinoamericano*, Buenos Aires-Grand Rapids: Nueva Creación, 195.
- Carlos Mondragón, *Leudar la masa. El pensamiento social de los protestantes en América Latina: 1920-1950*, Buenos Aires: Kairós, 2005.
- Carlos Monsiváis y Carlos Martínez García, *Protestantismo, diversidad y tolerancia*, México: Comisión Nacional de los Derechos Humanos, 2002.
- Arturo Piedra, *Evangelización protestante en América latina*, Tomo 1, Quito: CLAI, 2000; Tomo 2, Quito: CLAI, 2002.
- Arturo Piedra, Sydney Rooy y Fernando Bullón, *¿Hacia dónde va el protestantismo? Historia y prospectivas en América latina*, Buenos Aires: Kairós, 2003
- Rubén Ruiz Guerra, *Hombres nuevos. Metodismo y modernización en México (1873-1930)* México: CUPSA, 1992.
- David Stoll, *¿América latina se vuelve protestante?* Quito: Abya Yala.

III. Bases bíblicas de la Misión

- Mortimer Arias y Juan Damián, *La Gran Comisión. Relectura desde América latina*, Quito: CLAI, 1994.
- Darío López, *La misión liberadora de Jesús*, Lima: Ediciones Puma, 1997.
- C.René Padilla, Ed. *Bases bíblicas de la Misión* Buenos Aires- Grand Rapids: Nueva Creación-Eerdmans, 1998
- Donald Senior y Carroll Stuhlmueller *Biblia y misión* Estella: Verbo Divino, 1985.

IV. Teología de la Misión

- Pedro Arana, Samuel Escobar y René Padilla, *El trino Dios y la misión integral*, Buenos Aires: Kairos, 2003
- Mortimer Arias *Anunciando el reinado de Dios*, San José, Costa Rica: Visión Mundial, 1998
- Emilio Castro *Llamados a liberar* Buenos Aires: La Aurora, 1985
- Orlando E. Costas, *Evangelización contextual: fundamentos teológicos y pastorales.* San José: Cebila, 1986
- Juan Driver *La obra redentora de Cristo y la misión de la Iglesia* Buenos Aires-Grand Rapids: Nueva Creación, 1994.
- Juan Driver, *Contracorriente. Ensayo sobre eclesiología radical*, Bogotá, Colombia: Clara-Semilla, 1998
- Samuel Escobar *De la Misión a la Teología*, Buenos Aires: FTL-Kairos, 1998.
- Fraternidad Teológica Latinoamericana *CLADE III Todo el Evangelio para todos los pueblos desde América latina* Buenos Aires, FTL, 1992.
- Justo L. González, *La Historia también tiene su historia*, Buenos Aires: Kairós, 2001.
- Darell L. Guder, *Ser testigos de Jesucristo. La misión de la Iglesia, su mensaje y sus mensajeros*, Buenos Aires: Kairos, 2000.
- IINDEF *Poder y misión. Debate sobre la guerra espiritual en América latina* San José, 1977.
- Juan Pablo II, Encíclicas *Redemptoris Missio* y *Tertio Millennio Adveniente* (Varias ediciones)
- Lesslie Newbigin *La familia de Dios* México: CUP, 1961
- Lesslie Newbigin *Una verdad que hay que decir* Santander: Sal Terrae, 1994.
- Emilio A. Núñez, *Hacia una misionología evangélica latinoamericana*, Santa Fe, Argentina-Miami: COMIBAM Internacional- Unilit, 1997

- C. René Padilla *Misión integral* Buenos Aires: Nueva Creación, 1985
- C. René Padilla, *Discipulado y misión. Compromiso con el reino de Dios*, Buenos Aires: Kairos, 1997.
- John R.W.Stott y Basil Meeking *Diálogo sobre la misión* Buenos Aires: Nueva Creación, 1988.
- Kenneth Strachan, *El llamamiento ineludible*, Miami: Ed. Caribe, 1969.
- Carlos Van Engen, *El pueblo misionero de Dios*, Grand Rapids: Libros Desafío, 2004

V. Cuestiones contemporáneas

a) Evangelio y cultura

- Marcelo G. Abel, *Mi experiencia transcultural*, Córdoba, Argentina: Ediciones Doulos, 1998.
- Comité de Lausana, *Evangelio y Cultura*. Informe de la consulta de Willowbank. (Visión Mundial de México).
- Humberto Flores y otros, *Hacia una teología evangélica indígena*, Lima, Perú: Ediciones CEMAA, 1995.
- Eugene A. Nida y William D. Rayburn, *Significado y diversidad cultural*, Miami: Sociedades Bíblicas Unidas, 1998.
- Tito Paredes *El Evangelio: un tesoro en vasijas de barro* Buenos Aires: Kairós, 2000
- Ivan Vallier, *Catolicismo, control social y modernización en América latina*, Buenos Aires: Amorrortu, 1971.

b) Misión y realidad urbana

- Ray Bakke, *El cristiano en la ciudad* México: Ed. Kyrios, 1987
- Ray Bakke, *Misión integral en la ciudad* Buenos Aires: Kairós, 2002
- Rogelio S. Greenway, *Apóstoles a la ciudad*, Grand Rapids: Subcomisión de Literatura Reformada, 1981
- Miguel A. Palomino, *Misión en la ciudad* Lima: 1991.
- Juan Wagenfeld, *Iglecrecimiento integral*, Miami: FLET-UNILIT, 2,000

c) Misión y realidad social

- David Befus, *Negocios para el Reino*, Miami: LAM, 2000
- Samuel Escobar, *Evangelio y realidad social*, El Paso: Casa Bautista de Publicaciones, 1988
- Viv Grigg, *Siervos entre los pobres* Buenos Aires-Grand Rapids: Nueva Creación, 1994
- C. René Padilla y Tetsunao Yamamori, Eds. *Servir entre los pobres en América latina*, Buenos Aires: Kairos, 1998
- C. René Padilla y Tetsunao Yamamori, Eds. *La Iglesia como agente de transformación*, Buenos Aires: Kairos, 2003.

d) Cristianismo y otras religiones

- Peter Berger, *El dosel sagrado: elementos para una sociología de la religión*, Buenos Aires: Amorrortu, 1969
- E. Luther Copeland, *El Cristianismo y otras religiones*, El Paso: Casa Bautista de Publicaciones, 1977.
- Josep Manyer, *Cuando el Islam llama a la puerta*, Barcelona: CLIE, 1999

VI. España en perspectiva misionológica

a) Historia evangélica

- Rafael Arencón Edo, *Antonio Martínez de Castilla: caballero protestante 1847-1911*, Barcelona: Gayata Ediciones, 1997
- Charles F. Barker, *Dos años en las Islas Canarias*, Tenerife: Ayuntamiento de la Villa de Orotava, 2000.
- George Borrow, *La Biblia en España*, Madrid, Ed. Cid, 1967.
- Consejo Evangélico de Madrid, *Generación del 98: dimensión religiosa y relación con el protestantismo*, Madrid, 1998
- Antonio Giménez Cruz, *Cosas de los ingleses*, Madrid: Editorial Complutense, 1997
- Benito González Raposo, *O Protestantismo en Galicia*, Vigo: Edicións Xerais de Galicia, 2000
- Juan David Hughey, *Los bautistas en España*, Madrid: UEBE, 1985
- Juan Bautista Vilar, *Un siglo de Protestantismo en España*, Murcia: Universidad de Murcia, 1979

- Juan Bautista Vilar, *Intolerancia y Libertad en la España contemporánea*, Madrid: Istmo, 1994.
- Juan Bautista Vilar, *Manuel Matamoros, fundador del protestantismo español actual*, Granada: Comares, 2002.
- Carmen de Zulueta, *Misioneras, feministas, educadoras. Historia del Instituto Internacional*, Madrid: Castalia, 1984.

b) Situación actual

Perspectivas evangélicas

-Consejo Evangélico de Madrid, *El Protestantismo en España: pasado, presente y futuro*, Madrid, 1997.
- Consejo Evangélico de Madrid, *Las iglesias y la migración*, Madrid: CEM, 2003.
- Ron Anderson, Don Cabeen, Gabino Fernández Campos, Eds. *Focus on Spain. An orientation course for missionaries to Spain*, Madrid: Centro de Estudios de la Reforma-Asociación de Misiones Extranjeras, 1999
- Conferencia de Evangelistas de España, *España, levántate y resplandece*, Madrid, 2001
- Máximo García Ruiz (ed.) *Iglesia y sociedad: una aproximación desde el pensamiento protestante*, Madrid: Consejo Evangélico de Madrid, 2002.
- Juan Gili y Pedro Gelabert. (Coordinadores), *Avívanos, Señor. Reflexiones sobre el avivamiento*, Madrid: Logos Editorial, 2003.
- José María Martínez, *La España evangélica ayer y hoy*, Barcelona: Andamio, 1994
- J.M. Palomares Fernández, *La Iglesia y la obra social*, Madrid: Editorial Discípulo, 2001
- Sociedad Bíblica, *Sola Scriptura. La Biblia en la misión de la Iglesia*, Madrid, 1997.
- Ernesto Trenchard, *La Iglesia, las iglesias y la obra misionera*, Literatura Bíblica s/f

Perspectivas católicas

- Eloy Bueno de la Fuente, *La Iglesia en la encrucijada de la Misión*, Estela: Verbo Divino, 1999
- Eloy Bueno de la Fuente, *España, entre Cristianismo y paganismo*, Madrid: San Pablo, 2002

- Julián García Hernando, Ed. *Pluralismo religioso en España*, Madrid: Sociedad de Ediciones Atenas, Tomo I *Confesiones cristianas*, 1992; Tomo II *Sectas y Nuevos Movimientos Religiosos*, 1993.

- Luis González-Carvajal Santabárbara, *Los cristianos del siglo XXI. Interrogantes y retos pastorales ante el tercer milenio*, Santander: Sal Tarrae, 2000.

- José Luis Sánchez Nogales, *El Islam entre nosotros. Cristianismo e Islam en España*, Madrid: BAC, 2004.

Recursos: Desiring God

DesiringGod.org

Aunque éste es un recurso *en inglés*, la *Colección Teológica Contemporánea* ha considerado interesante hacer llegar al lector esta información. *Desiring God* es un ministerio que existe para extender el entusiasmo por la Supremacía de Dios en todas las cosas, para que todas las naciones se puedan gozar en Cristo Jesús. Con este objetivo en mente, hemos puesto a la disposición de quien quiera cientos de recursos, la mayoría de los cuales son libros, predicaciones y colecciones en audio de John Piper. Visita nuestra página web:

- libre acceso a más de veinte años de predicaciones de John Piper (texto)
- recibe nuevas predicaciones en audio cada semana (gratuito)
- muchos artículos y meditaciones (gratuito)
- tienda online donde comprar los libros y las colecciones de audio de John Piper, y también material didáctico para trabajar con niños
- información sobre las conferencias de Desiring God y las oficinas internacionales

Desiring God no quiere que el dinero sea un impedimento para poder disponer de sus materiales. Una de sus filosofías es no cobrar más de lo que el cliente se pueda permitir. Para conocer su política al respecto, póngase en contacto con las oficinas que aparecen a continuación.

Desiring God – EE.UU.
2601 East Franklin Avenue
Minneapolis, MN, 55406 EE.UU.
(888) 346-4700
(612) 338-4372 (Fax)
mail@desiringGod.org
www.desiringGOD.org

Desiring God – Reino Unido
Cerrada temporalmente
Próxima apertura durante el año 2006-03-24

John Piper ha sido pastor y responsable de la predicación en la Iglesia Bautista *Bethlehem* de Minneapolis desde 1980. Ha escrito más de veinte libros para animar a los lectores a tener el deseo de ver la Supremacía de Dios en todas las cosas, y ver a todas las naciones gozarse en Jesucristo. Entre ellos está el best-seller *Sed de Dios: Meditaciones de un hedonista cristiano*. Está casado desde hace más de treinta y siete años, y él y su mujer Noël tienen cinco hijos y dos nietos.